COLLECTION

FOLIO/ESSAIS

Jean-Marc Lévy-Leblond

La pierre de touche

La science à l'épreuve...

Gallimard

Jean-Marc Lévy-Leblond, professeur à l'université de Nice, enseigne la physique et l'épistémologie. Il dirige les collections scientifiques des Éditions du Seuil et la revue *Alliage*.

AVANT-PROPOS

La science est-elle moderne ? La “révolution scientifique” a-t-elle eu lieu ? Sommes-nous véritablement passés de l'obscurantisme des sciences “occultes” aux lumières des sciences véritables ? Il existe de fortes raisons de douter que la coupure soit aussi radicale que le croit l'opinion courante.

Deux reproches sont couramment adressés aux lointaines ancêtres des disciplines actuelles, l'astrologie et l'alchimie au premier chef. D'une part, ces pratiques archaïques auraient été d'un ésotérisme qui les rendait inaccessibles au commun et consolidait ainsi une séparation oligocratique entre les détenteurs et les exclus du savoir. D'autre part, elles auraient confondu allégrement recherche intellectuelle et intérêts matériels : l'interprétation des horoscopes et la quête de la pierre philosophale peuvent aussi bien être conçues comme des exercices aidant à l'élévation spirituelle ou mystique, que comme des pratiques visant des fins économiques ou politiques. Il suffit d'énoncer ces reproches — sans qu'il soit ici question d'examiner leur validité — pour constater à quel point la science contemporaine tombe sous le coup des mêmes griefs, par-delà deux siècles d'espoirs illuministes et positivistes. Aussi est-ce délibérément que j'emprunte à cette ancienne culture alchimique l'image de la "pierre de touche", ce corps d'essai qui servait à mettre à l'épreuve les matériaux obtenus et à tester la réussite ou l'échec de l'expérience. La science aujourd'hui me paraît à son tour devoir être mise à l'épreuve.

C'est l'une des marques de la modernité que la critique soit devenue l'une des formes à part entière de la culture, activité spécifique et même profession distinguée. Force est cependant de constater que si critiques d'art, critiques littéraires, critiques musicaux, critiques de cinéma (voire de télévision) ont droit de cité, il n'y a pas de "critiques de science" reconnus pour tels. Ce paradoxe, qui obère toute tentative pour intégrer la science au sein du monde de la culture, est le moteur des textes ici rassemblés. Ils visent tous à dépasser le stade d'une critique *de la* science, trop extérieure et à l'efficacité limitée, pour développer une critique *de* science, qui porte la réflexion au cœur de l'activité scientifique[1]. L'idée est à l'ordre du jour[2] — et même la formulation[3].

1. Cette idée est développée plus loin; voir « Pour une critique de science », p. 149.

2. Par exemple: Paul Feyerabend, *Science in a Free Society*, New Left Books, 1978; Bruno Latour, *La clef de Berlin*, La Découverte, 1993 (réédition sous le titre: *Petites leçons de sociologie des sciences*, Le Seuil, 1996); Harry Collins et Trevor Pynch, *Tout ce que vous devriez savoir sur la science*, Le Seuil, 1994; François Lurçat, *L'autorité de la science*, Le Cerf, 1995. Et l'ensemble des livraisons de la revue *Alliage (Culture, science, technique)*. Le précédent ouvrage de l'auteur, au titre d'inspiration déjà alchimique, relevait bien entendu de la même problématique: Jean-Marc Lévy-Leblond, *L'esprit de sel (Science, culture, politique)*, Le Seuil, 1984.

3. Maurice Goldsmith, *The Science Critic*, Routledge & Keagan Paul, Londres, 1986; « Critique de science, une nouvelle profession? », *Alliage*, n° 3, printemps 1990, p. 3-7.

Ce questionnement n'a de sens que s'il concerne les multiples aspects d'une activité technoscientifique désormais centrale dans nos sociétés, mais entrée dans une crise latente et traversée par de nombreuses contradictions. Leur énoncé en introduction permet de dessiner le cadre général de la réflexion. Si cet ouvrage ensuite commence par mettre la science à l'épreuve du politique, c'est que la crise de ses fonctions et missions sociales conditionne de toute évidence l'ensemble des interrogations (première partie). Mais l'approfondissement de l'analyse exige la prise en compte d'une dimension historique qui amène à mettre en cause ce qu'il n'est pas exagéré de considérer comme unc pathologique perte de mémoire de la science (deuxième partie). Peut alors se déployer la critique, centrale, des relations, ou plutôt de leur faiblesse, entre science et culture, réservant un sort particulier à la question de la langue (troisième partie). Enfin, la critique se fait épistémologique et débouche sur le terrain même de la connaissance scientifique, en s'attaquant à quelques problèmes conceptuels de la physique contemporaine (quatrième partie). Mais cette organisation des textes ne définit en rien un ordre de lecture impératif.

OUVERTURE

DÉFISCIENCES

La science change, et vite ! Comment envisager de la maîtriser sans prendre la pleine mesure de ses mutations ? Faute d'en saisir l'ampleur et l'intensité, le risque est réel de voir échouer toute tentative de pallier les déficiences de la pratique scientifique actuelle, d'en contrôler l'impact social, d'en réorienter le cours, d'en repenser l'organisation. Sans même viser des objectifs aussi ambitieux, et en ne pensant qu'au partage du savoir tel qu'il est, les initiatives d'acculturation scientifique menacent de tourner à vide en proposant de la science une image bien différente de sa réalité. La complexité de la situation actuelle peut se formuler à partir de quatre paradoxes.

LE PARADOXE ÉCONOMIQUE

Jamais la science fondamentale n'a été plus intimement liée au système technique et industriel — mais son poids économique propre est désormais en régression.

Le « & » du sigle R&D, c'est-à-dire le lien entre recherche (fondamentale) et développement (appliqué), longtemps tenu pour allant de soi, est maintenant mis en cause, au moins dans les faits. La conviction que la science “de pointe” entraîne automatiquement des retombées bénéfiques pour l'économie ne semble plus convaincre les dirigeants des nations les plus industrialisées. Le découplage, ou en tout cas le débrayage, entre R et D se fait de plus en plus patent, comme l'on peut en juger par deux simples exemples :

— Des entreprises technologiquement parmi les plus développées ont drastiquement réduit leurs activités de recherche fondamentale, sacrifiant des pans entiers de laboratoires prestigieux, riches en prix Nobel ; c'est le cas de la Bell Telephone ou d'IBM, dont le budget de recherche est passé de 10 % du chiffre d'affaires en 1990 à 5,8 % en 1995.

— Plusieurs projets de science lourde ont été arrêtés, tel le super-accélérateur américain SSC, passé par pertes et profits après 3 milliards de dollars d'investissement, ou sont en difficulté, tel le projet européen concurrent LHC, pourtant nettement moins dispendieux et mieux conçu.

Plus généralement, partout, ou presque, les budgets nationaux de recherche sont en régression. Tenons-nous-en à quelques chiffres :

— En France, la part du BCRD (Budget civil de recherche et développement) dans le PIB, qui avait atteint 0,80 % en 1985, a décru à 0,69 % en 1988 et n'a pas dépassé 0,72 % en 1994. Au CNRS, avant même qu'éclate la sérieuse crise financière des années 1995-1996, l'accroissement des effectifs, qui était d'environ 3 % par an jusqu'en 1987, est tombé progressivement à 0,3 % en 1993 et 0,1 % en 1994.

— Dans les grands pays industrialisés, la part de la dépense intérieure totale de R&D (publique et privée), après un accroissement ininterrompu, a plafonné aux alentours de 2,9 % en 1985 aux États-Unis, où elle est redescendue à 2,7 % en 1992, comme en Allemagne où elle n'était plus que de 2,5 %. Au Japon même, elle a frôlé les 3 % en 1990, mais redescend depuis (2,8 % en 1992).

On a pu croire, vers la fin des années quatre-vingt, que cette situation était conjoncturelle et liée à la récession économique générale. Les données des années quatre-vingt-dix montrent que la stagnation des budgets scientifiques est largement indépendante des aléas de l'économie générale, et confirment son caractère structurel. À titre d'exemple, IBM, entre 1994 et 1995, a réduit son budget de recherche de 4,4 %, cependant que sur la même période son chiffre d'affaires augmentait de 12 % et que ses profits doublaient.

Déjà en 1977, D. de Solla Price avait critiqué la notion commune d'un couplage automatique entre recherche et développement[1]. D'ailleurs, comme l'a confirmé en 1995 un colloque de l'ORSTOM sur la science hors des pays développés, le niveau de la recherche scientifique et celui du développement économique dans les pays du tiers monde sont très peu corrélés : alors que l'Inde et le Brésil occupent une place plus qu'honorable dans nombre de secteurs de la recherche, mais ont le plus grand mal à sortir du sous-développement, la Corée du Sud a largement réussi son décollage économique sans pour autant que le niveau de sa recherche scientifique soit très notable.

1. Derek de Solla Price, « An Extrinsic Value Theory for Basic and "Applied" Research », in *Science and Technology* (Joseph Haberer éd.), Lexington Books, 1977. Trad. franç. : « La valeur extrinsèque de la recherche », *Alliage*, n° 19, 1994, p. 8.

LE PARADOXE SOCIAL

Jamais le savoir technoscientifique n'a acquis autant d'efficacité pratique — mais il se montre de moins en moins utile face aux problèmes (santé, alimentation, paix) de l'humanité dans son ensemble.

Les deux faces de cette contradiction sont sans doute trop évidentes pour qu'il soit nécessaire de s'y attarder longuement. D'un côté, des découvertes au niveau le plus fondamental qui soit débouchent sur des innovations techniques à grande diffusion :

— les principes si étranges de la théorie quantique prennent corps dans les lasers qui lisent les disques compacts ou servent aux découpes industrielles ;

— les sciences de l'information sous-tendent le déploiement de l'informatique de masse et des télécommunications ;

— la biologie moléculaire commence à trouver des applications médicales (thérapies géniques).

Car la décrue budgétaire évoquée ne saurait être interprétée comme un désintérêt de l'industrie pour la recherche, mais au contraire comme l'expression de sa volonté d'y trouver un intérêt beaucoup plus concret et immédiat. En témoigne justement l'attention très étroite portée par les industries pharmaceutiques et chimiques aux recherches en génétique moléculaire, avec les tentatives qu'on a pu connaître aux États-Unis pour faire de certaines séquences du génome humain l'objet de brevets, ou les tractations controversées entre le Centre de recherches sur le polymorphisme humain à Paris (largement financé par les fonds du Généthon) et la firme américaine privée

Millennium pour un contrat d'utilisation exclusive par la seconde des résultats du premier[1] ; on doit noter d'ailleurs le passage, fin 1995, du directeur de ce centre à l'industrie privée — entraînant avec lui, évidemment, nombre de compétences acquises sur fonds publics ! En d'autres termes, c'est la continuité d'une activité de recherche scientifique fondamentale, non orientée vers le profit immédiat et non contrôlée par le marché, qui est désormais en question.

Il n'en reste pas moins que l'efficacité sociale de la technoscience plafonne, faute de trouver, dans la plupart des pays, les conditions économiques et politiques qui garantiraient son utilisation effective. Pourtant, ce sont des savoirs et des savoir-faire connus depuis assez longtemps qui permettraient souvent de répondre aux besoins de la majorité de l'humanité en matière de santé (traiter les parasitoses, les maladies infectieuses, améliorer l'hygiène pour diminuer la mortalité infantile), d'alimentation (développer les cultures vivrières, accroître les rendements, équilibrer les régimes alimentaires) ou de logement (promouvoir des techniques de construction légères et bon marché). Non seulement la technoscience des pays riches ne contribue que peu à résoudre les problèmes des pays pauvres, mais ce sont souvent ces derniers qui aident les premiers ; ainsi, le phénomène constant de "fuite des cerveaux" permet-il aux États-Unis de faire exécuter l'essentiel de leur recherche scientifique (tout particulièrement dans le domaine biomédical) par des chercheurs issus d'Asie et d'Amérique latine ; ainsi, encore, les ressources naturelles, végétales surtout, de nombreux pays tropicaux sont-elles exploi-

1. Voir *Nature*, n° 368, 1994, p. 175.

tées par de grandes multinationales, de l'industrie pharmaceutique en particulier, avec très peu de contrôle et encore moins de bénéfices pour ces pays[1].

LE PARADOXE ÉPISTÉMOLOGIQUE

Jamais la connaissance scientifique n'a atteint un tel niveau d'élaboration et de subtilité — mais elle se révèle de plus en plus lacunaire et parcellisée, de moins en moins capable de synthèse et de refonte.

On n'a sans doute pas assez conscience que les avancées scientifiques contemporaines reposent pour la plupart sur des ruptures conceptuelles et des découvertes expérimentales vieilles de plusieurs décennies :

— la biologie moderne a fêté en 1994 le quarantième anniversaire de ses découvertes fondatrices (structure de l'ADN et décryptage du code génétique) ;

— la théorie de l'information et l'informatique sont cinquantenaires (les premiers ordinateurs sont enfants de la Seconde Guerre mondiale) ;

— la microphysique quantique, comme la cosmologie sont largement sexagénaires (l'expansion de l'Univers a été observée par Hubble et théorisée dans les années vingt) ;

— les méthodes mathématiques "modernes" (théorie du chaos, fractals), quant à elles, résultent pour l'essentiel de développements qui remontent au début de ce siècle et qui se redéploient aujourd'hui après une longue occultation.

1. Mohamed Larbi Bouguerra, *La recherche contre le tiers monde*, PUF, 1993.

De véritables butées épistémologiques et intellectuelles mettent en lumière le manque d'innovations déterminantes au cours des dernières décennies. De toute évidence, tant la physique fondamentale que la biologie rencontrent des obstacles majeurs : nous ne comprenons pas la classification et les propriétés des particules, l'unification des interactions physiques reste élusive, des aspects essentiels du cancer nous échappent[1] et les "nouvelles maladies" (sida, mais aussi maladie de Lyme, etc.) nous déroutent.

Le rapport qualité/coût de la science contemporaine ne cesse de se dégrader : les aberrations (du genre « mémoire de l'eau » ou « fusion froide ») se multiplient, comme les cas de fraude ou les conflits d'intérêt (voir la controverse Gallo-Montagnier). Et bien des acquis récents de la science ne sont que des redécouvertes de travaux oubliés : ainsi, les pluies acides, décrites dans les années cinquante, avaient été mises en évidence un siècle auparavant (A. Smith, 1852), et la symbiogenèse date non pas des années soixante (Margulis), mais du début du siècle (Mereschkowski *et al.*)[2].

À la vision traditionnelle d'un savoir scientifique stable, croissant par extension systématique et concentrique, doit alors se substituer l'image fractale d'un domaine parcellisé, constitué de savoirs différenciés, pseudopodes en perpétuelle ramification, laissant entre eux des golfes d'ignorance et en eux des vacuoles de doute.

1. Jean-Claude Salomon, *Le tissu déchiré*, Le Seuil, 1991.
2. Voir *infra* « Un savoir sans mémoire », p. 93.

LE PARADOXE CULTUREL

Jamais la diffusion de la science n'a disposé d'autant de moyens (médias, livres, musées, etc.) — mais la rationalité scientifique reste menacée, isolée et sans prise sur des idéologies qui la refusent ou (pis) la récupèrent.

Faut-il insister sur l'ironie de la conjoncture médiatique, qui voit les moyens de communication modernes déployer une variété et une efficacité toujours plus grandes grâce à l'apport des technosciences mais n'offrir qu'une portion toujours plus congrue à la diffusion de leurs principes de base ? Les ondes électromagnétiques, les tubes électroniques, les plaquettes de transistors, les algorithmes de traitement du signal, etc., qui sont derrière les écrans des téléviseurs et des ordinateurs, ne passent que bien rarement devant pour se montrer et s'expliquer au vu et au su de leurs utilisateurs. Même les technologies plus traditionnelles, comme celle de l'automobile, deviennent plus opaques et moins accessibles aux yeux et aux mains des usagers. Point n'est besoin d'aller au fond de l'espace pour trouver des trous noirs d'où aucune information ne ressort : la plupart des objets techniques modernes en sont de bons exemples.

Mais plus encore que la croissante difficulté de nos sociétés à partager le savoir technoscientifique, c'est leur incapacité à diffuser les valeurs de rationalité et d'esprit critique sur lesquelles se fonde ce savoir qui témoigne de sa situation paradoxale. Rien ne démontre mieux la faillite des espoirs d'un rationalisme naïf que la parfaite compatibilité de la science moderne et des fanatismes nouveaux, au détriment des traditions culturelles (et scientifiques!) les plus riches et les plus ouvertes. En terre d'Islam[1], c'est dans les facultés des sciences, les écoles d'ingénieurs et les instituts techniques que l'intégrisme recrute le plus aisément, et c'est souvent vers l'informatique que se dirigent les jeunes juifs orthodoxes les plus intolérants (le maître d'œuvre des attentats du Hamas était ingénieur, et l'assassin de Rabin étudiant en informatique). La secte japonaise Aum Shinri-kyo a largement recruté parmi les milieux scientifiques, son culte avait une forte dimension technique (qu'on se rappelle les casques à électrodes de ses adeptes) et ses locaux disposaient d'équipements scientifiques perfectionnés — en électronique et, bien sûr, en chimie.

L'édition offre des exemples moins dramatiques, mais emblématiques: l'un des agents littéraires américains, spécialisé dans le livre scientifique grand public, affiche à son catalogue à la fois des ouvrages de chercheurs réputés (Gell-Mann, Dawkins, Eldredge, Dennett, etc.), et des textes qui conjuguent ésotérisme et scientisme de la façon la plus primaire qui soit: *Physique et métaphysique de la présence spirituelle,* ou bien *La physique de l'immortalité (La cosmologie moderne et la résurrection des morts),* équations à l'appui; en France, *Dieu et la science* ont récemment conclu une piètre alliance chez un éditeur respectable. Ici, il faut bien le dire, la raison s'affronte en même temps à l'économie et à l'idéologie. Dans la confusion ambiante, il est à craindre que soient bien mal perçues, et que soient même parfois travesties, les

1. Farida Faouzia Charfi, «Les islamistes et la science» *Alliage* nº 22, 1995, p. 7.

rares tentatives pour sortir des affrontements stériles entre un rationalisme étroit et un fidéisme naïf[1].

Mais il est sans doute inutile de détailler ici ce qui est une évidence pour tous ceux qui travaillent à la mise en culture de la science, à savoir que nos efforts ont une efficacité bien limitée...

*

Il y a donc une crise profonde de la science. N'oublions pas que l'activité scientifique en tant que telle n'est pas une constante des sociétés humaines. De grandes civilisations ont existé où la production de savoirs nouveaux, ce que nous appelons la recherche, n'était pas une pratique reconnue et valorisée pour elle-même. La Chine et Rome en offrent deux exemples, à l'opposé de l'Inde et d'Athènes. Il est possible, et sans doute même plausible, que nous entrions dans une période où la science, devenue technoscience de par son engagement pratique, disparaisse sous cette technique qu'elle a transformée, comme un fleuve parfois disparaît sous les éboulements des parois mêmes du lit qu'il a creusé.

Rien pourtant n'est joué, comme la théorie du chaos prétend nous l'apprendre. D'ailleurs, si le gigantisme de la mégascience est l'un des symptômes de sa fragilité, il peut s'agir aussi d'une maladie de jeunesse : les pyramides égyptiennes, les monuments mayas et les cathédrales gothiques (auxquelles les physiciens ont si souvent et fort imprudemment comparé leurs accélérateurs) datent

1. Henri Atlan, *À tort et à raison (Intercritique de la science et du mythe)*, Le Seuil, 1986.

du début de leurs ères culturelles respectives. La maturité apporterait la mesure[1].

Mais cette maturation exige de la science qu'elle se transforme en profondeur : qu'elle renonce à ses fantasmes d'omnipotence (et d'omniscience) ; qu'elle soit prudente plutôt que conquérante ; qu'elle accorde autant d'importance à la compréhension du savoir qu'à sa production (« Je pense souvent que les traités généraux et les ouvrages populaires sont aussi importants pour le progrès de la science que les travaux originaux », disait Darwin), à son passé qu'à son présent (« L'histoire de la science est la science même, écrivait Goethe. Nous ne pouvons savoir ce que nous possédons tant que nous ne savons pas ce que d'autres possédaient avant nous. Nous ne pouvons sérieusement et honnêtement apprécier les avantages de notre époque tant que nous ne connaissons pas ceux des époques antérieures »). C'est dire si la mise en culture de la science ne peut plus se limiter à la diffusion centrifuge du savoir, mais demande un mouvement centripète : à l'"action culturelle scientifique" doit s'ajouter maintenant une réaction en retour sur le milieu scientifique lui-même.

Ce n'est certes pas par le jeu de la culture seule que la science connaîtra cette nécessaire mutation. Mais si le battement d'aile d'un papillon peut déclencher les pires catastrophes, c'est qu'il peut aussi les empêcher…

1. Freeman Dyson, *D'Éros à Gaia (Pour une science à échelle humaine)*, Le Seuil, 1995.

La science à l'épreuve...

... de la société

LA SCIENCE EN MANQUE

Dans les années soixante-dix, la critique de l'"idéologie dominante" trouvait à se déployer, avec délectation, sur le terrain de la science. Parangon de l'objectivité, de la neutralité, de l'universalité, la science ne pouvait échapper au soupçon radical. De fait, il ne fut guère difficile d'y dévoiler élitisme institutionnel, autoritarisme hiérarchique, conformisme intellectuel, soumission politique, impérialisme culturel[1]. Tous les traits d'une société inégalitaire se retrouvaient dans le microcosme scientifique. Loin d'échapper aux règles communes, et parce qu'elle y avait pourtant longtemps prétendu, la science, d'exception présumée, devenait exemple éclatant de l'hégémonie idéologique[2].

La démonstration, semble-t-il, était irréfutable et rares sont aujourd'hui ceux qui en contesteraient les conclusions d'ensemble, même si la terminologie des textes d'époque dégage parfois un charmant parfum d'archaïsme dogmatique. Nul ne conteste plus que la recherche scientifique, en

1. Jean-Marc Lévy-Leblond et Alain Jaubert éd., *(Auto)critique de la science*, Le Seuil, 1973.

2. Hilary Rose, Steven Rose et al., *L'idéologie de/dans la science*, Le Seuil, 1977.

effet, est une activité sociale parmi d'autres, tributaire du politique, de l'économique, et, ô combien, du militaire. De respectables études dans les actives disciplines de la sociologie et de l'histoire des sciences ont relayé les virulents pamphlets gauchistes pour mettre en lumière — scientifiquement ? — la méritocratie institutionnelle, la contingence culturelle, le relativisme épistémologique de la science.

Et rien ne s'est passé.

Comme l'ensemble de la société, la communauté scientifique a encaissé les coups de la critique radicale avec la tranquille indifférence de l'édredon. Quelques jeunes chercheurs écœurés sont partis élever des chèvres en Lozère, quelques mandarins outrés ont écrit de dérisoires apologies, les autres ont continué à manipuler leurs éprouvettes et leurs calculettes. Le chercheur lambda ne croit plus que ses manipulations génétiques élimineront le cancer. Il n'imagine plus que ses synthèses chimiques aboliront la faim dans le monde. Il ne croit plus que les concepts de sa nouvelle théorie marqueront la culture universelle. Il ne pense plus que ses équations dévoileront la Réalité Ultime. Au triomphalisme scientiste a succédé le professionnalisme techniciste. Le chercheur est sans illusion — et sans responsabilité. Si l'activité scientifique n'est qu'une composante de l'activité sociale, sans autonomie ni spécificité, comment et pourquoi le chercheur aurait-il à se préoccuper de ce qu'il advient de son travail ? Ni les risques militaires de dissémination nucléaire, ni les vertigineuses conséquences sociales des diverses formes de procréation artificielle, ni les nouvelles catastrophes technologiques n'ont ému les milieux scientifiques en tant que tels.

La critique de l'idéologie a débouché sur l'absence d'idéologie. Non que la première soit responsable de la seconde : elles sont toutes deux conséquences d'une mutation profonde du fonctionnement même de la recherche scientifique, qui touche maintenant à ses limites, économiques et politiques. Le coût de la recherche, la taille de ses équipements, l'ampleur de ses programmes, l'importance de ses conséquences ont mis définitivement fin à une ère de croissance spontanée et incontrôlée. Il n'est que de comparer les carrières aisées et rapides des jeunes chercheurs d'il y a trente ans aux difficultés d'embauche et à la stagnation professionnelle de ceux d'aujourd'hui, pour s'en persuader — et comprendre l'impact de cette situation sur les mentalités du milieu scientifique. Les budgets, les priorités, l'organisation de la recherche font l'objet de décisions qui échappent de plus en plus aux représentants, fussent-ils les plus haut placés, de la communauté scientifique. Cette perte d'une autonomie même partielle, cet assujettissement désormais patent aux contraintes sociales et économiques ne sont pas pour rien dans l'idéologie du bof — et parfois même du beauf — aujourd'hui généralisée.

On peut considérer comme un progrès de la lucidité collective la disparition d'un système de valeurs, de normes et de représentations — le scientisme triomphant de naguère — devenu illusoire. Mais la persistance d'un tel vide est lourde de périls. Sa nudité révélée, le roi est menacé — et dangereux ; la sagesse demande qu'on lui trouve de nouveaux habits. La science joue un rôle social trop considérable pour pouvoir se passer longtemps d'une conscience. Faute de quoi, elle restera sans forces face aux exigences croissantes de l'époque et montrera une extrême vulnérabilité. C'est que deux spectres la hantent : la morale et la culture.

LA QUESTION MORALE

Que la science serve le progrès humain, ce credo du siècle passé, rien de moins évident désormais. N'en prenons pour témoin que l'évolution de ce symbole par excellence des succès de la science, le prix Nobel. Voici un siècle que, dans son testament daté de Paris le 27 novembre 1895, Alfred Nobel créait "ses" prix, annuellement « attribués à ceux qui auront rendu les plus grands services à l'humanité ». On ne se demandera pas ici si les prix Nobel de la paix ou de littérature (ces derniers explicitement destinés à une œuvre de « tendance idéaliste ») ont bien été fidèles aux intentions de leur créateur. Le doute est en tout cas légitime dans le domaine des sciences. Pour s'en tenir à la physique, force est de constater que le prix est surtout allé à des découvertes fondamentales, dont les bienfaits concrets pour l'humanité restent pour le moins incertains — à de rares exceptions près, comme W. Röntgen pour les rayons X (le premier prix, en 1901), ou G. Dalén pour un système automatique de phares et balises (1912). On peut toujours espérer que nombre de recherches aujourd'hui sans applications finiront par en trouver. Mais c'est là une pétition de principe, et l'expérience laisse à penser que ces applications potentielles risquent de se révéler au moins aussi lourdes de méfaits que de bienfaits. Fermi reçut le prix de physique en 1938, pour ses contributions à la physique nucléaire, sept ans avant Hiroshima, et Rotblat le prix de la paix en 1995 pour sa lutte contre l'armement nucléaire... Quelle meilleure illustration de cette ambivalence constitutive de la connaissance qu'ignora Nobel ? Nous ne sommes plus si naïfs. Et nous savons maintenant que la science est nécessaire mais insuffisante. Sa capacité à rendre de « grands services à l'humanité » dépend désormais moins de la communauté scientifique que du contexte sociopolitique. À quand un prix Nobel *scientifique* pour le ministère qui aura permis le développement de recherches utiles — ou les protestataires qui en auront empêché de nocives ?

La question morale devient ainsi d'une évidence aveuglante. À Prométhée dont le mythe a sous-tendu le développement initial de la science, a trop naturellement succédé Pandore. Nous avons cru que la science nous offrirait des possibles entre lesquels nous pourrions choisir, des moyens que nous pourrions utiliser ou rejeter suivant nos fins. Il n'en a rien été. La science est devenue technique, le possible est devenu réel. « Tout ce qui peut être fait, sera fait. » Chaque concept s'est fait chose, chaque idée s'est faite machine. Le geste a oublié l'intention. La physique a rendu possible l'autodestruction de l'humanité, la biologie rend possible son automutation. Au nom de quoi allons-nous décider de mettre en œuvre ou non les nouvelles techniques, de la relativement innocente fécondation *in vitro* aux vertigineuses manipulations du génome et au clonage ? Ou plutôt, au nom de quoi les refuser — puisque aucune référence proclamée, norme morale ou loi sociale n'est nécessaire pour les accepter ? Ne rien faire, c'est laisser faire. Si la résignation se suffit de l'implicite, le refus doit être explicite. Certes, l'inquiétude gagne même les secteurs dirigeants de la société, qui tentent de conjurer leur perte de contrôle en réunissant de graves comités d'éthique. Mais comment ne pas voir l'ironie de la situation : les scientifiques enfin effrayés par les conséquences de leurs découvertes se tournent vers les politiques pour quémander, et bientôt exiger, des règles du jeu ; les politiques, paniqués par leur incompétence, confient l'étude de la question aux experts... scientifiques (qui dominent largement les diverses instances éthiques actuelles). Et pendant que ce mistigri (les enfants d'aujourd'hui ont inventé une variante de ce vieux jeu de cartes sous le nom plus réaliste de "paquet de merde") continue, les recherches aussi. Dans les faits, les comités d'éthique, en alimentant le discours médiatique sur les nouvelles techniques, apprivoisent l'imaginaire collectif et légitiment par avance les réalisations mêmes qu'ils prétendaient retarder ou empêcher. À terme, la situation présente ne peut déboucher que sur la justification résignée d'un laxisme débridé ou sur une contre-réaction de contrôle violente et lourde d'arbitraire.

LE PROBLÈME CULTUREL

La culture, quant à elle, pose à la science une question en forme de paradoxe syllogistique. D'une part, la culture contemporaine est de part en part traversée par la technique. La création met en œuvre des technologies, nouvelles ou pas, toujours plus diverses et sophistiquées. Surtout, l'essence médiatique de la culture contemporaine la rend tributaire des technologies de communication en pleine expansion. Le terme de "technoculture", qu'il faut entendre en un sens proprement ethnologique, rend effectivement compte de cette situation. D'autre part, la technique a désormais (depuis moins d'un siècle) la science pour noyau — d'où, sans doute, la fortune du vocable, plus théorique, de technologie. Si les méthodes comme les objets de la technique gardent une très large autonomie, ils n'en incorporent pas moins directement une part croissante de connaissances scientifiques : la technique ne se réduit pas à la science, mais elle en est tributaire — et, certes, lui revaut, en instruments et matériaux, ses bons procédés. La séparation de la recherche fondamentale et de la recherche appliquée, de la "recherche" et du "développement" n'est plus qu'une convention, institutionnellement utile, mais conceptuellement vide. C'est pourquoi l'on parle à juste titre de "technoscience". Et voici le paradoxe : bien que la science soit au cœur de la technique, et la technique au cœur de la culture, il n'y a pas transitivité, et la science est plus que jamais étrangère à la culture. Les connaissances scientifiques, même classiques, ne font pas partie du savoir commun. Ses avancées conceptuelles, ses enjeux intellectuels échappent de plus en plus aux professionnels de la culture eux-mêmes. La science contemporaine, pourtant en plein renouvellement, alimente peu l'imagination des créateurs, écrivains ou plasticiens, et ne suscite guère l'intérêt des penseurs. Et mieux vaut laisser de côté les multiples, banales et trompeuses gloses sur la prétendue convergence de la pensée scientifique et des mythes traditionnels : ces nostalgiques illusions unitaires ne font qu'accroître la confusion. L'aliénation présente met en évidence le contraste entre la prégnance matérielle toujours plus forte des techniques liées à la science, et le poids culturel toujours plus faible des conceptions du monde qu'elle propose. Quelle est donc la valeur d'une vérité de plus en plus ésotérique ? Quel est le statut d'un savoir de moins en moins partagé ? Quel est le sens d'une raison sans raisons ?

Le hiatus culturel et le vide moral de la science sont deux aspects du manque idéologique où elle s'enfonce. Si la démission tragique, la résignation sceptique ou la récupération cynique continuent à l'emporter, si ne renaît pas un débat collectif vif et vrai sur les fins et les moyens de la recherche scientifique — et les occasions n'en font pas défaut —, si des alternatives nouvelles, des enjeux clairs, des objectifs redéfinis n'apparaissent pas, alors, il se pourrait bien que soit condamnée à court terme la science telle que nous la connaissons, et que s'achève sans gloire, dans une subordination désormais absolue aux contraintes économiques et aux intérêts politiques, l'une des grandes aventures de la modernité.

POUR UNE *POÉTHIQUE* DE LA SCIENCE

En 1654, Otto von Guericke réalisa une spectaculaire expérience, qui fit une vive impression sur ses contemporains — la « Grande Expérience de Magdebourg ». Von Guericke accola deux hémisphères de laiton soigneusement ajustés ; dans la sphère d'environ quatre-vingts centimètres de diamètre ainsi formée, il fit le vide à l'aide d'une machine pneumatique de son invention. Les deux hémisphères se trouvèrent alors plaqués l'un contre l'autre avec une telle force qu'un double attelage de seize chevaux ne put les séparer.

La sphère humaine aujourd'hui est ainsi faite. Ses deux faces, celle de la domination, celle de la connaissance, se sont rapprochées, et le vide entre elles est devenu si parfait que plus rien ne peut les séparer. Entre le sociopolitique et le technoscientifique, désormais, plus de distance : le financement, la gestion, l'orientation des institutions scientifiques relèvent directement des instances politiques[1] ; les applications et implications de la recherche sont immédiatement de nature sociale, politique, économique, militaire. Le couplage direct du savoir et du pouvoir a éliminé les médiations complexes, les causalités réciproques, les relais multiples qui permettraient d'agir sur leurs relations : plus d'espace, plus même de failles par où pourraient s'introduire des forces capables de modifier ce dispositif global. Décisions collectives délibérées ou influences sociales contingentes, rien ne semble en mesure pour l'instant d'ébranler l'autonomie apparente d'un complexe politico-industrialo-technico-scientifique qui achève d'asseoir son hégémonie sur la planète. L'emprise de la rationalité productiviste s'étend maintenant aux second et tiers mondes. N'y échappent pas plus les contre-mouvements utopistes : le vert de l'alternative écologique devient rapidement la couleur symbolique et publicitaire du redéploiement industriel (*you can make cash out of trash*, dit-on outre-Atlantique depuis longtemps)...

L'universalité du système et sa flexibilité garantissent sa solidité, fondée sur la coexistence résignée et confortable des libertés individuelles et de

1. Notons que — signe prémonitoire ? — le physicien Otto von Guericke était bourgmestre de Magdebourg et que sa Grande Expérience se déroula solennellement devant les députés de la Diète de Ratisbonne.

l'incompétence collective. Le despotisme éclairé fut un mode d'organisation sociale remarquable d'efficacité et de stabilité. Son symétrique, la démocratie éteinte, ne l'est pas moins. Pris entre un pouvoir et un savoir soudés l'un à l'autre, dans cette sphère vidée et opaque, notre souffle se fait un peu court et notre vision s'étrécit. Passé le temps des illusions sur la conquête du pouvoir et la maîtrise du savoir, ne pouvons-nous au moins desserrer leur étreinte ? Donner du jeu aux hémisphères de Magdebourg, n'est-ce pas le moyen d'y faire entrer l'air, de rétablir la pression et de permettre le mouvement ? Ce jeu, cet air, ce mouvement, appelons-les *culture* — au singulier et sans épithètes/étiquettes : la "culture scientifique et technique" n'est qu'une fiction commode (la culture est une et indivisible... à la science et à la technique d'y trouver leur place)[1]. Et comprenons, sous ce mot, le temps de l'histoire, pour que le présent apparemment inéluctable du développement technoscientifique révèle sa contingence entre passé et futur ; la diversité des modes d'agir et de penser, afin que l'hégémonie de la tradition occidentale n'appauvrisse pas sans retour le patrimoine pluriel des civilisations ; la confrontation des œuvres humaines, dans le respect de leur altérité, car ce sont leurs différences, et non leurs illusoires convergences, qui font le prix des arts et des sciences.

Nous comprenons le monde, de mieux en mieux, grâce à la science et le transformons, de plus en plus, grâce (?) à la technique. Il n'est pas sûr que nous comprenions et transformions assez

1. Jean-Marc Lévy-Leblond, *Mettre la science en culture*, Anais, Nice, 1986.

la science et la technique. Nous manquons à leur égard de la prise de champ, du décalage oblique, de la salubre ironie par quoi le réel cesse de sembler naturel. Les scientifiques, les techniciens ont un besoin vital, dont il ne faudrait pas attendre qu'il devienne désespéré, du regard et de la parole des autres — et d'abord des créateurs de mots, d'images, d'idées. Écrivains, peintres, musiciens, philosophes bien sûr, pour peu qu'ils en soient préoccupés ou intéressés, ont à dire et à montrer, des sciences et techniques, le sens, la valeur, les limites — et pas seulement à leur emprunter formes et outils. La vigilance critique, comment ne rejoindrait-elle pas l'exigence esthétique (ce refus de l'*an*esthésie...). Oserons-nous penser une *poéthique* de la science ? À l'horizon, un *gai savoir*...

EN MÉCONNAISSANCE DE CAUSE

SCIENCE ET DÉMOCRATIE

De la science, nous attendions ses explications et espérions ses applications. Aujourd'hui, nous devons assumer ses implications et affronter ses complications. Car il n'est guère de problèmes parmi les plus graves de ceux que l'humanité doit régler où la science ne soit mêlée — qu'on lui demande de les résoudre, qu'on la consulte pour les éclairer ou qu'on l'accuse de les avoir créés, et souvent le tout ensemble: surpopulation, pollutions diverses, prolifération nucléaire, etc., la liste est aussi longue que banale. Aussi doit-on se demander si les formes démocratiques de l'organisation sociale, en lesquelles nous voulons toujours croire, sont bien à même de répondre à ces défis.

Il y a peu, la question semblait sans objet, une réponse affirmative découlant, «par hypothèse», comme disent les géomètres, de l'idée que nous avions de la science. Le grand projet des Lumières, ce beau rêve dont nous commençons à peine à nous éveiller, nous laissait croire à une alliance naturelle et constitutive entre science et démocratie. Sur les façades de nos monuments, derrière les trois mots de notre généreuse devise, *Liberté — Égalité — Fraternité*, nous en lisions un autre en filigrane : *Vérité*, qui, d'emblée, garantissait les fondements de ces valeurs, et, bientôt, un autre encore, *Efficacité*, qui nous assurait de les pouvoir réaliser.

Contre les superstitions et les illusions qui bridaient le progrès humain, allait se dresser l'objectivité de la connaissance scientifique, dissipant sans retour, partout où atteignait sa lumière, l'ignorance asservissante. Non contente de nous éclairer sur le monde naturel, la science allait aussi nous dire le vrai sur l'homme et sur la société, fondant en droit et assurant en fait la possibilité de transformer et l'un et l'autre, de façon doublement juste, aux sens désormais confondus de la justesse et de la justice.

Car, issu tout naturellement du progrès de nos connaissances scientifiques, se développait celui de nos capacités techniques. Nous rendant « comme maîtres et possesseurs de la nature », et donc aussi de notre nature humaine, le progrès technique, éradiquant la faim, le froid, la misère, assurerait le progrès économique, lequel garantirait le progrès social, politique et, forcément, moral. C'était bien à la science qu'il était demandé de cautionner la possibilité même d'une société libre, égale et fraternelle, en nous démontrant la “faisabilité”, comme on dit aujourd'hui, d'un projet aussi utopique. Pour qui croirait que ces thèses sont des caricatures inventées *a posteriori*, schématisant à outrance l'esprit des Lumières, il vaut la peine de relire l'article « Géomètre » de l'*Encyclopédie*, dû à d'Alembert (et l'on se souviendra que, dans son acception d'époque, la Géométrie couvre l'essentiel des mathématiques) :

> « On n'a peut-être pas encore prêté assez d'attention [à] l'utilité dont cette étude [de la

Géométrie] peut être pour préparer comme insensiblement les voies à l'esprit philosophique, et pour disposer toute une nation à recevoir la lumière que cet esprit peut y répandre. C'est peut-être le seul moyen de faire secouer peu à peu à certaines contrées de l'Europe le joug de l'oppression et de l'ignorance sous laquelle elles gémissent [...]. Faites naître, s'il est possible, des géomètres parmi ces peuples ; c'est une semence qui produira des philosophes avec le temps, et presque sans qu'on s'en aperçoive [...]. Bientôt l'étude de la Géométrie conduira [...] à la vraie Philosophie qui par la lumière générale et prompte qu'elle répandra, sera bientôt plus puissante que tous les efforts de la superstition[1]. »

Que l'on ne sourie pas trop vite de ces naïvetés. Elles étaient au principe même de presque tous les courants de la pensée politique, du libéralisme extrême au marxisme strict, il n'y a pas si belle lurette. Et pour moins triomphaliste qu'elle soit, la tentation scientiste reste sous-jacente ; l'"appel de Heidelberg" et son écho sont là pour en témoigner[2]. C'est que la science n'a pas seulement offert aux idéologies du progrès des arguments — elle leur a également proposé un modèle. Quelle autre activité humaine, en effet, a pu jusqu'ici se targuer, sans contestation sérieuse possible, d'une progressivité réelle ? On peut débattre à l'infini pour savoir si nous avons une vie matérielle plus agréable, si notre culture artistique est supérieure,

1. *Encyclopédie ou Dictionnaire raisonné des Sciences, des Arts et des Métiers* (3e éd.), Neufchâtel, 1779, XVI, p. 41.
2. Voir *infra* « Le pavé de Heidelberg », p. 60.

si notre spiritualité est plus riche, si nos relations humaines sont plus intenses que dans telle ou telle des civilisations qui nous ont précédés. Que notre savoir soit plus étendu, plus profond et plus efficace que dans toutes ces civilisations, cela en tout cas n'est pas discutable.

Qui plus est, non seulement la science serait le parangon du progrès, mais aussi celui de la démocratie. La “république des savants” offrirait un modèle de cité idéale : égalitaire et juste, elle ne connaîtrait aucun privilège de rang ou de fortune ; les arbitrages s'y feraient par accord mutuel, les conflits s'y régleraient par le consensus. Les victoires y étant celles de la vérité et de l'objectivité, comment ne seraient-elles pas reconnues et acceptées par tous ? La “communauté scientifique”, comme on dit, serait une sorte de Jérusalem laïque, montrant à toute l'humanité qu'il est possible d'instaurer des relations sociales transparentes et pacifiées. C'est en ce sens, donc, que le rapport entre science et démocratie serait intrinsèque et constitutif.

Là encore, que l'on n'ironise pas trop vite sur l'angélisme de cette vision. Certes, elle est désormais quotidiennement mise à mal par les faits. Que des querelles acharnées, où se mêlent enjeux de notoriété personnelle, de gloriole nationale, de politique industrielle, opposent sans merci de grands pontes de la recherche scientifique, les journaux nous le font désormais savoir : la controverse Gallo-Montagnier sur la découverte du sida est un feuilleton typique de notre temps. Que, pour les mêmes raisons, les manquements à l'éthique scientifique soient monnaie courante (*stricto sensu*, souvent), que la fraude soit maintenant une composante reconnue de l'activité des laboratoires[1], que les effets d'annonce spectaculaires précèdent souvent et parfois remplacent tout bonnement les méticuleuses publications spécialisées, tout cela est aussi de notoriété publique ; les périodiques professionnels, tels que *Nature* ou *Science,* après avoir longtemps ignoré puis rapporté du bout de la plume, et ensuite dénoncé dans des éditoriaux moralisateurs ces faits, y consacrent maintenant avec une assez froide tranquillité autant de pages que la presse courante aux "affaires" politico-financières.

Il s'en faut pourtant que l'image idéale de la science n'en soit encore atteinte. Prévaut la conception selon laquelle il s'agit là de "dérapages", de "scandales", de "dérives", dont seraient coupables certains individus, mais qui ne sauraient mettre en cause la nature même de la cité scientifique — laquelle, justement, démontrerait sa capacité à maintenir son essence démocratique en faisant, sans intervention extérieure, sa propre police et en éliminant ses brebis galeuses (...galleuses ?). Cela est d'ailleurs tout particulièrement vrai en France, où l'institution scientifique a, jusqu'à présent, réussi à éviter toute intrusion du politique — à la différence des États-Unis, où c'est une commission parlementaire (*Office of Scientific Integrity*) qui a fait éclater et instruit sans délicatesse excessive, il faut bien le dire, les grandes affaires de fraude (telle celle qui implique depuis des années le professeur Baltimore, prix Nobel de médecine).

On aboutit ainsi à une situation paradoxale. Au moment même où l'activité scientifique se révèle

1. William Broad et Nicholas Wade, *La souris truquée*, Le Seuil, coll. « Science ouverte », 1987.

commune, marquée comme toutes les autres activités sociales par la primauté de l'économique, par la division du travail, par l'emprise des médias, s'en maintient — combien de temps encore ? — une représentation fantasmatique, comme d'un monde à part, enclave — au moins quant à ses principes — de justice et de vérité. Le comble du paradoxe est atteint dès lors que cette prétendue essence démocratique de la science la protège contre la soumission aux règles démocratiques générales. Une preuve, parmi tant d'autres, en est fournie par l'hégémonie à peu près totale dont jouissent les médecins et les biologistes au sein des divers comités d'éthique biomédicale, à commencer par le Comité national d'éthique où quelques politiques, philosophes ou « représentants des grands courants de pensée » ne font guère le poids par rapport aux spécialistes. Les procès des dirigeants du Centre national de la transfusion sanguine et l'ensemble du débat juridique autour de l'affaire du sang contaminé ont également illustré, par leur caractère exceptionnel déjà, puis par les témoignages qu'ils ont permis sur une institution technoscientifique exemplaire, le découplage dont jouissait cette institution par rapport à la sphère du politique : les ministres « n'étaient pas au courant », « faisaient confiance aux experts », etc.[1]. Un tel statut d'extraterritorialité démocratique est sans exemple : même l'armée, de nos jours, est assujettie à un contrôle politique autrement plus serré.

Mais si la science, dans sa pratique, ne peut plus guère prétendre à offrir ce modèle de démocratie

1. Marie-Angèle Hermitte, *Le sang et le droit*, Le Seuil, coll. « Science ouverte », 1996.

effective dont nous aurions tant besoin, elle ne nous conforte guère plus, à bien considérer son histoire récente, quant aux arguments généraux, celui de la vérité et celui de l'efficacité, sur lesquels nous espérions fonder une conception progressiste de l'histoire humaine en général.

On ne saurait, certes, nier la capacité de notre savoir à devenir pouvoir, fondée sur l'existence de ces médiations complexes qui permettent à nos théories de se faire pratiques, aux notions les plus abstraites de s'incarner en objets matériels quotidiens : chacun sait comment les ésotériques formules d'Einstein sur l'émission stimulée quantique ont permis le développement des disques compacts à lecture laser, ou comment l'analyse des mécanismes moléculaires de l'hérédité débouche sur le traitement inédit de certaines maladies ou la fabrication de nouveaux médicaments. Cet engrenage n'est pas si ancien qu'il aille de soi : si la science, au sens où nous l'entendons, est née au XVIIe siècle, et si l'une des sources de son émergence se trouve dans la beaucoup plus ancienne activité technique de l'humanité, ce n'est pas, à proprement parler, avant la seconde moitié du XIXe siècle que s'est fait sentir avec quelque ampleur la fécondation, voire l'engendrement, des techniques par les sciences. Depuis, le couplage s'est resserré au point qu'il est devenu parfaitement artificiel aujourd'hui de distinguer recherche (fondamentale) et développement (appliqué). C'est donc à bon droit que l'on désigne par "technoscience" cette sphère unifiée où circulent et s'échangent idées et objets, expériences et produits, chercheurs et ingénieurs.

Pour autant, il faut prendre la pleine mesure d'une autre dimension de cette évolution qui distendait les liens entre science et technique en même temps qu'elle les étendait. On peut — on doit — affirmer aujourd'hui *à la fois* que de plus en plus d'innovations technologiques trouvent leur origine dans des découvertes scientifiques, *et* que de moins en moins de découvertes scientifiques donnent lieu à innovation technologique. L'impétueux développement, jusqu'à une période récente, du secteur de la recherche scientifique, l'accroissement de ses moyens matériels et humains ont permis simultanément l'irrigation du champ industriel et l'autoconsommation par la science de résultats sans retombées effectives. D'un accroissement réel de la production de connaissances scientifiques montrant une utilité technique effective, ce serait un paralogisme que de conclure à l'accroissement parallèle de la productivité de ces connaissances. Comme dans les secteurs plus anciens de la production industrielle, la loi des rendements décroissants est à l'œuvre. Masquée tant qu'a duré la période d'expansion continue de la recherche, elle sous-tend la crise latente que connaît dorénavant ce secteur.

C'est que les conditions économiques et sociales nécessaires à la transformation d'une invention en innovation, d'une découverte en réalisation, ne sont remplies qu'en des temps et lieux bien restreints. Et le contraste est toujours plus grand de nos jours entre ce que l'on *pourrait* faire en utilisant les ressources scientifiques et techniques et ce que l'on *ne peut pas* faire faute des moyens financiers et politiques. En finir avec la faim dans le monde ne dépend plus de l'agronomie, éradiquer les maladies parasitaires endémiques n'est plus du ressort de la médecine, vêtir et loger chacun ne relève plus de la science des matériaux. On s'en voudrait d'avoir à rappeler ces banalités si tant de prix Nobel ne cherchaient encore à nous persuader que la science et la technologie détiennent les clés du progrès économique et social — selon les termes de l'appel de Heidelberg déjà cité.

Il y a plus ; ce ne sont pas seulement les conditions externes (façon de parler, bien sûr) à l'activité scientifique qui lui imposent de sévères limites, mais sa nature même à présent : tous les maillons de la chaîne épistémologico-technique désormais se distendent. De plus en plus nombreux sont les phénomènes que l'on sait observer sans pour autant les comprendre, comprendre sans pour autant les reproduire, reproduire sans pour autant les transformer. Si les connaissances scientifiques acquises jusqu'au début de ce siècle ont toutes été plus ou moins intégrées dans des développements techniques (qu'il s'agisse de la mécanique, de l'électricité, de la chimie, de la microbiologie, etc.), il est parfaitement déraisonnable d'espérer dorénavant que, à échéance prévisible et pertinente (disons quelques décennies), la majeure partie de nos subtils théorèmes d'analyse fonctionnelle, de nos profonds aperçus sur la cosmologie primordiale, de nos étonnantes théories sur les quarks subnucléaires, de nos délicates études de génétique moléculaire, aient quelque "retombée" que ce soit. Cela ne contredit en rien, bien sûr, le fait assuré que certaines de ces découvertes trouveront de tels débouchés sans doute capitaux. Et, de toute façon, cette assertion n'est qu'un énoncé de fait et ne saurait suffire à porter un jugement de valeur sur la science contemporaine, pour lequel il faudrait d'abord expliciter les critères à convoquer.

Nous voici donc forcés de reconnaître que seule une vision bien myope dans le temps (la fin du siècle dernier) et dans l'espace (le monde occidental) a pu nous laisser accroire que l'indéniable progrès scientifique pouvait offrir à la fois un fondement et un exemple à la vérité et à l'efficacité conjointes par quoi nous souhaitions garantir le choix démocratique. C'est que nous avons commis l'erreur banale de considérer comme essentielles et permanentes des qualités circonstancielles et temporaires. Car la science, certes, a incarné des valeurs libératrices — et peut encore, ici ou là, les soutenir. Contre l'autorité dogmatique de l'Église, contre le despotisme politique, la vertu critique de la science aux XVIIe et XVIIIe siècles ne fut pas mince. Le procès de Galilée non plus que les combats des Encyclopédistes ne sauraient être oubliés ou déconsidérés. Mais c'était précisément de sa jeunesse, de sa fragilité, de son immaturité même que la science tenait cette capacité offensive. En leur commune adolescence, oui, science et démocratie avaient partie liée. Il n'y a de liberté, d'égalité et de fraternité que — toujours à regagner — contre les pouvoirs dominants. Avant que de réussir son intégration sociale, la science, par ses appels à une raison critique, par ses charges contre des formes de savoir caduques, par l'expression aussi qu'elle permettait de forces sociales nouvelles, fut une précieuse alliée du mouvement vers la démocratie. Et l'établissement même des premières formes d'État démocratiques (encore qu'ils le fussent de façon bien limitée…) coïncida avec l'institutionnalisation définitive et généralisée de l'activité scientifique. Elle allait *ipso facto* perdre l'essentiel de sa force critique et ne plus servir, sur le plan idéologique, que d'alibi aux nouveaux pouvoirs. Sans doute l'âpre bataille que connut la fin du siècle passé autour de la théorie darwinienne de l'évolution fut-elle le dernier combat progressiste d'ampleur mené par une science en voie d'intégration sociale complète. Désormais du côté du pouvoir et tributaire de son soutien, la science, dans son ensemble, allait perdre toute capacité d'intervention au plan politique — et se montrer d'ailleurs bien ingrate à l'égard de l'esprit démocratique qui avait permis son développement et son épanouissement.

Rien ne saurait mieux illustrer la dissolution de cette alliance entre science et démocratie, et donc son caractère conjoncturel, que les rapports pour le moins ambigus de la science avec les totalitarismes du XXe siècle. On a fait grand cas des persécutions que le stalinisme a infligées à la biologie mendélienne ou le nazisme à la physique relativiste, et l'on a justement rapporté le martyre de leurs chercheurs. Mais si Vavilov est mort en plein lyssenkisme et si Einstein a dû fuir les persécutions du Troisième Reich, il s'en faut que la science dans son ensemble ait été un foyer de résistance au communisme soviétique ou au fascisme hitlérien, ni que ces régimes l'aient étouffée ou asservie. Bien au contraire, tant en URSS qu'en Allemagne nazie[1], certaines disciplines scientifiques ont connu d'intenses développements, généreusement aidées et financées par des États antidémocratiques. Il n'y a pas d'antinomie de principe entre science et totalitarisme, ce siècle l'a prouvé — et pourrait en renforcer encore la

1. Voir le salubre et novateur ouvrage collectif sous la direction de Josiane Olff-Nathan, *La science sous le Troisième Reich — victime ou alliée du nazisme?*, Le Seuil, coll. «Science ouverte», 1993.

démonstration : on suivra avec intérêt les progrès scientifiques des États islamistes intégristes. Et ce n'est pas leur incapacité scientifique ou technique qui a fait chuter tant le Troisième Reich (à l'avant-garde, faut-il le rappeler, pour les matériaux synthétiques ou l'aéronautique) que l'Union soviétique (réputée pour ses fusées, comme pour ses mathématiques fondamentales) — mais bien leurs échecs proprement politiques et économiques. D'ailleurs, l'effondrement du système soviétique, loin d'aider au redéveloppement du système technoscientifique, l'a entraîné dans sa chute. Faut-il rappeler enfin qu'à l'apogée de la lutte entre les Alliés et l'Axe, la mise au point de l'arme nucléaire dans le cadre du projet Manhattan a résulté de l'organisation sous contrôle militaire, avec les strictes contraintes hiérarchiques et les règles de confidentialité afférentes, d'un projet technoscientifique à une échelle jusque-là inconnue — démontrant ainsi, quelles qu'en fussent ou en restent les justifications, que, même en démocratie, la technoscience n'a pas besoin de la démocratie ?

Vision myope dans le temps et l'espace, avons-nous dit, que celle fournissant cette image illuministe de la science — mais myopie quant à la science elle-même aussi ! Seul un canton assez particulier de la science a pu justifier cette illusion ambitieuse d'une complète « maîtrise et possession » de la nature : la physique. Dans son champ, en effet, les plus abstraits formalismes mathématiques ont engrené sur les plus impressionnantes réalisations techniques. Mais l'idéal de scientificité qui en a émergé est resté hors d'atteinte de toute autre discipline : ni la mathématicité, ni la répétitivité, ni la réfutabilité, ni quelque autre critère général que ce soit ne connaît, ailleurs, une validité comparable. Aussi faut-il se rendre à l'évidence : ses privilèges, la physique les tire moins de son antériorité que de son parti pris initial à ne s'occuper que des aspects les plus élémentaires et les plus schématiques de la réalité. Il y a bien de l'outrecuidance à vouloir ériger une résignation en triomphe ; c'est de sa restriction que la science physique tire sa force — elle ne saurait en aucun cas se présenter comme un modèle accompli de toute science. Entendons-nous bien : il ne s'agit pas ici de disqualifier la validité ou la pertinence des savoirs produits par d'autres disciplines, mais plutôt de prendre acte du caractère inéluctablement parcellaire, fragile et contingent de toute science et de ses rapports avec les pratiques éventuelles qu'elle fonde. Le monde *est* complexe, c'est maintenant entendu, et la reconnaissance litanique de cette complexité ne suffira pas à la conjurer : la physique elle-même, en théorisant le chaos, la catastrophe ou la dissipation, ne parviendra ni à récupérer sa superbe d'antan, ni à fonder sur une feinte modestie une « nouvelle alliance » avec la culture. C'est irréversiblement que se sont disjointes les médiations qui semblaient constitutives de l'idée même de science entre description, explication, prédiction, action, et que s'est évaporée la prétention de la science à inspirer et régir la réflexion politique ou philosophique.

Mais du coup disparaît en même temps un paradoxe capital qui minait sournoisement la possibilité même de penser avec quelque cohérence les rapports entre le projet démocratique et la quête scientifique. De fait, si la science était — fût-ce idéalement — source de cette vérité universelle et de cette objectivité absolue à laquelle elle a prétendu, loin de fonder l'idée démocratique, elle en démontrerait l'inanité. Les thuriféraires de la science ont assez insisté eux-mêmes sur la nature censément intrinsèque de sa vérité, indépendante de toute subjectivité, individuelle ou collective. C'est en dépassant le cadre de l'opinion, en refusant la domination de la *doxa*, que la science est censée produire du vrai incontestable : on peut avoir raison contre tous, et finir par les en convaincre — non par la persuasion, mais par la preuve. On ne vote pas pour décider de la validité d'un théorème, et les lois physiques ne sont pas soumises à ratification par une quelconque Assemblée — telle est en tout cas la vision conventionnelle de la pratique scientifique. Quoi donc de *moins* démocratique que ces procédures fondées sur la certitude d'une vérité préétablie qui n'est pas à produire mais à découvrir, et qui prétend n'être en rien dépendante des intérêts ou des projets humains. La démocratie ne se fonde-t-elle pas, à l'inverse, sur la reconnaissance qu'il n'y a pas de vérité politique abstraite et préalable à l'affrontement des opinions ? Le débat démocratique est une technique de décision sociale qui ne prend son sens et sa force qu'une fois admise la large ignorance où nous sommes des tenants et aboutissants de nos comportements collectifs. La vision illuministe de la science, sa conception dogmatique conduisent tout naturellement, non au pari démocratique, avec son insécurité permanente, mais à la tranquillité du despotisme éclairé : nul hasard historique si Diderot et Voltaire ont fait la cour de (et à) Catherine et Frédéric (II, l'une et l'autre) — de Russie et de Prusse (... déjà ! — voir ci-dessus). On peut aussi, un peu plus d'un siècle après sa mort, relire aujourd'hui Renan, qui, en 1848, dès le début de *L'avenir de la science*, annonçait clairement son programme :

> « ORGANISER SCIENTIFIQUEMENT L'HUMANITÉ [les majuscules sont de l'auteur], tel est donc le dernier mot de la science moderne, telle est son audacieuse, mais légitime prétention »,

en précisant d'ailleurs :

> « La science qui gouvernera le monde, ce ne sera pas la politique[1]. »

Il explicitera sa pensée dans ses *Dialogues philosophiques*, écrits, comme par hasard, à Versailles, en mai 1871, pendant la Commune :

> « Les pays où il y a des classes marquées sont les meilleurs pour les savants ; car, dans de tels pays, ils n'ont ni devoirs politiques, ni devoirs de société, rien ne les fausse. Voilà enfin pourquoi le savant s'incline volontiers (non sans quelque ironie) devant les gens de guerre et les gens du monde. »

Mieux encore :

> « Si l'on veut imaginer quelque chose de solide, il faut concevoir un petit nombre de sages tenant l'humanité par des moyens qui seraient leur secret et dont la masse ne pourrait se servir, parce qu'ils supposeraient une trop forte dose de science abstraite[2]. »

Un exemple contemporain vient ici à point nommé illustrer ces réflexions. Je me contente de reproduire cette information trouvée dans *Nature* :

> « *New Delhi*. Une cour d'appel indienne a jugé que réserver des postes aux castes inférieures dans les emplois publics et les pro-

1. Ernest Renan, *L'avenir de la science. Pensées de 1848*, in *Œuvres complètes* (H. Psichari éd.), t. 3, Calmann-Lévy, 1949, p. 757.
2. Ernest Renan, *Dialogues philosophiques*, *ibid.*, t. 1, 1947, p. 596-597 et 599.

grammes universitaires de science et de technologie était illégal et contraire à la Constitution indienne. Cette décision de la Haute Cour de l'Utar Pradesh, le plus grand État de l'Inde, renverse la politique qui réservait [au moins] 22 % des postes et des admissions à l'université aux candidats des basses castes [jusque-là exclus de fait]. Le juge déclare que la science n'a ni religion ni caste et "qu'il ne peut donc y avoir aucune politique de quota admissible dans le domaine de la science et de la technologie". La politique actuelle de l'Inde tente d'équilibrer le besoin d'excellence technique et la nécessité d'une attention particulière portée aux classes défavorisées sur les plans social et éducatif. Tout en reconnaissant que ces classes devaient être aidées, le magistrat a jugé que les intérêts de la nation et de la science étaient primordiaux. "Le temps est venu d'affirmer clairement et courageusement qu'il ne peut y avoir de compromis dans le champ de la technique et de la science", a-t-il écrit dans son jugement[1]. »

Ainsi donc, l'égalité (abstraite) devant le savoir sert ici à maintenir l'inégalité (concrète) devant le pouvoir. Peut-on montrer plus clairement comment la prétention de la science à incarner des valeurs universelles tout en préservant des procédures de validation autonomes entre en contradiction directe avec les principes démocratiques d'une société conflictuelle ? Pour qui croirait qu'il s'agit là d'un cas particulier et quelque peu exotique, notons que le 15 juin 1992, la presse française publiait un appel signé par vingt-cinq des

1. *Nature*, nº 358, 2 juillet 1992, p. 9.

biologistes français les plus réputés, à propos d'un projet de loi alors discuté par les parlementaires sur « le contrôle de l'utilisation et de la dissémination des organismes génétiquement modifiés ». Ces chercheurs s'élevaient contre un amendement destiné à renforcer ces contrôles en instituant l'obligation d'une enquête publique préalable à la création de nouveaux centres de recherche de génie biologique ; les biologistes protestaient que cette procédure « lourde et complexe » allait freiner le développement de la recherche scientifique... Le message du lobby scientifique a été entendu par le Sénat, qui a, avec un remarquable cynisme, limité les obligations de transparence aux informations scientifiques « non couvertes par le secret industriel et commercial » — compromis finalement accepté par l'Assemblée, et qui donne la pleine mesure de *notre* démocratie quant au champ technoscientifique.

Or la science, mieux vaut s'en réjouir que le déplorer, n'est *pas* cette source sacrée et infaillible de la vérité théorique et de l'efficacité pratique. Aucune essence épistémologique ne la prémunit contre la multiplicité des contingences et contradictions de toute activité sociale. La spécificité de ses buts et de ses méthodes est assez incontestable pour qu'il ne soit en rien nécessaire de la séparer, au sein d'une tour d'ivoire, des autres faits et gestes de la cité. Si la question de la vérité ou, au moins, de la validité de ses résultats garde un sens autonome et interne à ses pratiques, il n'en va certes pas de même quant à la pertinence de ces mêmes résultats, au choix de ses orientations, aux formes de son organisation, à l'intérêt de ses acteurs (et à leurs intérêts). À ce niveau, elle est soumise à l'emprise directe de l'économique, du social, du politique et de l'idéologique. Mais cette reconnaissance de l'absence d'autonomie de l'activité scientifique à la fois sape l'illusoire caution théorique du projet démocratique et dissipe le réel paradoxe conceptuel auquel il se heurtait. Si la science ne peut plus prétendre inspirer ou guider la démocratie, elle ne peut plus non plus lui être un obstacle. Que le choix démocratique aujourd'hui ait besoin sur nombre de questions d'informations scientifiques ou de moyens techniques, rien de plus évident. Que ces nécessaires expertises soient suffisantes, ou même cruciales, rien de moins certain. Car la science maintenant pose plus de questions qu'elle n'en peut résoudre, et élimine plus de fausses réponses qu'elle n'en peut donner de vraies — et cela est déjà beaucoup. Oui, c'est la recherche scientifique qui nous a alertés sur le trou d'ozone, l'effet de serre, l'hiver nucléaire, le sida, les menaces sur la biodiversité — pour s'en tenir aux gros titres des journaux. Mais c'est elle aussi qui se révèle incapable de conclure rapidement et assurément à l'étendue, aux causes et aux remèdes de ces dangers. Constatons ses limitations au lieu d'en attendre des miracles, puis de lui reprocher son impuissance. Ainsi, plutôt que l'indignation, c'est le sourire que devrait provoquer la commune signature, au bas de l'appel de Heidelberg adjurant les gouvernements de suivre les avis scientifiques informés, de deux spécialistes français des sciences de la terre connus pour leurs divergences d'opinion sur l'évaluation scientifique des risques volcaniques comme de la pollution stratosphérique. L'illusion de l'expertise ainsi dissipée éloigne la tentation de l'"expertocratie" — néologisme anglo-saxon aussi redoutable que ce qu'il désigne, forme moderne du despotisme (prétendument) éclairé.

Reconnaissons enfin que la démocratie, c'est le pari que, devant nous prononcer en (relative) *méconnaissance de cause*, la « moins pire » des solutions (suivant l'inéluctable aphorisme churchillien) est de le faire collectivement et d'assumer ensemble les risques de ces décisions. Au principe du projet démocratique, cet énoncé que *la conscience prime la compétence*[1]. Il est curieux de constater les résistances que rencontre cette idée dès lors qu'elle concerne le champ technoscientifique. Oui, bien sûr, admet-on, il *faudrait* que l'on puisse décider démocratiquement de l'évolution du programme électronucléaire, contrôler démocratiquement le développement du génie génétique, débattre démocratiquement des priorités de la recherche fondamentale — mais la masse profane du corps social serait trop loin du niveau de compétence requis pour pouvoir raisonnablement se prononcer. On ne me soupçonnera pas, je pense, de négliger l'importance d'un vigoureux développement de la culture collective en matière de science et de technique... Il ne peut être question pour autant d'y subordonner le principe d'un droit de regard et de décision en matière de technoscience, appartenant à la société tout entière, telle qu'elle est, profane et (relativement) ignorante. On n'exige pas des citoyens un brevet de théorie constitutionnelle avant de les laisser voter, ni des jurés de cour d'assises un certificat d'apti-

1. J'emprunte cette formule à un exposé de Blandine Barret-Kriegel au colloque du Mans de 1991, *La philosophie, pour quoi faire?* Actes publiés sous la direction de Roger-Pol Droit, Le Monde-Éditions, 1992.

tude au droit criminel avant de les consulter. Pourquoi faudrait-il être plus savant en physique qu'en politique pour pouvoir donner son avis sur la construction d'une centrale nucléaire, en biologie qu'en droit pour se prononcer sur un programme industriel de génie génétique ? Loin que l'accroissement du niveau général de culture scientifique et technique de la société soit un préalable à l'extension du projet démocratique à la technoscience, c'est, tout à l'inverse, cette extension qui stimulera cet accroissement : c'est la prime accordée à la conscience qui développera la compétence.

Il faudra bien, enfin, que la technoscience non seulement renonce à toute prééminence morale ou intellectuelle sur le politique, mais encore qu'elle s'y soumette — pour que l'idée même de démocratie conserve un sens. Cette "liberté de la recherche" dont se targuent les scientifiques, drapés dans leur blouse blanche pour résister à toute emprise du politique, est soit une prétention vide de sens (« Qui t'a fait savant ? » pourrait demander l'État, commanditaire et organisateur de la recherche), soit un privilège exorbitant du droit commun. La "liberté de la recherche", dans une société où la science est prise de part en part, n'a plus rien à voir avec la liberté de conscience ou d'opinion individuelle — même si, jadis, elles allèrent de pair pour Galilée ; aujourd'hui, elle n'est guère plus défendable, au niveau des principes, que la liberté de la propriété, dont les détenteurs durent aussi céder quelque terrain au fil des derniers siècles. Il vaut d'ailleurs la peine de se rappeler que l'assimilation de Galilée à un héros de la protestation démocratique contre le pouvoir de l'Église fait quelque violence à ses positions personnelles, qui subordonnaient, déjà, ses convictions politiques à ses conditions professionnelles. Rappelons-nous comment, en 1609, il présente son projet de quitter la République de Venise, fort jalouse de son indépendance à l'égard de la papauté, pour le grand-duché de Toscane, beaucoup plus lié à Rome[1] :

> « Obtenir d'une République, bien qu'elle soit resplendissante et généreuse, un salaire sans servir le public, cela n'est pas habituel, car pour retirer un profit du public, il faut satisfaire le public, et non pas un seul particulier ; et aussi longtemps que je suis capable de faire cours et de servir, aucun homme d'une République ne peut m'exempter de cette charge en me laissant mes émoluments. Et, en somme, je ne peux espérer une pareille commodité de personne d'autre que d'un prince absolu » (lettre de février 1609, au S(eigneur) Vesp.).

Et encore :

> « [...] J'ai de grands et tout admirables projets. Mais ils ne peuvent servir ou, pour mieux dire, être mis en œuvre que par des princes... » (lettre du 16 mai 1610, au secrétaire du grand-duc de Toscane).

Ainsi donc, au début de la science moderne, déjà, ce conflit entre ses intérêts propres et le bien public. Malgré les objurgations de ses amis plus clairvoyants, Galilée quittera bien Venise pour Florence, qui ne le protégera guère contre l'Inquisition. Il paiera cher son égoïsme scientifique et sa naïveté

1. Les textes qui suivent sont donnés par Fernand Hallyn dans son introduction à sa traduction du *Sidereus Nuncius* : Galileo Galilei, *Le messager des étoiles*, Le Seuil, coll. « Sources », 1992. Voir aussi Marco Biagioli, *Galileo, Courtier*, University of Chicago Press, 1993.

politique — tout comme Oppenheimer trois siècles plus tard.

Exiger que l'activité technoscientifique soit désormais explicitement gouvernée par le choix démocratique n'équivaut certes pas à légitimer toute intervention politique arbitraire dans son organisation et son développement. Bien au contraire, ce n'est qu'en acceptant de se plier à la juste règle commune et en renonçant à leur privilège d'extraterritorialité politique (dans les faits bien menacé, d'ailleurs !) que les acteurs de la science et de la technique trouveront les alliances sociales qui leur permettront de sauvegarder la relative autonomie et de retrouver le soutien collectif qui leur sont indispensables. Ils n'ont pas d'autre choix s'ils veulent éviter de devenir, comme Brecht le fait dire à Galilée dans sa prophétique autocritique[1], « une race de nains inventifs », au service de cette nouvelle forme d'organisation politique — dont l'instauration est déjà bien avancée — que serait, symétrique et équivalente au despotisme éclairé, la démocratie éteinte.

1. Bertolt Brecht, *La vie de Galilée* (trad. Éloi Recoing), L'Arche, 1990.

LE PAVÉ DE HEIDELBERG

L'appel de Heidelberg, adressé par plusieurs centaines de scientifiques aux chefs d'État et de gouvernement réunis à Rio en juin 1992, a fait couler beaucoup d'encre, et suscité de vives polémiques. Une première lecture laisserait pourtant croire à de louables, quoique banales, déclarations d'intention : « Nous exprimons la volonté de contribuer pleinement à la préservation de notre héritage commun, la Terre » (bravo !) ; « Nous adhérons totalement aux objectifs d'une écologie scientifique, axée sur la prise en compte, le contrôle et la préservation des ressources naturelles » (très bien !) ; « Notre intention est d'affirmer la responsabilité et les devoirs de la Science envers la Société dans son ensemble » (chapeau !) ; « Nous attirons l'attention de tous sur l'absolue nécessité d'aider les pays pauvres à atteindre un niveau de développement durable et en harmonie avec celui du reste de la planète, de les protéger contre des nuisances provenant des nations développées et d'éviter de les enfermer dans un réseau d'obligations irréalistes qui compromettait à la fois leur indépendance et leur dignité » (excellent !). Rien là de très original, mais enfin, mieux vaut tard que jamais, et sachons gré à l'establishment scientifique de se pencher sur le sort du monde.

Nombre de commentateurs pourtant ont relevé déjà que l'essentiel de ce texte se trouve dans les multiples réserves et réticences qu'il formule lui-même sur ses énoncés généraux. Les trois premières citations rappelées ci-dessus sont en effet suivies respectivement des trois phrases clés suivantes : « *Toutefois,* nous nous inquiétons d'assister, à l'aube du XXIe siècle, à l'émergence d'une idéologie irrationnelle qui s'oppose au progrès scientifique et industriel et nuit au développement économique et social » ; « *Toutefois,* nous demandons formellement par le présent appel que cette prise en compte, ce contrôle et cette préservation soient fondés sur des critères scientifiques et non sur des préjugés irrationnels » ; « *Cependant,* nous mettons en garde les autorités responsables du destin de notre planète contre toute décision qui s'appuierait sur des arguments pseudo-scientifiques ou sur des données fausses ou inappropriées. »

« À l'aube du XXIe siècle », vraiment ? On se croirait plutôt au crépuscule du XIXe.

Comment peut-on aujourd'hui prétendre qu'« *émerge* une idéologie irrationnelle » ? Comme si la question de la rationalité n'était pas posée dès les débuts de la civilisation moderne ; comme si le champ politique n'avait pas connu, dans un passé récent, bien d'autres idéologies irrationnelles qu'un certain écologisme extrémiste et minoritaire — et qui n'ont pas toujours, loin s'en faut, suscité de nobles indignations dans les milieux scientifiques ; comme si toute idéologie n'était pas irrationnelle, à commencer par le scientisme !

Comment peut-on aujourd'hui identifier progrès scientifique et progrès industriel, et les considérer comme la source du développement économique et social ? Comme si bien des cultures non occidentales n'avaient pas fait la preuve de leurs capacités scientifiques avant toute industrialisation ; comme si le problème fondamental aujourd'hui n'était pas justement d'assurer un « développement » économique et social à toute l'humanité *malgré* un « progrès » industriel inégalitaire (on remarquera au passage que le bon sens et la générosité auraient dû conduire à inverser les termes et à parler de développement industriel et de progrès social — on appréciera à cette aune terminologique l'échelle des valeurs qui sous-tend le texte de l'appel).

Comment peut-on aujourd'hui appeler au respect des « critères scientifiques » contre des « préjugés irrationnels » ou des « arguments pseudo-scientifiques » ? Comme si l'essentiel des débats du moment — ceux-là mêmes qui ont motivé la conférence de Rio — ne tenait pas, précisément, à la difficulté extrême, voire à l'impossibilité, désormais, de tracer une ligne de démarcation claire ; comme si, justement, les questions clés — celle du taux et de l'origine des pollutions, celle de l'ampleur du trou d'ozone, celle de l'importance des modifications climatiques d'origine humaine (effet de serre) — ne faisaient pas l'objet d'un remarquable *dissensus* scientifique entre chercheurs aux thèses opposées ; comme si, enfin, les dirigeants politiques (que cet appel a manifestement à la fois amusés et embarrassés...) n'étaient pas acculés à reconnaître l'impossibilité de décisions scientifiquement fondées en des domaines où l'urgence et l'importance des problèmes ne permettent plus à l'expertise technique de fournir des réponses assurées, faute de temps et, sans doute également, de moyens matériels, mais aussi intellectuels[1].

On ne saurait pourtant faire une lecture purement théorique de l'appel de Heidelberg, et le contexte politique s'est vite chargé d'en expliquer le sens pratique. Relevons quelques faits d'actualité pertinents choisis parmi bien d'autres. Ainsi, le 15 juin 1992, au même moment donc, paraissait, on l'a vu, dans la presse française un autre appel, signé par vingt-cinq biologistes, dont une bonne moitié de signataires de l'appel de Heidelberg, s'élevant contre certaines dispositions d'un projet de loi sur « le contrôle de l'utilisation et la dissémination des organismes génétiquement modifiés ». L'Assemblée nationale, en première lecture, avait adopté un amendement soumettant à enquête publique préalable l'autorisation d'installations nouvelles de génie génétique. C'est contre cette procédure que les chercheurs s'insurgeaient, arguant qu'elle allait « freiner l'innovation et le progrès médical » — alors que cette législation restait bien en deçà de ce qui est imposé dans nombre d'autres pays européens. Le Sénat allait entendre le message du lobby scientifique et, malgré la contre-offensive de diverses associations de défense de l'environnement, remplacer l'enquête préalable par la transparence *a posteriori*... « à l'exclusion de toute information couverte par le secret industriel et commercial, ou dont la divulgation pourrait porter préjudice aux intérêts de l'exploitant » ! L'Assemblée entérinait en seconde lecture cette cynique mascarade de contrôle public — considérant, selon son rapporteur

1. Voir *supra* « En méconnaissance de cause », p. 38.

quelque peu désabusé, qu'il ne s'agissait que d'« un premier pas vers l'instauration d'un véritable dialogue entre la communauté scientifique et la population » ; un premier pas, à vrai dire, dans une direction bien inquiétante.

Quelques nouvelles de l'étranger, choisies parmi bien d'autres, éclaireront aussi les enjeux de l'appel de Heidelberg. Par exemple, dans une lettre adressée le 9 juin 1992 à George Bush, président des États-Unis, G. Kirk Raab, P-DG de Genentech, l'une des firmes américaines majeures de la biotechnologie, remercie le président des États-Unis pour avoir refusé de signer à Rio le traité de protection de la biodiversité. Ce traité, qui prévoit le droit pour chaque nation de contrôler l'accès à ses propres ressources génétiques et celui de toucher une part des bénéfices découlant de leur éventuel usage, inquiétait fort l'industrie biopharmaceutique qui y voit une menace contre « la sauvegarde des droits de propriété industrielle et le respect des contraintes économiques ». Une autre information, passée quelque peu inaperçue : en juin 1992 toujours, la nouvelle Yougoslavie (Serbie et Montenegro) se dotait d'un nouveau Premier ministre. Le président national-communiste Slobodan Milosevic avait choisi Milan Panic, P-DG de la firme américaine ICN Pharmaceuticals, de Costa Mesa, Californie. Ce multimillionnaire avait pourtant eu maille à partir avec l'administration américaine pour diverses publicités pharmaceutiques mensongères et comportements commerciaux douteux.

Reste à expliquer la surprenante extension du spectre des signataires de l'appel de Heidelberg. Il vaut la peine, d'abord, de relever, à titre d'exemples pittoresques mais révélateurs, certaines signatures.

C'est ainsi qu'on y trouve, alliés à d'intransigeants membres de l'Union rationaliste pour dénoncer une « idéologie irrationnelle », plusieurs membres de l'Académie pontificale, qui relève du Vatican, ainsi qu'un grand dramaturge français dont le théâtre semblait illustrer l'absurdité plutôt que la rationalité humaine... On y voit, signant un appel aux (autres ?) dirigeants politiques, un ancien Premier ministre et quelques ministres français... On y repère les directeurs des laboratoires des parfums Christian Dior, dont chacun sait la contribution à la résolution des problèmes du sous-développement (les dirigeants des grands laboratoires pharmaceutiques qui ont encouragé et financé l'appel se sont plus discrètement abstenus de le signer)... On y remarque côte à côte deux éminents géophysiciens français, tous deux bien connus des médias pour leurs affrontements scientifiques et juridiques, et qui ne manquent pas une occasion d'affirmer leurs désaccords, qu'il s'agisse des risques sismiques ou du trou d'ozone, mais d'accord ici pour réclamer des décisions scientifiquement fondées... On notera enfin, dans le rôle des carabiniers, l'appui *a posteriori* des communistes : « Si l'appel avait été proposé aux scientifiques communistes, nul doute qu'ils l'auraient signé. La lutte pour la science au profit [*sic*] du progrès fait partie de l'identité des communistes », écrit un membre du comité central du PCF.

Le cynisme d'une minorité, la naïveté de la majorité ne suffisent pourtant pas à expliquer le surprenant unanimisme des signataires de l'appel de Heidelberg. À la vérité, comme toute union sacrée, celle-ci est fondée sur la peur. Il faut y voir l'expression — rationnelle ou pas ? — du désarroi de la collectivité scientifique — ou plutôt de ses dirigeants — devant la mutation accélérée de la nature et du statut de la science, désormais devenue technoscience, chaque jour davantage mercantilisée et industrialisée. La plupart des chercheurs constatent alors, sans en comprendre les raisons, que devient dérisoire leur rêve d'un savoir objectif et positif, à la fois intéressant pour eux et utile à l'humanité entière. Ils se retrouvent face à des problèmes dont la complexité technique même les met en échec et dont les enjeux sociopolitiques les dépassent. Leur profession, leurs institutions leur échappent de plus en plus, soumises qu'elles sont à la régulation du politique et aux contraintes de l'économique. Plutôt que de reconnaître la source de ces transformations dans la nature même du système dont ils vivent, ils préfèrent alors se créer un adversaire fantasmatique, cet « irrationalisme écologique » mythifié. Le rejet de la menace sur un ennemi extérieur imaginaire est évidemment une constante de toute communauté humaine en crise d'identité et de projet.

L'appel de Heidelberg aura au moins eu le mérite de mettre au jour la profondeur de cette crise. La diversité des réactions qu'il a soulevées montre aussi l'existence, de bon augure pour la suite du débat, de sérieuses lignes de fracture dans les milieux scientifiques. Le pavé que voulaient jeter les initiateurs de l'appel dans la mare écologique, lancé avec tant de maladresse, ne pouvait que retomber dans le marais scientifique.

À QU(O)I SERT LA RECHERCHE ?

Quelle est l'utilité de la recherche scientifique ? Quel est le rôle des chercheurs ? On aurait tort de tenir pour évidentes les réponses à ces questions. Ni la problématique efficacité techno-économique de recherches désormais consommatrices au moins autant que productrices, ni les représentations culturelles courantes de la science oscillant entre apologie et dénonciation, ne suffisent à justifier aujourd'hui l'existence du système social de la recherche et encore moins ses formes concrètes d'organisation. Voilà bientôt vingt ans que l'un des meilleurs spécialistes de la politique scientifique, Derek de Solla Price, a proposé une conception quelque peu iconoclaste, et qui a été ignorée plutôt que réfutée, de la valeur sociale de la science[1]. Cette valeur, selon lui, serait plus extrinsèque qu'intrinsèque : la recherche fondamentale vaudrait moins par ses hypothétiques retombées économiques directes, que par la compétence technoscientifique collective qu'elle permettrait d'acquérir et de diffuser dans l'ensemble de la société. En

1. Derek de Solla Price, « La valeur extrinsèque de la recherche », *op. cit.* 19, p. 8-16.

d'autres termes, le contenu spécifique et les thèmes concrets de la recherche scientifique seraient d'importance secondaire, à court terme en tout cas. La pratique de la recherche, en revanche, garantirait à ses acteurs le maintien d'un haut niveau de qualification technoscientifique qui, diffusé par les institutions d'enseignement et de formation, permettrait *in fine* le fonctionnement d'un système industriel de production et d'innovation performant et évolutif. De Solla Price caractérise le financement national continu de la recherche scientifique comme l'achat d'un «ticket d'accès» permanent au stock mondial de connaissances accumulées, et non comme un investissement rentable à brève échéance. Il propose même, sur cette base, une méthode pour estimer l'effort financier qu'il est «raisonnable» de demander à la collectivité en faveur de la recherche scientifique.

En tout état de cause, l'inéluctable plafonnement des ressources consacrées par les pays développés à la recherche scientifique, le brouillage de la frontière entre recherche fondamentale et recherche appliquée, la montée des enjeux politiques et éthiques, ainsi que certains facteurs en apparence plus internes (la crise du système de publication, le développement de la fraude) laissent à penser que les prochaines années verront de profondes mutations dans l'organisation sociale de la recherche. En France, la loi d'orientation de la recherche du 15 juillet 1982, issue des États généraux de la recherche, avait posé pour les orientations de la recherche scientifique et les missions de ses personnels de très larges redéfinitions. Ainsi (art. 5), «la politique de la recherche vise à l'accroissement des connaissances», certes, mais aussi «à la valorisation des résultats de la recherche, à la diffusion de l'information scientifique et à la promotion du français comme langue scientifique». De même (art. 14), «la recherche publique a pour objectifs: le développement et le progrès de la recherche dans tous les domaines de la connaissance; la valorisation des résultats de la recherche; la diffusion des connaissances scientifiques; la formation à la recherche et par la recherche». Enfin (art. 24), «les métiers de la recherche concourent à une mission d'intérêt national. Cette mission comprend: le développement des connaissances; leur transfert et leur application dans les entreprises et dans tous les domaines contribuant au progrès de la société; la diffusion de l'information et de la culture scientifique et technique dans toute la population, et notamment parmi les jeunes; la participation à la formation initiale et à la formation continue; l'administration de la recherche». Ainsi donc les tâches professionnelles du chercheur scientifique ne se limitent plus à la recherche *stricto sensu*, c'est-à-dire à la seule production de savoirs nouveaux. Que ces tâches incluent désormais la valorisation et la diffusion de ces savoirs découle de la mutation, justement reconnue, des fonctions de la recherche. Il est devenu difficile, sinon impossible, de séparer les découvertes scientifiques de leurs applications techniques et surtout de leurs implications sociales. L'élargissement des missions du chercheur est une réponse obligée à la complexification du rôle de la recherche.

Mais cette redéfinition risque de rester lettre morte puisqu'elle n'est actuellement prise en compte ni dans la formation du chercheur, ni dans l'évaluation de sa carrière. La formation professionnelle, sous les espèces du doctorat, reste identifiée à une initiation aux seules activités de recherche au sens le plus étroit. Comment donc demander au chercheur de remplir d'autres missions s'il n'y est pas préparé ? Il devient donc indispensable d'envisager une réforme du troisième, et déjà du second cycle des universités, pour inclure dans les programmes d'enseignement une dimension culturelle explicite : introduction de l'histoire, de la philosophie, de la sociologie des sciences (en tout cas de la science étudiée) d'une part, initiation théorique et pratique aux problèmes de la communication scientifique (interne et externe) et à ses enjeux pédagogiques et médiatiques de l'autre. Il serait, avouons-le, paradoxal que les nouvelles filières de formation à la culture et à la communication scientifiques qui se développent au niveau de licences, maîtrises ou DESS, ne soient pas, au moins en partie, ouvertes aux futurs chercheurs. Le risque existe en effet, sous prétexte de pallier les difficultés de la communication scientifique, de les accroître en interposant entre les chercheurs et le public une couche de spécialistes seuls chargés de ces missions, qui ferait nécessairement écran. Si l'existence de tels professionnels est nécessaire, elle n'est de loin pas suffisante, et il serait extrêmement dangereux que l'institution scientifique se décharge de ses responsabilités d'information et de diffusion sur un corps extérieur de journalistes et de médiateurs spécialisés.

Pour que ces nouveaux éléments de formation remplissent leur rôle et ne restent pas de simples alibis, ou de vagues suppléments d'âme, il est indispensable qu'ils soient institutionnellement reconnus. C'est ainsi que le doctorat devrait comprendre, outre la soutenance de l'habituelle thèse, développant les travaux de recherche originaux de l'impétrant, la présentation d'au moins une activité de diffusion ou de valorisation publique effectuée au cours de la préparation du doctorat : rédaction d'un article de vulgarisation ou de synthèse pour une revue grand public, collaboration à des émissions de radio ou télévision, conférences publiques dans des MJC ou des lycées, participation à des programmes de formation continue, etc. Cette "thèse publique", qui viendrait s'ajouter à la "thèse privée" usuelle, représenterait un travail relativement modeste, sur le modèle élargi de la défunte et regrettée "seconde thèse" (étude de synthèse sur un sujet extérieur à la spécialité). De la même façon, la participation du chercheur, au cours de son activité professionnelle, à de telles activités de médiation et de diffusion publiques devrait être explicitement prise en compte lors de l'évaluation de son travail et effectivement valorisée lors des décisions touchant à sa promotion.

L'élargissement de la formation professionnelle du chercheur à des dimensions plus culturelles n'est pas seulement une nécessité politique touchant au rôle de la technoscience dans notre société. C'est aussi une exigence interne de la recherche, dont les mutations rendent désormais contre-productives les spécialisations disciplinaires outrancières. Comment faire face aux dérapages, de plus en plus nombreux, dans des directions aussi dérisoires que médiatisées (fusion froide et mémoire de l'eau...), sinon en donnant aux chercheurs une formation historique et épistémologique minimale ? Comment éviter la multiplication des cas de fraude, souvent liés aux enjeux économiques de la recherche, sans inclure une dimension sociologique et éthique dans les compétences professionnelles ? Comment pallier la crise montante du système de publication scientifique (revues de plus en plus nombreuses, de plus en plus chères — et de moins en moins lues) sans une préparation aux problèmes de la communication et de l'information ?

À la vérité, on peut se demander si cet élargissement des tâches professionnelles du chercheur ne met pas en cause son statut même. Après tout, l'idée de la recherche comme profession exclusive et permanente n'est pas si ancienne, et la figure du chercheur n'a guère plus d'un demi-siècle. Auparavant, l'activité scientifique était indissolublement faite de recherche et d'enseignement — souvent aussi d'application et de diffusion. La sophistication et la complexification du travail scientifique ont entraîné une division des tâches et une spécialisation qui, sources de productivité accrues d'abord, semblent aujourd'hui — comme dans la production industrielle — rencontrer leurs limites, et nuire, par leurs excès et leurs rigidités, à l'efficacité du système. Ne faudrait-il pas imaginer des structures plus souples, au sein desquelles la mobilité professionnelle et la diversification des activités seraient plus aisées que dans les actuels organismes de recherche souvent trop séparés de l'université et isolés du monde culturel ?

La loi d'orientation de 1982, déjà rappelée, précise d'ailleurs que « les personnels de recherche, conformément à la mission qui leur est impartie, devront pouvoir exercer, successivement ou simultanément, des fonctions de recherche, d'enseignement, d'administration ou de valorisation de la recherche », et le texte insiste sur l'évaluation et la reconnaissance de ces activités. Il serait souhaitable que les scientifiques puissent travailler au sein d'un corps unique d'enseignants-chercheurs, et y mènent des carrières diversifiées au gré des orientations et projets tant individuels que collectifs, alternant des phases de recherche exclusive ou majoritaire avec des phases plus spécifiquement orientées vers l'enseignement, la diffusion ou la valorisation. Le nécessaire compromis entre les souhaits personnels et les contraintes institutionnelles se ferait — comme c'est déjà partiellement le cas, mais au sein d'un système trop rigide — au sein de commissions paritaires. Les organismes de recherche, débarrassés de la tutelle et de la gestion de personnels propres et rompant avec leur bureaucratisation croissante, se consacreraient à l'attribution de crédits de recherche sur programmes et de postes d'accueil temporaires pour recherches à plein temps, renouant ainsi avec une pratique originelle (le CNRS fut d'abord la *Caisse* nationale de la recherche scientifique), conformément à un mode d'organisation beaucoup plus général en Europe et dans le monde que le modèle français (qui n'a eu comme seul analogue que le défunt système soviétique).

Les perpétuelles réorganisations du CNRS et des autres organismes de recherche ne devraient-elles pas inciter les responsables de la politique scientifique à dépasser un questionnement purement administratif ? Et les chercheurs, plutôt que de se limiter à la défense corporative de leur situation, ne seraient-ils pas bien inspirés de réfléchir eux-mêmes à leur statut ? Faute de réponses positives à ces questions, il est à craindre que les mutations à venir ne s'imposent à travers de douloureuses crises.

LA SCIENCE DANS LA CITÉ

Plusieurs éléments indiquent que nous assistons actuellement à de très profondes mutations quant à la nature et au rôle de l'activité scientifique dans les sociétés développées. Ces transformations sont lourdes de conséquences sur la place de la science dans la cité, en particulier si l'on prend le mot "place" au sens strict, c'est-à-dire géographique. Pour pouvoir réfléchir aux liens à long terme entre politique d'aménagement du territoire[1] et politique scientifique, il convient d'abord de faire le point sur ces évolutions.

LES TRANSFORMATIONS DE L'ACTIVITÉ SCIENTIFIQUE

L'opinion commune aujourd'hui est intimement persuadée que la fonction essentielle de la recherche scientifique est de féconder le développement économique et social, via l'innovation

1. Le présent texte a été rédigé dans le cadre d'une étude collective commanditée par la Délégation à l'aménagement du territoire.

technologique et industrielle. De fait, c'est bien l'idée qui sous-tend les considérations usuelles sur le lien entre politique de recherche et aménagement du territoire, et la plupart des décisions qui en découlent. Ainsi, pense-t-on, l'implantation de nouveaux centres de recherche fondamentale offre aux acteurs industriels dans leur voisinage une stimulation plus intense et plus directe de l'innovation technologique. Telle serait la justification fondamentale qui pousse, à tout le moins dans les discours de nombre d'acteurs politiques et économiques, au développement de pôles scientifiques puissants à l'échelle régionale ou locale, et à l'idée de leur intégration au sein de complexes techno-industriels "de pointe". D'où une politique de décentralisation des grands équipements de la recherche scientifique (encore très volontariste : la plupart restent groupés en région parisienne) et des établissements universitaires : création de technopôles (quelle grande ville ne veut pas le sien ?) et dissémination d'antennes universitaires (quelle petite ville ne veut pas la sienne ?).

Il faut cependant rappeler que les relations entre recherche scientifique, innovation technique et développement industriel sont fort mal comprises, et que toutes les tentatives pour démontrer empiriquement l'existence d'une chaîne causale directe sont restées assez peu concluantes. De nombreuses études, menées en particulier dans les années soixante-dix, ont eu pour objectif d'analyser la rentabilité socio-économique et les retours sur investissement, à court et moyen terme, de la recherche fondamentale ; leurs résultats ont été pour le moins contradictoires, et aucune n'a pu aboutir à des conclusions sans ambiguïtés. Cela est vrai tant à l'échelle globale (nationale ou internationale) que locale (régionale). À titre d'exemple, le CERN (Centre européen de recherches nucléaires), l'une des plus importantes institutions mondiales de recherche fondamentale, a conduit, voici plusieurs années, une enquête sur l'impact socio-économique de son activité dans la région genevoise où il est situé ; ni en termes d'emplois (une bonne partie de son personnel est d'origine extérieure et de nature mobile), ni en termes de plus-values (le CERN consomme plus de technologie qu'il n'en produit, et ses fournisseurs ne sont pas nécessairement ses voisins), les résultats ne se sont révélés probants. À vrai dire, voilà bientôt vingt ans que l'un des meilleurs spécialistes de la politique scientifique, Derek de Solla Price, a proposé une conception novatrice de la valeur sociale de la science, qui, selon lui, serait purement *extrinsèque*[1]. L'activité de recherche vaudrait moins par sa production propre, par les résultats scientifiques obtenus, que par son rôle social de développement d'une compétence technico-scientifique collective dont la véritable utilité serait extérieure au secteur de la recherche proprement dit.

Les études menées sur les développements techno-industriels les plus importants de ces deux dernières décennies, qu'il s'agisse de l'électronique, de l'informatique ou des biotechnologies, n'ont fait que confirmer la grande complexité et la difficulté d'une analyse précise des liens entre recherche fondamentale et développement économique[2]. Il en ressort en tout cas que ces liens opèrent à très longue portée dans le temps (contrairement à l'idée

1. Voir *supra* « À qu(o)i sert la recherche ? », p. 67.
2. Voir par exemple Robert Teitelman, *Profits of Science : The American Marriage of Business and Technology*, Basic Books 1994.

reçue selon laquelle un délai toujours plus bref s'écoulerait entre une découverte et son application) et dans l'espace. Après tout, il n'y a pas de raison que la mondialisation des échanges n'opère qu'en aval, pour les produits, et non en amont, pour les idées et les savoir-faire qui sous-tendent la production[1]. La perte de confiance dans la rentabilité directe de la recherche de base ne saurait être mieux illustrée que par la notable réduction au cours des toutes dernières années des activités scientifiques fondamentales des plus grandes firmes de la techno-industrie ; successivement, les prestigieux laboratoires de la Bell et ceux d'IBM, dont les travaux avaient été salués par l'attribution de plusieurs prix Nobel de physique, ont connu des réductions drastiques de leurs budgets et de leur personnel. Le secteur privé n'a fait en l'occurrence que précéder la puissance publique. De fait, les budgets de recherche dans les pays développés ont atteint ce qui semble bien être un niveau maximal dans la conjoncture économique du présent comme du proche futur, et ne sauraient guère que stagner ou régresser[2].

Il faut reconnaître, au demeurant, que, en amont de sa supposée efficacité économique, la rentabilité proprement intellectuelle de la recherche scientifique contemporaine n'est pas sans poser problème. Certes, les connaissances nouvelles continuent à s'accumuler. Pourtant, les observateurs les plus impartiaux, et même nombre de

1. À titre d'exemple récent, la synthèse complète du taxol (produit important dans les recherches pharmacologiques actuelles) a été publiée dans un article signé de dix auteurs provenant de huit pays différents (*Nature*, n° 367, p. 630-634).

2. Voir quelques données chiffrées sur ce « paradoxe économique » dans « Défisciences », *supra* p. 13.

chercheurs (en privé tout au moins), reconnaissent que l'importance et la nouveauté de ces découvertes, surtout dans les secteurs les plus actifs et les plus médiatisés (physique fondamentale, biologie moléculaire, mathématiques appliquées, etc.), ne semblent guère à la hauteur des investissements consentis et sont assez modestes par rapport aux grandes avancées d'il y a quelques décennies : la découverte du code génétique date de quarante ans tout juste, la formulation des principes de l'informatique de cinquante ans, la mise au point de la théorie quantique de plus de soixante ans et l'observation de l'expansion de l'univers de près de soixante-dix ; quant à certaines idées à la mode, comme la théorie dite du "chaos déterministe", elles ne sont que la reprise trop longtemps différée d'idées proposées il y a plus de quatre-vingts ans. Si les progrès réalisés dans la compréhension fine de ces découvertes et dans leur mise en œuvre pratique ont été considérables, on ne voit guère de bouleversements récents de nos connaissances qui puissent leur être comparés par leur ampleur. On peut se demander s'il faut attribuer ce ralentissement tendanciel de l'innovation scientifique à des difficultés objectives tenant à la complexité même du monde naturel au-delà des frontières du savoir atteintes aujourd'hui, ou s'il manifeste l'essoufflement d'un certain mode de production et peut-être de formulation de ce savoir. Les deux facteurs jouent vraisemblablement en synergie. Car la baisse du rapport qualité/coût de l'activité scientifique contemporaine ne saurait être uniquement attribuée au plafonnement de ses ressources. Il est notable en tout cas que la valeur professionnelle même de la recherche scientifique tend à se dégrader, comme le montrent la multiplication des cas de fraude et des aberrations, l'uniformisation et la médiocrité de nombre de travaux, la crise du système de publication et de la circulation de l'information scientifique, etc. C'est toute l'organisation du système institutionnel de recherche scientifique, et, en particulier, la définition des missions des chercheurs et donc leur formation qui sont en cause ici. C'est d'ailleurs ainsi que, il y a près de vingt ans, D. de Solla Price concluait son article précurseur déjà cité.

La réflexion sur ces questions s'impose tout particulièrement en France, qui a la particularité de posséder, après la disparition de l'Union soviétique et de son Académie des sciences, les institutions nationales de recherche fondamentale (les "grands organismes de recherche", comme on dit : CNRS, CNEXO, INRIA, INSERM, etc.) les plus importantes, les plus rigides et les plus découplées du système éducatif, sans pour autant que les relations entre recherche et développement en soient plus efficaces que dans les pays anglo-saxons, par exemple, où la recherche est à la fois plus intégrée à l'université et plus liée à l'industrie[1]. On ne peut commencer à porter remède à la fragilité des liens entre recherche et développement qu'en remettant au premier plan la fonction sociale, donc culturelle — au sens le plus large —, de la recherche scientifique. C'est d'abord les connexions entre recherche et enseignement qu'il convient de revitaliser, sans doute en mettant en cause la séparation institutionnelle des professions de chercheur et d'enseignant : la nécessité d'activi-

1. Voir l'état des lieux dressé par Michel Callon, Philippe Larédo et Philippe Mustar, « Panorama de la science française », *La Recherche* nº 264, 1994, p. 378-383.

tés de recherches intensives (pour certains projets dans certaines disciplines en tout cas) ne demande pas nécessairement l'existence d'un corps spécifique de chercheurs à plein temps et de carrières tout entières consacrées à ces seules activités, spécificité assez exclusive de notre pays au demeurant. Des formes beaucoup plus souples de partage entre activités de production et de diffusion du savoir devraient être étudiées[1]. Il est vrai que la tentation de régler à court terme les problèmes d'encadrement de l'université sur le dos des chercheurs, comme, symétriquement, les réactions trop souvent corporatives de ces derniers laissent mal augurer dans l'immédiat des réformes souhaitables. Insistons en tout cas sur ce point : la place de la technoscience dans le monde contemporain rend chaque jour plus obsolète un mode d'organisation qui sépare les différentes composantes de l'activité scientifique prise dans sa globalité : recherche, enseignement, diffusion, valorisation. La science concerne certes l'industrie et l'économie, mais aussi (d'abord ?) le politique proprement dit. C'est que le développement de la technoscience pose désormais aux sociétés contemporaines des problèmes redoutables, au point même de mettre en cause leur projet démocratique[2]. C'est dire que l'enseignement et la culture, en amont et en aval à la fois de la recherche, doivent être pris en compte comme des composantes essentielles de l'activité scientifique. Les années récentes ont d'ailleurs vu l'émergence d'un intérêt réel de la puissance publique pour ce qu'il est convenu d'appeler, assez improprement, la

1. Voir encore « À qu(o)i sert la recherche ? », *supra* p. 67.
2. Voir *supra* « En méconnaissance de cause », p. 38.

« culture scientifique et technique » : création de la Cité des sciences et de l'industrie de la Villette, projets de rénovation des grandes institutions muséales scientifiques (Palais de la découverte, Musée national des Techniques, Muséum d'histoire naturelle, Musée de l'homme), développement d'un réseau de centres de culture scientifique et technique régionaux, etc. Mais l'une des limitations essentielles qu'a rencontrée au cours des dernières années la politique de culture scientifique de l'État est de s'être développée de façon beaucoup trop autonome par rapport aux institutions de recherche et d'enseignement, contrairement aux intentions initiales de la loi d'orientation de la recherche de 1982, qui préconisait la reconnaissance et le développement de la diffusion des connaissances scientifiques comme une nouvelle mission à part entière confiée aux chercheurs scientifiques. L'absence quasi totale de liens organiques entre la Cité de la Villette en région parisienne, et les centres de culture scientifique dans les régions, d'une part, et les universités, les centres de recherche et les grandes écoles, d'autre part, illustre jusqu'à la caricature ce propos.

POLITIQUE SCIENTIFIQUE ET AMÉNAGEMENT DU TERRITOIRE

L'argumentation précédente sur les transformations de l'activité scientifique montre bien que c'est seulement en dépassant le cadre étriqué d'une conception qui la réduirait à la seule recherche qu'il convient de réfléchir aux questions que pose la science à la politique d'aménagement du territoire. Ajoutons-y cette remarque simple quant au fonctionnement de la recherche elle-même : elle est aujourd'hui totalement délocalisée. Les réseaux d'échanges scientifiques se sont simultanément spécialisés et mondialisés, au point que chercheurs individuels, aussi bien qu'équipes de recherche, entretiennent des contacts suivis et permanents beaucoup plus intenses souvent avec leurs homologues étrangers, qu'ils soient américains, européens ou japonais, par téléphone, fax ou courrier électronique, qu'avec leurs voisins, de discipline et de bureau. En termes un peu brutaux peut-être, mais réalistes, *la recherche en tant que telle n'a plus de territoire, et donc pas de territoire à aménager...*

Le maintien d'une activité scientifique féconde et de haut niveau exige d'abord un développement dynamique et sain du système universitaire. La tendance à focaliser le soutien public à la recherche scientifique sur les seuls grands organismes de recherche risque de s'avérer de plus en plus contre-productive. Privée d'un lien organique avec l'enseignement et la diffusion du savoir, la production de ce savoir ne manquera pas de s'étioler. C'est dire que le déploiement de grands instituts de recherche spécialisés dans des zones d'activités techno-industrielles “de pointe”, par exemple sur le site des “technopôles” à la mode, pourrait bien n'avoir que des conséquences positives mineures quant à la “fertilisation croisée” de la recherche fondamentale et de la recherche appliquée que l'on attend de tels projets. En revanche, les implications négatives à long terme pourraient en être désastreuses, si, comme c'est en général le cas dans ces opérations, elles s'accompagnent d'un irréversible découplage entre recherche et enscignement, par le seul fait de l'éloignement spatial entre laboratoires et amphithéâtres, qui, dans de nombreux cas déjà, obère sérieusement les activités pédagogiques des enseignants-chercheurs, et, par voie de conséquence, contribue à la dégradation du niveau de formation des futurs chercheurs eux-mêmes. C'est en partie ce découplage qui explique l'échec actuel de la tentative pourtant bien orientée d'impliquer l'université dans la formation des maîtres de l'enseignement secondaire et primaire : les IUFM (Instituts universitaires de formation des maîtres) n'ont pour l'instant d'universitaire que le nom…

Pour rapprocher à nouveau l'enseignement et la recherche, on pourrait alors projeter de déplacer également les activités universitaires proprement dites dans ces parcs de haute technologie. Certains le proposent ou s'y emploient : plusieurs universités ont déjà exporté sur ces sites spécialisés des enseignements, en particulier de troisième cycle. Le remède est pourtant pire que le mal, dans la mesure où les implantations des technopôles sont en règle générale excentrées par rapport aux cœurs urbains, dont, déjà, les universités sont par trop absentes. Car l'une des causes majeures de la crise intellectuelle et morale du système universitaire, outre son évident manque de moyens matériels, réside dans la politique systématique de relégation extraurbaine dont a été victime l'université française depuis vingt-cinq ans. Aux facilités économiques et administratives qu'offrait la construction des universités nouvelles en banlieue, sur des terrains moins chers et moins encombrés que dans les centres historiques, s'est ajoutée bien sûr après 1968 la défiance idéologique à l'égard de la jeunesse étudiante et de ses maîtres — crainte d'ailleurs dérisoire quand on considère le sérieux et le conformisme contraints des générations actuelles ! Or l'isolement géographique et la platitude architecturale de la majorité des universités actuelles sont pour beaucoup dans la morosité de la population étudiante et la médiocrité de la vie universitaire. Si l'on veut revaloriser l'image et le statut des universités, et susciter une véritable vie étudiante, tout en redonnant aux cœurs des cités, de plus en plus envahis par le commerce et les bureaux et désertés par les habitations, une vitalité qui s'étiole, il faut permettre aux implantations universitaires de reconquérir le centre des villes, en particulier dans les quartiers à vocation culturelle. La France a sur ce point un considérable retard par rapport aux autres pays européens. Pourtant, urbanistes et architectes ont depuis peu engagé une réflexion sur les relations entre cité et université, et quelques réalisations novatrices ont vu le jour[1]. Tout nouveau projet architectural dans ce secteur devrait en particulier viser à créer les conditions conduisant à l'établissement de liens organiques entre établissements universitaires et établissements de culture (théâtres, musées, etc.), pour que la vie culturelle des villes cesse d'être éclatée entre travail intellectuel et loisirs spectaculaires[2]. Plus spécifiquement, en ce qui concerne la composante proprement scientifique de l'activité universitaire, une synergie avec les établissements de culture scientifique, qu'ils soient de type tradi-

1. Pour une synthèse concise, voir Marie-France Vô-Cheylus, « La ville comme territoire universitaire » *Art +Université +Culture*, n° 11, 1994, p. 14-17, et, pour une analyse critique documentée, J.-F. Pousse, *Techniques et architecture*, n° 410, 1993, p. 78.

2. Voir « L'université, acteur culturel dans la cité », *Études et travaux du GRICC* (Groupement interuniversitaire culture communication, Toulouse) n° 1, 1994.

tionnel (muséums d'histoire naturelle, musées techniques) ou plus récents (centres de culture scientifique, musées de société), permettrait aux universités de participer activement à la vie des cités et de remplir de façon naturelle leur rôle dans la diffusion des connaissances et le débat public.

Une telle perspective est d'autant plus importante qu'elle est de nature à apporter certaines réponses aux problèmes que soulève la notion de démocratie locale. La plupart des projets de développement désormais soulèvent de difficiles questions scientifiques et techniques, qu'il s'agisse d'infrastructures routières, d'implantations industrielles, de remodelage urbain, d'équipements énergétiques, etc. Et les citoyens s'en remettent de moins en moins aux procédures de décision administratives et centrales. Mais, faute des moyens de partage et d'évaluation de l'expertise, la plupart de ces décisions échappent aujourd'hui au débat public. Pourquoi ne pas mobiliser, pour développer ce débat, les capacités d'étude et de médiation rassemblées sur place dans les établissements de recherche et d'enseignement ? Les limitations actuelles de la politique de culture scientifique pourraient ainsi être dépassées. Mais l'une des conditions essentielles à remplir pour permettre à cette nouvelle vision des rapports entre la science et la cité de se concrétiser, est une prise de conscience des responsables politiques à l'échelle adéquate. Au cours des dernières décennies, les élus locaux ont intégré la dimension culturelle de leurs responsabilités, et nombre de communes et de départements ont compris l'atout que représentait pour leur vie et leur image un centre dramatique actif ou un orchestre symphonique de haut niveau. Il s'en faut de beaucoup que les activités scientifiques, dans leur composante publique, soient aussi bien comprises ; la sensibilisation et la formation des élus dans ce domaine sont d'une extrême urgence[1].

Reste que, contrairement à une tentation actuelle fort prégnante, il paraît déraisonnable de doter chaque ville ou presque d'un établissement universitaire d'échelle comparable, une "antenne", selon le jargon administratif, ou une "mini-fac" selon le vocabulaire étudiant[2]. Dans la vision ici défendue, une université est nécessairement un tout organique, réunissant des enseignements de tous niveaux et de toutes disciplines, intimement liés à des activités de recherche. Une importante masse critique doit donc être atteinte pour qu'une université digne de ce nom puisse jouer son rôle, ses rôles plutôt, à la fois de formation, de production et de diffusion. Ni le développement scientifique ni le développement urbain ne gagnent à la création d'une mini-université — en général limitée aux premiers cycles de l'enseignement et dépourvue de moyens de recherche — dans une ville de taille moyenne. C'est une illusion de croire, comme trop de responsables, que de tels établissements apporteront à leur commune à la fois prestige et emplois. On en veut pour preuve la difficulté qu'il y a à développer de vraies universités dans des villes pourtant importantes et riches,

1. Voir les débats de la table ronde « Culture scientifique et technique, et développement local », en particulier les interventions de Bernard Latarjet et de François Letourneux, dans les Actes du 10e colloque de l'Association des musées et centres de culture scientifique et technique, Paris, juin 1992 (AMCSTI).

2. Voir l'évaluation critique de Catherine Bédarida, dans son livre *SOS Université*, Le Seuil, 1994, p. 141-156 (« Les mini-facs des villes moyennes »).

mais manquant des traditions intellectuelles, culturelles et politiques que possèdent les villes universitaires traditionnelles. Que l'on compare, par exemple, la jeune et encore hésitante université de Nice (trop vite déportée vers le technopôle de Sophia-Antipolis d'ailleurs) et les vieilles et réputées universités de Montpellier ou Strasbourg. En d'autres termes, même dans les villes dont l'importance justifie de toute évidence l'implantation d'universités, une politique volontariste et persévérante seule peut amener le succès (Grenoble offrant ici un bon exemple de réussite). On peut d'ailleurs se demander si les difficultés de développement d'une université nouvelle ne sont pas relativement indépendantes de la taille de la ville. Paradoxalement alors, il paraît plus raisonnable d'envisager la création dans des cités moyennes ou petites d'universités de taille conséquente, au lieu des mini-universités actuelles. C'est en tout cas un modèle qui, s'il n'est guère conforme à la tradition française, a ses lettres de noblesse dans tout le reste de l'Europe, où certaines des plus importantes et des plus prestigieuses universités sont implantées dans des villes de taille modeste, dont elles constituent le noyau même ; que l'on songe seulement à Oxford, Göttingen, Pise... Un deuxième paradoxe veut que si l'on persiste à développer des instituts de recherche autonomes, relativement indépendants et extérieurs à un environnement universitaire, ce sont eux, plutôt que les universités ou les grandes écoles, que l'on pourrait installer sans inconvénients dans des villes de taille limitée, tant il est vrai, comme on l'a dit plus haut, que leur activité est de toute façon délocalisée. Encore faut-il insister sur ce fait : la difficulté d'un développement national cohérent du dispositif d'enseignement et de recherche exige une vigilance continue et une responsabilité maintenue de la puissance publique au niveau national. C'est dire que si la décentralisation a le grand intérêt d'engager les responsables de terrain, ainsi que d'accroître les ressources disponibles, elle ne saurait exonérer l'État de ses devoirs. Tout désengagement du pouvoir central, que ce soit en faveur de pouvoirs locaux ou, pis, privés, serait lourd de dangers pour l'activité scientifique dans notre pays. Seul l'État peut en garantir la qualité, la permanence et la mise au service du bien commun.

Ni le cadre régional ni le cadre national n'épuisent évidemment les implications territoriales de l'activité scientifique. Entre la restriction à l'échelle locale et l'élargissement à l'échelle mondiale, doit être prise en compte la coopération internationale telle qu'elle peut se développer à partir du contexte géographique propre à chaque établissement. Les projets scientifiques jouent un rôle capital comme bancs d'essai des formes de collaboration multinationale, et facteurs du développement d'échanges transfrontaliers (voir le cas du Centre européen de recherches nucléaires à Genève, ou l'Institut Laue-Langevin à Grenoble). Les relations au niveau des grandes régions transnationales européennes sont ici d'une importance considérable. L'extension de relations suivies entre établissements universitaires et de recherche (y compris l'échange d'étudiants) dans les zones frontalières (avec la Grande-Bretagne et le Bénélux pour le nord du pays, l'Allemagne et la Suisse pour l'Est, l'Italie pour le Sud-Est et la péninsule Ibérique pour le Midi et le Sud-Ouest) peut être un précieux facteur dans le développement d'une conscience et d'une activité réellement européennes. Particulièrement importante, dans cette perspective, s'avère une politique méditerranéenne. D'ouest en est tout d'abord, développant les liens scientifiques et universitaires entre Espagne, France et Italie au premier chef, une telle politique permettrait de rééquilibrer l'Europe culturelle et scientifique au sud et de faire pièce aux risques de domination anglo-saxonne, en s'appuyant sur la communauté culturelle et linguistique des pays de langue et de civilisation romanes. Du nord au sud de la Méditerranée ensuite, les relations entre ses deux rives offrent, par l'ancienneté des échanges entre les cultures méditerranéennes et les profits mutuels qu'elles en ont tirés, un terrain d'expérimentation privilégié aux formes modernes de coopération scientifique et technique qu'il est urgent d'établir entre pays du "Nord" et du "Sud" en général[1].

1. Voir *Alliage*, n° 24-25, 1995, numéro spécial « Science et culture autour de la Méditerranée ».

La science à l’épreuve…

…de la mémoire

UN SAVOIR SANS MÉMOIRE

La science affirme dire la vérité du monde. Acceptons ici cette prétention, sans être dupe des limites qu'elle rencontre et des intérêts qu'elle sert. Admettons que la science, si elle ne dit pas toute la vérité, ni rien que la vérité, dit au moins *de* la vérité sur le monde. Mais d'où provient cette vérité, sinon de l'erreur? D'où émerge l'ordre du savoir, sinon de la confusion des recherches? Pour quelques découvertes fulgurantes, pour de rares illuminations, que de pénibles tâtonnements, de grossières approximations, de médiocres trouvailles, de fastidieuses fouilles. Mythe pour mythe, l'image de Pierre et Marie Curie triant à la main, tout un hiver, dans un hangar sans chauffage, des tonnes de pechblende, afin d'isoler quelques grammes de radium, rend mieux compte de l'activité scientifique réelle que l'image de Newton frappé d'une géniale intuition et concevant la théorie de la gravitation universelle pendant la brève seconde de chute d'une pomme. Et si encore il suffisait, dans le capharnaüm de la nature, de savoir trouver les pierres les plus précieuses, les formes les plus curieuses... Mais au désordre des choses s'ajoute celui des idées. Et le chercheur doit aussi trouver son chemin dans le dédale des théories contradictoires accumulées, éviter l'attrait d'images mentales trop séduisantes, se méfier des concepts les mieux établis.

On a reproché à la science son caractère critique, négateur, dissolvant. Autant reprocher à la mer d'être salée. C'est que la science *doit* être refus, d'elle-même d'abord. Ses vérités d'aujourd'hui, elle ne peut les imposer que contre celles d'hier. Ou plutôt *sur* ces vérités maintenant épuisées, appauvries, flétries, qui fournissent l'humus dans lequel peuvent s'enraciner les nouvelles idées : la rotondité de la Terre ne peut s'affirmer qu'en niant sa platitude, la circulation du sang qu'en réfutant la théorie des humeurs, l'expansion de l'Univers qu'en contredisant une cosmologie statique[1]. La science se construit contre elle-même. Elle se livre à une perpétuelle autodigestion, et ses transformations sont des métamorphoses où la forme antérieure est *lysée*, dissoute et réorganisée en la forme nouvelle. Nul n'a mieux que Victor Hugo décrit ce mouvement :

> « La science cherche le mouvement perpétuel. Elle l'a trouvé ; c'est elle-même.
>
> La science est continuellement mouvante dans son bienfait.
>
> Tout remue en elle, tout change, tout fait peau neuve. Tout nie tout, tout détruit tout, tout crée tout, tout remplace tout. Ce qu'on acceptait hier est remis à la meule aujourd'hui. La colossale machine Science ne se repose jamais ; elle n'est jamais satisfaite ; elle est insatiable du mieux, que l'absolu ignore. [...].

1. Voir Jean-Marc Lévy-Leblond, « Vrai/Faux », in *Aux contraires (L'exercice de la pensée et la pratique de la science)*, Gallimard, « NRF-Essais », 1996.

La science va sans cesse se raturant elle-même. Ratures fécondes. Qui sait maintenant ce que c'est que l'homœométrie d'Anaximène, laquelle est peut-être d'Anaxagore ? La cosmographie s'est assez notablement amendée depuis l'époque où ce même Anaxagore affirmait à Périclès que le soleil est presque aussi grand que le Péloponnèse. On a découvert bien des planètes et bien des satellites de planètes depuis les quatre astres de Médicis. L'entomologie a eu de l'avancement depuis le temps où l'on affirmait que le scarabée était un peu dieu et cousin du soleil, premièrement à cause des trente doigts de ses pattes qui correspondent aux trente jours du mois solaire, deuxièmement parce que le scarabée est sans femelle comme le soleil ; et où saint Clément d'Alexandrie, enchérissant sur Plutarque, faisait remarquer que le scarabée, comme le soleil, passe six mois sur terre et six mois sous terre. Voulez-vous vérifier ? Voyez les *Stromates*, paragraphe IV[1]. »

Mais ce « monceau fourmillant » des erreurs d'hier, cette montagne après qu'elle a accouché des souris du laboratoire, ces tonnes de pechblende redevenues simples cailloux leur radium une fois ravi, il faut bien s'en débarrasser. Conjectures fausses, démonstrations boiteuses, concepts flous, expériences viciées, raisonnements confus, il n'est pas d'avancée scientifique qui ne se construise grâce aux échafaudages faits d'aussi pauvres matériaux. Encore faut-il les éliminer une fois l'édifice provisoirement achevé. Ces déchets intellectuels, ces gravats de la pensée ne sont pas

1. Victor Hugo, *L'Art et la Science*, Anais/Actes-Sud, 1985.

moins encombrants, ni moins dangereux, que l'ordure quotidienne. Leur rejet est une nécessité vitale.

UN PROGRAMME D'AMNÉSIE

L'oubli est constitutif de la science. Impossible pour elle de garder la mémoire de toutes ses erreurs, la trace de toutes ses errances. La prétention à dire le vrai force à oublier le faux. La positivité de la science l'oblige à nier son passé. C'est peut-être la nouveauté radicale de la connaissance scientifique, qui l'oppose aux autres formes de la connaissance humaine — philosophiques, mystiques, érotiques, poétiques. Pour toutes ces expériences, le questionnement l'emporte sur la réponse, et la démarche importe plus que son aboutissement. La science, au contraire, affirme sans hésiter la validité de ses conclusions — quitte à les reconnaître provisoires. Elle n'a aucun scrupule à oublier le chemin suivi, à jeter ses archives, à brûler ses vaisseaux. Sûre d'avoir avancé, certaine de son progrès, pourquoi se retournerait-elle sur un passé frappé de caducité ? C'est Whitehead qui affirmait : « Une science qui hésite à oublier ses fondateurs est condamnée à la stagnation », faisant ainsi du reniement un véritable programme épistémologique, de l'amnésie un critère de scientificité.

Telle est bien la pratique, singulière, de la science. Victor Hugo, encore :

> « On n'enseigne plus l'astronomie de Ptolémée, la géographie de Strabon, la climatologie de Cléotraste, la zoologie de Pline, l'algèbre de Diophante, la médecine de Tribunus, la chirurgie de Ronsil, la dialectique de Sphoe-

rus, la myologie de Sténon, l'uranologie de Tatius, la sténographie de Trithème, la pisciculture de Sébastien de Médicis, l'arithmétique de Stifels, la géométrie de Tartaglia, la chronologie de Scaliger, la météorologie de Stoffler, l'anatomie de Gassendi, la pathologie de Fernel, la jurisprudence de Robert Barmne, l'agronomie de Quesnay, l'hydrographie de Bouguer, la nautique de Bourdé de Villehuet, la balistique de Gribeauval, l'hippiatrique de Garsault, l'architectonique de Desgodets, la botanique de Tournefort, la scolastique d'Abailard, la politique de Platon, la mécanique d'Aristote, la physique de Descartes, la théologie de Stillingfleet. On enseignait hier, on enseigne encore aujourd'hui, on enseignera demain, on enseignera toujours le: *Chante, déesse, la colère d'Achille*[1]. »

Aussi ne faut-il pas s'étonner que les scientifiques méconnaissent l'histoire de leur discipline. Il est inutile d'avoir lu Galilée, Newton ou même Einstein pour être physicien, Claude Bernard, Pasteur ou Morgan pour être biologiste, Lavoisier, Van't Hoff ou Grignard pour être chimiste. Imagine-t-on pourtant un philosophe qui ne pratiquerait pas Kant, un peintre qui ne connaîtrait pas Rembrandt, un écrivain qui ne saurait rien de Stendhal, un théologien qui ne méditerait pas saint Augustin? Certes, les grands hommes de science laissent leur nom dans notre savoir. Mais l'invocation des postulats d'Euclide, des lois de Kepler, du théorème de Chasles, des lois de Mendel, des formules de Lorentz, etc., constitue bien plutôt un rite propitiatoire dédié aux mânes des

1. *Ibid.*

ancêtres, qu'une source d'inspiration active et de référence féconde. D'ailleurs, ces maigres traces mnésiques sont souvent trompeuses et couvrent bien des origines mythiques, des attributions douteuses, des priorités contestées, que les historiens des sciences s'échinent, nouveaux Sisyphes, à rectifier sans fin — et sans guère d'effet. Car la science n'a que faire de son histoire, dirait-on. Souvent invoquée, jamais pratiquée, l'histoire des sciences, pour le chercheur, reste un luxe, le supplément d'âme, l'alibi culturel des mandarins en fin de carrière. Les meilleurs esprits de la philosophie et de la science ont depuis des décennies insisté sur les vertus pédagogiques et le rôle critique de l'histoire des sciences dans l'éducation scientifique générale et pour la formation professionnelle des chercheurs. On ne compte plus, sur ce thème, les brillants plaidoyers des Bachelard, Langevin, Kastler, les recommandations des commissions pédagogiques, les vœux des sociétés savantes. Pourtant, l'histoire des sciences reste désespérément absente de nos programmes d'enseignement scolaires et universitaires, comme des cursus de formation à la recherche. Et bon an, mal an, la science poursuit son chemin, insouciante de son passé, oublieuse de ses origines.

Qu'on ne croie pas cette amnésie limitée à la science d'un passé déjà respectable, figée dans une historicité irréversible. La mémoire proche n'est pas mieux servie, et les traces du passé sont effacées avec une étonnante promptitude. On en jugera sur pièces. Le critère de continuité du travail de recherche, la clé de sa respectabilité institutionnelle, le label de sa qualité professionnelle sont fournis par l'indispensable bibliographie technique qui accompagne toute publication scientifique. C'est à la liste des références d'un article que la compétence d'un auteur et la pertinence de son travail sont jugées d'abord par ses pairs. Aussi l'analyse des bibliographies offre-t-elle une représentation assez exacte de l'image que les scientifiques se font de leur activité. Choisissons, au hasard, la livraison datée du 1er mars 1988 du volume 37 de la *Physical Review* (D), la plus renommée des publications internationales en matière de physique des particules et interactions fondamentales. Collectons les 893 références de sa cinquantaine d'articles. On y trouve 9 citations d'articles... à paraître et 5 de l'année en cours, 1988 (les délais de publication usuels sont de plusieurs mois — ces articles étaient connus *avant* leur publication); puis 141 citations d'articles de 1987, 150 de 1986, 110 de 1985, 71 de 1984... La décroissance est très rapide: entre 50 et 20 articles pour chacune des années de 1982 à 1977, moins de 10 avant 1973, moins de 5 avant 1968 et pratiquement rien avant 1950 (9 citations *en tout*). Autrement dit, le tiers des citations ne concerne que les deux années précédentes, et plus des deux tiers les sept dernières. L'âge moyen d'une citation est inférieur à six ans... On peut objecter qu'il s'agit d'une revue spécialisée dans un domaine particulièrement actif et compétitif, emblématique, pourrait-on même prétendre, de la modernité. Ouvrons alors la réputée revue *Nature,* l'une des rares publications scientifiques pluridisciplinaires, où sont représentées toutes les sciences de la nature et où les articles de synthèse voisinent avec les rapports de recherche. Dans son numéro 6159 du volume 332, daté du 3 mars 1988, on trouve 621 références, dont près du tiers pour le début 1988 et l'année 1987, et plus des deux tiers postérieurs à 1982. La répartition est extrêmement semblable à celle de *Physical Review* et l'âge moyen d'une citation est ici inférieur à cinq ans ! Enfin, consultons *La Recherche*, une revue représentative de la littérature scientifique « secondaire » non spécialisée, qui ne publie pas les résultats de recherche eux-mêmes, mais les synthétise et les diffuse hors de leur discipline et même hors des milieux strictement professionnels de la science. On pourrait imaginer que le délai dû au transfert des sources primaires vers cette revue généraliste et la nécessité d'assurer aux synthèses des bases solides par référence à des résultats classiques étalent considérablement la distribution temporelle des citations. Il n'en est pratiquement rien. Dans le numéro de janvier 1988, en ne tenant pas compte des rubriques de pure actualité pour ne pas faciliter la démonstration, on compte 289 citations, dont près d'un tiers pour les deux années 1986 et 1987, et un autre tiers pour les quatre années de 1982 à 1985. L'âge moyen d'une citation est, ici encore, inférieur à six ans. On peut donc l'affirmer, preuves à l'appui : la science ne se reconnaît elle-même que sur une décennie environ. Au-delà, elle perd la mémoire active de ses faits et gestes, et les laisse glisser dans le tranquille oubli d'archives rarement consultées. Encore faut-il ajouter que notre brève analyse statistique surévalue cette mémoire courte, puisqu'elle porte, par hypothèse, sur les articles cités. Or de sérieuses études menées à l'aide du *Science Citation Index* ont montré que la très vaste majorité des articles scientifiques n'est *jamais* citée après leur parution : seules 15 à 25 % des publications, suivant la discipline, sont citées, ne fût-ce qu'une seule fois, dans des publications scientifiques ulté rieures — mettons à part, bien entendu, l'autocitation par les rapports de recherche rédigés à des fins institutionnelles et administratives (comme le disait récemment Jean d'Ormesson dans un contexte assez différent, la plupart des articles scientifiques sont faits « non pour être lus, mais pour être là... »). Pour le tout-venant de la production scientifique, la chute dans l'oubli est immédiate.

Ne nous méprenons pas, cependant. Cette obsolescence si rapide de la production scientifique ne saurait être interprétée comme un manque de pertinence. Ce serait même une grave méprise, parfois commise de façon plus ou moins informée par des politiciens en quête d'économies faciles, que de croire inutile et coûteuse cette vaste masse de recherches invisibles. Si bien peu d'entre elles peuvent être reconnues comme jalonnant le chemin qui mène finalement à une importante découverte, beaucoup jouent un rôle indirect mais capital. C'est dans ces travaux obscurs que se forment les compétences, que s'éprouvent les méthodes, que s'affinent les concepts, que se perfectionnent les techniques. De même que chaque œuvre littéraire s'appuie sur des brouillons souvent abondants (on connaît l'impitoyable tri que Flaubert imposait à ses manuscrits), que chaque œuvre plastique suppose des dizaines d'esquisses (le musée Picasso a montré en 1988 le gigantesque travail qui sous-tend *Les Demoiselles d'Avignon*), de même il n'est pas un résultat scientifique marquant qui ne *résulte*, oui, de contributions modestes, multiples, éparses, le plus souvent ignorées. Il faut considérer l'essentiel de la production scientifique comme cet indispensable brouillon. Car si l'écrivain et le peintre, créateurs solitaires, gardent dans leurs tiroirs personnels ces ébauches, exercices et essais, les scientifiques les partagent. C'est leur misère et leur grandeur que de travailler ensemble et de devoir exposer sur la place leurs ouvrages les plus minimes, parfois les plus dérisoires. On ne saurait donc s'inquiéter, bien au contraire, qu'ils glissent dans un oubli indulgent — et, feuilles mortes, deviennent cet humus fécond où s'enracineront les futures pousses.

Les grandes œuvres elles-mêmes n'échappent guère à ce processus. Si leur existence est certes reconnue, il ne viendrait pas à l'esprit d'un physicien d'inclure dans la bibliographie de l'un de ses articles une référence précise aux *Principia mathematica* lorsqu'il utilise la loi de Newton, au *Sidereus Nuncius* de Galilée lorsqu'il discute les satellites de Jupiter, ni même à la fameuse livraison de 1905 des *Annalen der Physik* lorsqu'il écrit $E = Mc^2$ — textes qu'il n'a d'ailleurs jamais lus. C'est que l'importance même de ces découvertes leur a valu d'être intégrées, assimilées, digérées et remodelées jusqu'à devenir, sous une forme parfois bien différente de leur version originale, partie intégrante de la structure du savoir contemporain. La métamorphose s'accompagne de métempsycose. Dans leurs réincarnations successives, les œuvres du passé transmettent un esprit à la fois identique à lui-même et oublieux de cette identité.

On le voit, c'est parce que la notion de progrès y fait sens que la science est condamnée à l'amnésie, bien différente en cela des champs de la culture — Hugo, toujours :

> « [...] le progrès est le moteur de la science ; l'idéal est le générateur de l'art.
>
> C'est ce qui explique pourquoi le perfection-

nement est propre à la science, et n'est point propre à l'art.

Un savant fait oublier un savant ; un poète ne fait pas oublier un poète.

L'art marche à sa manière ; il se déplace comme la science ; mais ses créations successives, contenant de l'immuable, demeurent ; tandis que les admirables à-peu-près de la science, n'étant et ne pouvant être que des combinaisons du contingent, s'effacent les uns par les autres[1]. »

LES FEUILLES MORTES DE LA SCIENCE

Cependant, il en va des progrès de la science comme de ses vérités : indéniables, mais relatifs et désormais exposés au soupçon. Le développement scientifique n'est plus automatiquement paré des vertus qui autoriseraient à le qualifier de progrès. Les obus chimiques de 1916 et la bombe A de 1945 ont fait voler en éclats aussi le consensus naïf qui identifiait le plus de science au mieux de l'homme. Et la conscience critique des enjeux de la science, qui s'est d'abord développée sur le terrain extérieur de ses répercussions sociales, a fini par gagner les champs propres où elle s'exerce. Au regard des seuls critères internes à la recherche scientifique, et du simple point de vue de l'avancement des connaissances, il n'est plus évident aujourd'hui que plus soit mieux. D'ailleurs, la possibilité même de distinguer un dedans et un dehors de la science paraît désormais compromise. Ne revenons pas ici sur l'ensemble des ana-

1. *Ibid.*

lyses critiques et autocritiques du développement de la technoscience et sur les questions politiques, économiques et idéologiques qui en découlent. Montrons simplement comment les mécanismes de refoulement et d'occultation, constitutifs du fonctionnement de la recherche, conduisent désormais à des effets pervers ou, à tout le moins, contre-productifs. C'est que l'élimination des feuilles mortes de la science, le rejet de ses déchets opère dorénavant sur la même échelle industrielle que sa production. Ce sont des volumes gigantesques de connaissances considérées comme caduques qui sont au fur et à mesure condamnés à un oubli délibéré. Aucun laboratoire ne peut plus conserver, au-delà de quelques années, ne fût-ce que par manque de place sur ses rayonnages, les revues scientifiques qui alimentent et recueillent son activité. Même les grandes bibliothèques universitaires ou académiques sont confrontées à d'insolubles problèmes de stockage, que les techniques modernes (le microfichage, déjà dépassé, le vidéodisque demain ?) ne semblent guère en mesure de régler. C'est maintenant en vrac que le savoir d'hier est abandonné. Comment ne pas penser que, dans ce rejet continu, s'en vont, avec une masse de scories, d'utiles et récupérables éléments ? Plus précisément, comment savoir si, dans ce que nous considérons aujourd'hui comme travaux secondaires, impasses, ébauches ou doublons, ne gisent pas, invisibles dans le contexte actuel, un point de vue, une méthode, un résultat riches d'implications futures ? Le retraitement des déchets, voilà peut-être l'idée du siècle — y compris dans le domaine intellectuel. N'est-ce pas, d'ailleurs, sous ce signe qu'est née la physique moderne ? Les tonnes de pechblende d'où Pierre et

Marie Curie isolèrent le radium n'étaient après tout que du minerai de rebut, après extraction de l'argent qu'il contenait (cet argent que l'on récupère aujourd'hui dans les films photographiques...).

L'amnésie programmée de la science contemporaine, illustrons-en les effets sur quelques cas. On a récemment vu en physique un contre-exemple instructif à la constatation d'obsolescence accélérée des œuvres du passé. Depuis quelques années, il n'est pas rare de voir citer, dans des articles de recherche "de pointe", comme référence technique immédiate, des travaux du mathématicien Henri Poincaré remontant à plus de trois quarts de siècle et qui n'avaient plus été mentionnés pendant plusieurs décennies. C'est que tout un domaine de la théorie physique s'est épanoui : la théorie des systèmes dynamiques, avatar contemporain de la bonne vieille mécanique des Newton, Lagrange, Poincaré justement. L'irruption de la physique dite moderne, théories quantiques, relativités, avait au début du siècle relégué — paraissait-il — cette physique sur les rayonnages d'un classicisme poussiéreux. L'atome, puis le noyau et les particules d'un côté, les étoiles, quasars et trous noirs de l'autre, semblaient, il y a peu de temps encore, les seuls objets dignes d'intérêt pour un physicien. Or voici que les chercheurs trouvent dans un nuage, une cascade, un cyclone — mais aussi une chaudière, un sillage, une conduite — des phénomènes tout aussi riches de défis intellectuels et sûrement plus prometteurs d'applications techniques. S'il est vrai que ce redéploiement d'une physique macroscopique et classique a été largement impulsé par la disponibilité des moyens de calcul et de simulation que fournit l'informatique, il n'en reste pas moins que cette mutation technique ne suffit pas à expliquer le long délai de la résurgence. Une part essentielle dans la durée de cette latence doit être attribuée à l'oubli collectif des fondements et de l'état dernier de la discipline provisoirement abandonnée. Les théoriciens formés il y a vingt ou trente ans n'ont été munis que de connaissances fort rudimentaires en mécanique classique. La dynamique des fluides était (est toujours) absente des cursus universitaires en physique fondamentale, reléguée dans les cours de physique appliquée des écoles d'ingénieurs. Les œuvres de Poincaré et de ses contemporains ou prédécesseurs immédiats n'étaient plus disponibles dans les bibliothèques scientifiques usuelles. Il a fallu opérer une véritable reconquête et, à travers les terrains naguère reconnus et retrouver cultivés mais abandonnés et retombés en friche, des chemins oubliés. Ainsi la croyance naïve en une modernité irréversible et la négligence présomptueuse d'une ancienne discipline ont-elles obéré et retardé un développement scientifique majeur.

J'emprunterai à mon expérience personnelle un second exemple, d'importance plus réduite, mais d'intérêt essentiellement épistémologique et pédagogique. La relativité einsteinienne a établi une conception nouvelle de l'espace et du temps qui prolonge le point de vue classique des Galilée et Newton, tout en rompant avec lui. Dans l'établissement de cette théorie, un rôle capital, depuis l'article fondateur d'Einstein en 1905, est joué par le postulat de l'invariance de la vitesse de la lumière. Pour diverses raisons, théoriques (les équations de Maxwell) et expérimentales (l'expérience de Michelson-Morley), on avait été amené, en effet, à affirmer que la lumière se déplace *toujours* à 300 000 kilomètres-seconde quel que soit le système de référence — idée éminemment choquante au regard de la pratique ordinaire où la vitesse d'une voiture, mettons, n'est pas la même, par rapport au sol, à un marcheur sur le trottoir, à un autre véhicule ou à ses passagers. L'assertion d'une vitesse de propagation lumineuse invariante permet effectivement de construire aisément la structure formelle de la théorie (transformations de Lorentz). Elle ne laisse pas, pourtant, de poser des questions que l'enseignant voit resurgir année après année chez ses étudiants et que le vulgarisateur s'attend à voir poser lors de chaque conférence par son auditoire. Par exemple : si la théorie de la relativité est liée aux procédures de synchronisation d'horloges et de repérage des distances effectuées à l'aide de signaux lumineux, n'obtiendrait-on pas une autre théorie en adoptant d'autres méthodes de mesure (à l'aide de signaux sonores, éventuellement) ? Et comment se fait-il qu'une théorie fondée sur une propriété de la lumière ou, plus généralement, des phénomènes électromagnétiques régisse non seulement ces phénomènes, mais également les interactions nucléaires ou gravitationnelles, qui sont d'une nature totalement différente ? Enfin, la mécanique relativiste elle-même, une fois développée, montre que l'invariance de la vitesse de la lumière est liée à l'exacte nullité de la masse du photon, le "grain" élémentaire de l'onde lumineuse. Mais cette masse, nous n'en connaissons en toute rigueur qu'une limite supérieure, infime certes, mais non nulle, et aucune expérience ne peut prouver sa nullité absolue ; il se peut donc fort bien, si cette masse n'est pas rigoureusement nulle, que la vitesse de la lumière ne soit pas exactement invariante. Que devient alors la théorie fondée sur un postulat qui se révélerait controuvé ? Réfléchissant à ces questions, il y a quelques années, je me suis convaincu et j'ai montré que l'on pouvait en fait se passer de ce postulat fragile. Si l'on considère la théorie de la relativité, selon le point de vue moderne, comme décrivant la structure de l'espace-temps, on peut la construire à partir d'hypothèses très générales, indépendantes des phénomènes considérés (lumineux ou autres) et fondées sur la notion de symétrie (via la théorie mathématique des groupes)[1]. Curieusement, ce travail fut publié en même temps à peu près qu'un article similaire dû à deux auteurs australiens, qui avaient abouti à des conclusions semblables. Leur bibliographie différait de la mienne, et, en me reportant à l'une de leurs références, je fus amené à remonter une longue chaîne d'auteurs. Je m'aperçus alors que ce résultat, que je croyais original, n'était qu'un avatar moderne d'un point de vue presque aussi ancien que la formulation conventionnelle de la théorie, puisque remontant à 1911. En trois quarts de siècle, une bonne dizaine d'auteurs avaient, en Allemagne, en Angleterre, en France, effectué la même démarche, indépendamment et isolément, retrouvant eux aussi *a posteriori* en général, avec la même surprise, leurs prédécesseurs[2]. À l'heure actuelle, ce point de vue structurel sur la théorie

1. Voir Jean-Marc Lévy-Leblond, «Absolu/Relatif», in *Aux contraires, op.cit*.

2. Une étude détaillée de ces travaux et de leur chronologie a été faite par Jean-Pierre Lecardonnel dans sa thèse de troisième cycle, *Variations sur le principe de relativité*, université Paris-VII, 1979.

de la relativité, bien qu'il en clarifie et solidifie considérablement les fondements, reste largement ignoré. L'oubli dans lequel tombent apparemment au fur et à mesure ses expressions — faut-il plutôt dire le refoulement dont elles sont victimes? — continue à maintenir et à aggraver toute une série de difficultés pédagogiques et épistémologiques. Une véritable modernisation de l'enseignement et de la réflexion sur la théorie de la relativité exigerait donc la réhabilitation d'une ligne de pensée occultée.

Le présent texte était en chantier lorsque le numéro de mars 1988 de *La Recherche* lui apporta, dans un domaine tout différent, une illustration idéale, en publiant un article de Didier Fleury au titre éloquent: «La science a-t-elle une mémoire? Le cas de la maladie de l'orme». Je ne saurais mieux faire que d'en citer le début:

> «Les instances responsables de la protection de la nature en particulier et de l'environnement en général, interrogent souvent les sciences biologiques, afin de définir les bases objectives nécessaires à une meilleure gestion des ressources naturelles, tant des espèces que des espaces. Face à une demande sociale croissante, commune à l'ensemble des pays à fort développement technique, les élus et les techniciens de l'aménagement se tourneront de plus en plus vers les scientifiques. La question que l'on peut alors se poser est celle de la capacité des sciences biologiques à répondre à cette demande en termes socialement assimilables.
>
> Le cas de la maladie hollandaise de l'orme — la graphiose — est une illustration de l'attitude du milieu scientifique face à un problème de portée sociale et écologique considérable.

Depuis 1970 environ, une nouvelle vague épidémique frappe les ormes, qui meurent les uns après les autres, tant en Europe qu'en Amérique du Nord. Malgré tous les moyens modernes dont disposent les biologistes, aucune approche n'a encore permis de sauver un seul arbre. Comment se fait-il que sur 2 millions d'ormes qui constituaient le magnifique bocage normand voilà vingt ans, il ne reste que 145 individus recensés, sans que l'on sache pourquoi certains ont résisté et d'autres pas ? Ce n'est pas la première fois que l'orme est ainsi menacé : les maladies des végétaux sont aussi vieilles que les végétaux eux-mêmes. Mais il est surprenant de constater, en se reportant à la littérature spécialisée du début du XIXe siècle, que les savants de l'époque, pourtant dépourvus de l'arsenal chimique et technique actuel, avaient réussi à endiguer le fléau de la maladie de l'orme qui sévissait alors. Pour comprendre comment et pourquoi, revenons aux études du siècle dernier. »

L'auteur décrit alors en détail ces études, menées de 1843 à 1859 et dues essentiellement à un certain Eugène Robert ; les techniques qu'il en tira permirent à l'époque d'arrêter efficacement l'épidémie, de sauver et même de restaurer de nombreux ormes. Didier Fleury montre ensuite que l'oubli de ces acquis tient à la nature même de la science contemporaine :

« Comment se fait-il que la méthode de Robert n'apparaisse jamais dans la bibliographie des auteurs actuels ? Cette question est importante et sort du cadre national puisqu'un article de *Saturday Review* en date du 8 janvier 1859, sous le titre « La chirurgie végétale », fait le point des travaux de Robert. La décortication n'apparaît dans les publications modernes que comme un moyen d'empêcher les arbres abattus de devenir des foyers d'infection. Il est très étonnant qu'aucun chercheur, même sans référence à Robert, n'ait pensé à appliquer ce moyen aux arbres sur pied pour empêcher les scolytes de s'envoler et d'infecter d'autres arbres. Une telle solution aurait dû être proposée en complément des traitements insecticides ou de la lutte biologique. Une discipline scientifique peut-elle ainsi se passer de son histoire ? Il est significatif que la partie bibliographique qui constituait l'un des corps des thèses — et pas le moindre — ait totalement disparu. Actuellement, il est plus important de savoir ce qui se fait aux quatre coins du monde que de connaître ce qui s'est passé voici encore, somme toute, peu de temps. Entre les échelles mondiale d'un côté et microscopique de l'autre, la démarche scientifique perd en profondeur.

Ayant à sa disposition des moyens d'investigation d'une puissance jamais égalée par le passé, la biologie a tendance à voir des questions nouvelles là où en fait il y a peu de neuf ! En séparant la vie de ses milieux d'expression, en la confinant au fond des éprouvettes, la biologie se donne l'illusion d'une connaissance accrue du vivant. Elle ne peut, dans ces conditions, que créer de la connaissance pour la connaissance. »

Au mois de mars 1988 encore, la revue *Nature*, publiait un article de J.-M. Diamond sur la conservation des espèces animales où le même thème est illustré de façon frappante. Les espèces menacées d'extinction sont à l'heure actuelle portées sur un "livre rouge", suggérant ainsi que toutes les autres sont à l'abri. Le directeur du Conseil international pour la préservation des oiseaux, C. Imboden, suggère que cette stratégie est erronée et dangereuse. Elle suppose en effet que toutes les espèces soient en permanence étudiées et que l'évolution de leur statut soit suivie. Or, si les naturalistes du XIXe siècle ont accompli un énorme travail de description et de classification, de très nombreuses espèces ne sont aujourd'hui connues que par les publications de cette époque et ne bénéficient plus d'aucune observation effective. Les tendances actuelles de la biologie ne favorisent guère, c'est le moins qu'on puisse dire, la zoologie de terrain, même rebaptisée éthologie ou écologie. La connaissance concrète du monde animal ne fait tout simplement plus partie des sciences de la vie et joue un rôle mineur dans la formation et la pratique des chercheurs. Nous ne savons plus rien sur une très grande partie des espèces, observées naguère dans les forêts sauvages et perdues de vue aujourd'hui, reléguées aux rayonnages des bibliothèques. Il en résulte que, surtout dans les zones tropicales, de loin les plus riches en animaux et les plus pauvres en zoologistes, le statut réel de nombre d'espèces est inconnu. Et lorsque, longtemps après les premières études, le terrain est exploré à nouveau, de mauvaises surprises attendent les chercheurs. Je cite l'article de *Nature* :

> « Au XIXe siècle, cinq espèces endémiques d'oiseaux furent découvertes par des expéditions zoologiques sur les îles Sangihe et Talaud en Indonésie, après quoi ces îles retombèrent dans l'obscurité ornithologique. Quand des

ornithologues finalement y revinrent dans les années quatre-vingt, ils constatèrent que l'essentiel des forêts avait été remplacé par des plantations ; dans les lambeaux forestiers restants, ils ne trouvèrent plus qu'un couple du perroquet suspendu de Sangihe, un mâle de l'élégant oiseau-soleil et plus aucun oiseau de paradis céruléen. Une étude récente sur les îles Salomon a mis en évidence la disparition de 12 des 164 espèces d'oiseaux autrefois décrites sur cet archipel (8 d'entre elles, nichant à terre, semblent avoir été détruites par l'introduction des chats). Les Philippines comptent les plus grandes espèces de chauves-souris [...] ; parmi elles, le "renard volant" n'a jamais été revu depuis sa découverte en 1888. Etc.[1]. »

Aucune de ces espèces d'Indonésie, des Philippines ou des îles Salomon ne figurait sur un "livre rouge". Théoriquement répertoriées, mais pratiquement oubliées, elles se sont éteintes ou approchent de l'extinction sans même que les biologistes aient réalisé le péril. C'est pourquoi C. Imboden propose de remplacer le "livre rouge" des espèces en danger par une "liste verte", celle des espèces dont la sécurité est assurée. Toutes les autres seraient automatiquement considérées comme menacées et protégées en conséquence. Il estime, sur cette base, que moins d'un tiers des espèces d'oiseaux connues pourraient figurer sur une "liste verte" ! L'urgence est grande, car, conclut l'article :

« Il existe de très nombreuses espèces des Tropiques, en Asie, Afrique ou Amérique du

1. *Nature*, n° 332, 24 mars 1988, p. 304.

Sud, sur lesquelles nous n'avons aucune information récente, pour lesquelles il n'y a eu aucune recherche moderne et qui ne figurent donc pas au "livre rouge". »

C'est désormais une composante régulière des revues scientifiques généralistes, tels *Nature* ou *Science*, que de mettre en lumière des travaux oubliés qui anticipent parfois de plusieurs décennies des (re)découvertes récentes présentées comme originales. Un exemple particulièrement frappant est fourni par la "révolution" médicale récente concernant l'ulcère de l'estomac, maladie rarement mortelle, mais des plus pénibles et des plus répandues (80 000 nouveaux cas par an en France, à peu près quinze fois plus que le sida). Contrairement à la *doxa* qui voulait que l'estomac ne puisse abriter de bactéries pathogènes chroniques, l'ulcère serait bien finalement une maladie essentiellement infectieuse, due à un germe longtemps méconnu, *Helicobacter pylori*. Et une cure d'une semaine d'antibiotiques semble en mesure de guérir la maladie... Il n'a guère fallu qu'un siècle à la médecine officielle pour prendre au sérieux certaines observations anatomopathologiques jusque-là vouées au pilori — et vingt-cinq ans pour accepter les travaux précurseurs d'un médecin cubain. Mais aussi était-ce sa faute : il n'avait publié que dans des revues cubaines et soviétiques !

L'oubli scientifique devient ici irresponsabilité éthique.

UN AVENIR AVEUGLE

L'amnésie acceptée, voire revendiquée, de la science, qui lui a si bien réussi jusqu'ici, risque maintenant de lui valoir de graves mécomptes. Du seul point de vue de ses exigences propres, par rapport au seul critère de l'accroissement des connaissances, le déclassement accéléré de ses productions à l'état de rebut ne peut qu'aggraver l'inflation déjà menaçante de la production, favoriser le phénomène, courant dans les disciplines de pointe, des modes éphémères et conduire les travaux de recherche à la superficialité. Mais la situation est plus grave encore quant aux problèmes que pose à la société le développement technoscientifique.

Le refus par la science de son passé élargit toujours plus le fossé qui sépare ses clercs de ses profanes. Comment accéder désormais à des connaissances de plus en plus ésotériques alors que s'effacent les chemins empruntés naguère pour y parvenir et que même les actuels pionniers de la recherche aux prises avec le nouvel inconnu ne sauraient plus retrouver, derrière eux, les traces de leurs prédécesseurs ? Sait-on assez que l'astrophysicien lambda ne saurait pas distinguer Jupiter de Sirius, que le biologiste bêta ne reconnaîtrait pas un merle d'une merlette, que le physicien nucléaire gamma serait bien en peine d'expliquer l'arc-en-ciel ? Et voit-on bien ce que cette solution de continuité entre le passé de la science et son présent implique comme hiatus entre ses détenteurs et ses exclus ? Comment imaginer que l'humanité s'approprie collectivement ce savoir aujourd'hui réservé à une minorité ou, tout au moins, puisse en maîtriser le développement et les applications, en l'absence d'une perception claire de sa trajectoire historique ? Ne nous méprenons pas : il ne suffirait certainement pas de mettre à exécution les vœux jusqu'ici pieux d'un enseignement de l'histoire des sciences, en parallèle avec celui de leurs contenus — toute positive que serait une telle innovation. C'est, beaucoup plus profondément, l'idée même d'histoire, et donc de mémoire, qui doit être retrouvée dans la pratique de la science. Une activité humaine n'a de sens que si elle a, d'abord, celui du temps, et se vit comme mouvement, du passé vers l'avenir. Ne serait-ce pas là une définition possible de la *culture* et la raison pour laquelle la science n'en fait pas — en tout cas plus, et peut-être pas encore — partie ? À s'identifier à la modernité, à ne plus se vivre qu'au présent, la science a oublié son passé et ne peut donc qu'être aveugle sur son avenir. Ses racines oubliées, comment tracer ses perspectives ? Le risque est grand aujourd'hui de voir la recherche scientifique se fourvoyer dans des directions périlleuses, ou s'égarer dans des traverses insignifiantes, et devenir ainsi vulnérable aux aléas de la conjoncture politique ou économique, comme aux retournements idéologiques de l'opinion.

Pour décider où nous voulons aller, n'oublions pas d'où nous venons.

LA MUSE DE LA TECHNIQUE

Qu'est-ce donc qu'un *musée* des *techniques* ? L'idée de musée, nous avons l'habitude, depuis plusieurs siècles, de l'associer à une collection d'œuvres, d'art essentiellement, qui sont par essence des œuvres singulières, uniques, personnelles, qui ont des auteurs, alors que la technique au contraire s'incarne, pour autant qu'elle est "système technique", c'est-à-dire qu'elle a une nature et une fonction sociales, dans des machines, des objets, des outils ordinaires, multiples, et d'usage collectif. Il y a donc, semble-t-il, une différence d'essence entre l'œuvre d'art telle qu'on peut la voir au Louvre, un tableau singulier et unique dû à un auteur, et la plupart — pas tous, j'y reviendrai — des objets que l'on peut voir dans un musée des techniques. De fait, le paradoxe semble s'aggraver si l'on réfléchit que les œuvres d'art sont *faites* pour être montrées et regardées — exposées. Elles n'ont pas d'autre fonction sociale que d'être présentées et d'être vues, et souvent, en tout cas depuis assez longtemps dans l'histoire de l'art, précisément dans des bâtiments ou des institutions de type muséal. Or, bien entendu, les objets industriels qu'exposent les musées des techniques n'ont jamais été conçus pour être montrés dans un musée. Ils ont été fabriqués, tout simplement, pour fonctionner. Et le simple fait de les conserver, de les montrer aujourd'hui, de tenter de leur donner une autre vie, implique que nous leur conférons une valeur ajoutée, suppose que nous leur faisons une demande supplémentaire, puisqu'ils n'ont pas été, *a priori*, conçus à ces fins.

Il y a ainsi dans la notion même de musée technique une sorte de contradiction dans les termes, dans cette dénomination une figure de style, presque un oxymore, à quoi il faut réfléchir. Le "musée" des Arts et Métiers est d'ailleurs à l'origine, pour son fondateur, l'abbé Grégoire, un *conservatoire* national des techniques. Le mot et donc la notion de *musée* ne datent en réalité que du début de ce siècle, des années vingt — c'est-à-dire au moment précisément où s'interrompt la collecte des objets qui constituent la collection permanente, au moment où l'établissement entre dans sa période de "belle au bois dormant" dont il émerge aujourd'hui. Ces remarques ne visent en aucun cas à remettre en cause la belle et noble dénomination muséale actuelle, mais veulent nous inviter à réfléchir sur le sens à lui donner aujourd'hui. Il faut nous interroger sur le risque, ou le manque à gagner, que pourrait encourir la rénovation en cours, si l'on cédait à une idée trop traditionnelle du musée, mettant l'accent sur les objets singuliers, les plus artistiques de par leur forme esthétique, les plus exceptionnels de par leur avance historique ou les plus spectaculaires de par leur échelle. Il y aurait là le danger de mettre en évidence des arbres qui cacheraient peut-être la forêt.

La question peut se formuler autrement : comment concilier le caractère implicitement sacré d'un musée — après tout le *musée* est consacré à une *muse*, et que je sache, il n'existe pas, bien que ce soit peut-être dommage, de muse de la technique — avec la nature, par essence profane, de la technique. Une réponse consiste à contrebalancer l'accent mis sur des objets uniques et exceptionnels par l'idée, intrinsèque à la technique, de *série* d'objets. Sans doute faut-il aller plus loin — y compris au niveau "objets phares" symboliques du musée rénové — en mettant en évidence le caractère essentiel de l'objet technique dans sa fonction sociale, c'est-à-dire sa banalité même. Ainsi, Bruno Jacomy, dans l'original petit livre qu'il a consacré à l'histoire des techniques[1], traitant des techniques du XIXe siècle, et cherchant un objet emblématique de cette période, a choisi, non pas l'exemple le plus attendu, la machine à vapeur, mais tout simplement le rivet. C'est là une idée remarquable, qui consiste à prendre le plus petit et le moins spectaculaire des objets techniques, mais celui qui soutient l'ensemble de la technique au XIXe siècle, et à mettre en évidence, à travers ce minime objet de métal, à la fois l'ensemble du dispositif technique qui se déploie autour de lui, mais aussi, Bruno Jacomy y insiste beaucoup dans son livre, l'ensemble des rapports sociaux et humains qui sous-tendent la technique.

Pourquoi, alors, ne pas prendre pour "objet phare" un banal petit rivet et le placer dans une énorme vitrine, histoire de mettre justement en évidence ce caractère fondamental de la technique, qui n'est précisément *pas* faite d'"œuvres",

1. Bruno Jacomy, *Une histoire des techniques*, Le Seuil, coll. «Points-Sciences», 1900.

au sens où nous entendons les “œuvres d'art”? D'autant que l'œuvre d'art, en tout cas jusqu'à la modernité, a toujours été considérée comme intemporelle ; c'est même à sa capacité de transcender le passage du temps qu'on reconnaissait, qu'on reconnaît encore, sa valeur. À l'inverse, l'objet technique est immanent à son époque ; il est d'autant plus important qu'il la caractérise mieux, et qu'il lui est le plus intrinsèquement associé. Il est condamné, par nature, à l'obsolescence. Cela veut dire que la signification aujourd'hui d'un objet technique qui date de deux ou trois siècles ne peut être comprise que dans son contexte historique ; l'objet en tant que tel, présenté seul, ne nous dit souvent plus rien. Tel n'est pas le cas d'une œuvre d'art qui, seule, aujourd'hui, même hors contexte, nous parle toujours. Certes, elle ne nous dit plus exactement la même chose que lors de sa création, et nous pouvons nous méprendre sur sa signification, mais elle n'en fait pas moins sens. Un moulin à vent du XVIIe siècle, en tant qu'objet technique d'un côté, et sa représentation picturale dans un tableau flamand de la même époque, n'ont pas du tout la même fonction. L'objet en tant que tel est caduc, il est du passé et dépassé, il n'existe plus, il ne sert plus à rien, alors que sa représentation dans le tableau conserve évidemment une fonction esthétique et symbolique de la plus haute importance. On pourrait faire des réflexions du même genre sur, par exemple, la locomotive à vapeur et la toile fameuse de Turner, *Effets de vitesse dans le brouillard*. La locomotive à vapeur est morte, il faut donc que nous fassions un très sérieux effort pour la faire parler à nouveau, alors que le tableau de Turner nous parle toujours. Et l'on peut donc se demander si l'œuvre d'art, le paysage hollandais ou la toile de Turner, n'a pas plus, ou autre chose en tout cas, à nous dire finalement sur la signification d'un objet technique du passé, moulin à vent ou locomotive, que cet objet lui-même.

Voici un autre point essentiel. Les objets techniques ont été faits uniquement pour fonctionner, pour marcher. Ils ont été « étudiés pour ». Mais la plupart des objets techniques, des outils, des machines, *ne marchent pas*. Lors de leur conception, de leur confection, ils ne fonctionnent en général pas. C'est tout le travail justement de l'ingénieur et du technicien que de les modifier jusqu'à ce qu'ils fonctionnent. La technique intègre, de façon constitutive, la dimension de l'échec — de l'échec surmonté. Toute mise en évidence de la nature de la technique, toute approche culturelle de la technique doit donner sa pleine place à cette dimension. Il faut donc, dans un musée des techniques, reconnaître et montrer que beaucoup de machines ne fonctionnent pas. Ainsi, le fardier de Cugnot, l'un des objets de fierté du musée national des Techniques, est une machine fort maladroite et inefficace, qui ne vaut guère que comme prototype. Tout l'effort des successeurs de Cugnot sera donc de le modifier jusqu'à ce que, enfin, on en arrive à une locomobile à vapeur qui marche. Dans un musée des techniques, cette dimension doit être explicitée, et la monstration doit mettre l'accent sur le caractère non fonctionnel d'un certain nombre de prototypes. Loin de rendre le visiteur sceptique ou dépréciatif à l'égard de la technique, cette stratégie ne ferait que renforcer son admiration et son estime pour les inventeurs et techniciens qui ont réussi, après des efforts considérables, à rendre efficaces ces innovations.

Mais il n'y a pas que les machines qui ratent, il y a les machines qui cassent — *toutes* les machines ! La panne est un élément constitutif de la culture technique, et devrait être abordée pour telle. La casse, la destruction peuvent d'ailleurs être voulues : la pratique des "essais destructifs" est une constante de l'industrie moderne ; il est banal de pousser un prototype jusqu'à ses limites, d'étudier jusqu'où il peut fonctionner, quand il va casser, pour en tester les limites de fiabilité lorsqu'il sera fabriqué en série. Et il y a bien sûr aussi les objets, les machines qui cassent accidentellement. Cette dimension de l'accident est capitale. Pensons à ce qu'a été la machine à vapeur au XIXe siècle : sur l'ensemble des chaudières qui ont été construites, beaucoup plus nombreuses sont celles qui ont explosé au fil du siècle que celles qui ont tenu ! Comment ne pas penser qu'un musée des techniques devrait exposer des outils cassés et des machines brisées, chaudières éclatées, moteurs corrodés, grues effondrées, pour montrer la dimension sociale et humaine — cela a un coût humain, une machine qui casse, c'est un certain nombre de morts, de blessés — de la technique. Loin de vouloir jeter le doute sur la technique, il s'agit tout au contraire de montrer la valeur extraordinaire du travail humain et sa capacité à dépasser ces échecs et ces pannes.

Il faudrait aussi, dans la même veine, donner sa pleine dimension à l'idée que l'histoire des techniques n'est pas une histoire linéaire prévisible. Comme toutes les histoires, que ce soit celle de la vie — telle que nous la comprenons aujourd'hui quand nous écoutons ce que les biologistes nous disent de l'évolution animale —, ou celle de nos sociétés — les années que nous vivons ne le démontrent que trop —, l'évolution technique est contingente. Elle n'est pas déterminée par sa seule logique interne. Elle est sous l'influence des événements historiques et politiques. Les exemples seraient faciles à multiplier. Il est capital de mettre l'accent sur le fait que l'histoire des techniques n'est pas une histoire fermée et qu'elle recoupe toutes les autres sphères de l'histoire sociale. À titre d'exemple, Geoffrey Hindley, historien des sciences et des techniques anglais, a étudié le rôle qu'a joué la musique occidentale dans le développement de notre technique. Il démontre, de façon tout à fait convaincante, que l'explication de ce que nous appelons l'"exceptionnalisme occidental" (la technique telle que nous la connaissons aujourd'hui s'est développée en Europe et non pas dans d'autres civilisations qui avaient certaines avances techniques) est, pour partie en tout cas, liée à l'histoire culturelle, et particulièrement à l'histoire de la musique[1].

La conclusion à tirer de ces remarques, c'est que, pour que la notion de musée des techniques ne soit pas une notion contradictoire, elle ne peut que déboucher sur un projet muséologique ouvert.

Ouvert d'une part à une présentation, une représentation, des techniques effectives, des techniques d'aujourd'hui. Or, où peut-on les voir, sinon là où elles se déploient, c'est-à-dire dans l'entreprise ? C'est un aspect essentiel de la réflexion que de savoir quels peuvent être les liens concrets, nécessaires et fondamentaux, entre un musée des

1. Geoffrey Hindley, « Musique et technologie », *Alliage*, n° 10, 1991, p. 31-37 ; voir aussi Bruno Jacomy, « Enquête sur un bouton », *Alliage* n° 14, 1992, p. 11-23.

techniques et le monde de l'industrie. Notons au passage qu'il existe une entreprise dont on attendrait qu'elle trouve une représentation toute particulière au sein d'un musée des techniques — à savoir le musée lui-même, en tant que système technico-social. La dimension le plus évidente de cette proposition consiste à reconnaître qu'un lieu aussi complexe que celui d'un tel musée est un riche objet technique, qui devrait être mis en évidence de façon réflexive, en particulier dans la section consacrée à la construction : la structure du bâtiment, le réseau électrique, les circulations de fluides, etc. devraient, au moins en partie, être considérés comme des éléments de (dé)monstration.

Musée ouvert aussi à l'ensemble du réseau des musées techniques de terrain, des écomusées locaux, où la réalité concrète des techniques, réalité à la fois historique et géographique, s'impose avec toute sa prégnance. C'est tout autre chose de s'intéresser, par exemple, aux techniques de la métallurgie dans une ancienne forge, dans un lieu où les forges ont joué un rôle social capital, que dans un musée généraliste, hors contexte. Et il est donc essentiel que le musée national des Techniques soit un pôle de rayonnement qui permette à ses visiteurs d'avoir des approches aussi concrètes que possible, dans les régions et sur les lieux où ces techniques se sont déployées, en liaison avec les sites géographiques et les traditions historiques.

Ouvert encore à la présence effective des sciences et des techniques récentes. Cette évidence pose cependant un grave problème : celui de la collecte des objets techniques contemporains. C'est que leur rapide obsolescence (plus ou moins programmée...) a pour conséquence leur disparition accélérée. C'est un intéressant paradoxe de la modernité que de voir ses objets se raréfier bien plus rapidement que ceux des périodes antérieures (ou peut-être est-ce une façon de caractériser ce que d'aucuns appellent la post-modernité ?). Il est ainsi plus difficile de trouver les combinés téléphoniques en plastique des années soixante-dix que les vieux modèles en bakélite des années cinquante. Et que sont devenues les premières calculettes — vous savez, celles qui avaient des chiffres lumineux rouges —, sans parler des règles à calcul de ma jeunesse ? Il y a là un très sérieux problème qui requiert une politique d'acquisition déterminée et soutenue auprès des institutions scientifiques et des industries de pointe.

Ouvert enfin au système éducatif. Notons à ce propos que les visites des enfants des écoles et des collèges, qui sont appelées à se multiplier dans le musée, ne devraient pas être sous la seule coupe de leurs enseignants de sciences et de techniques. Il faut que la présentation des sciences et des techniques prenne place dans un cadre plus large, et il serait nécessaire de convaincre les autres professeurs, par exemple d'histoire, de philosophie ou de lettres, d'accompagner également leurs élèves dans les musées des sciences et des techniques, de manière à jeter un autre éclairage sur l'histoire des techniques.

C'est donc l'ensemble du contexte social et culturel de la technique que le parti pris muséographique doit refléter. À cet égard, on pourrait réfléchir utilement à ce qu'apporterait une référence explicite aux domaines classiques de la culture, qu'il s'agisse de la littérature ou des arts plastiques. Si quelqu'un nous a fait comprendre ce qu'est une machine à vapeur, une locomotive, c'est Zola, dans *La bête humaine*; quelques extraits du texte de Zola accompagneraient avec efficacité la présentation d'une locomotive ainsi que quelques images du film que Jean Renoir a tiré du roman, avec Jean Gabin en conducteur de locomotive. Les images, écrites ou picturales, que la culture nous offre des sciences et des techniques sont indispensables pour nous permettre de les comprendre. Et non seulement les œuvres artistiques et littéraires du passé, mais celles du présent également. Il y aurait tout intérêt à réfléchir aux contributions d'artistes contemporains qui apporteraient des éclairages tout à fait intéressants sur certaines dimensions de la technique. À propos de l'idée de série, par exemple, certaines œuvres du sculpteur Arman, ses accumulations d'objets, d'outils, peuvent nous donner une image visuelle forte de la notion de série. On peut penser aussi aux travaux de l'artiste américain Claes Oldenburg, qui a fabriqué des objets techniques très courants — des pinces, des truelles, des tournevis — gigantesques, agrandis à une échelle 10 ou 15. Brusquement s'impose une prégnance nouvelle de l'objet technique, vous le voyez comme vous ne l'aviez jamais vu. C'est bien là un des problèmes essentiels que nous devons affronter: sortir l'objet technique de sa banalité. Ces choses que nous avons trop l'habitude de voir ou d'utiliser, essayons de les regarder comme si nous ne les avions jamais vues ou touchées. Et peut-être même pourrions-nous nous poser la question intéressante de recourir à une iconographie qui viendrait d'*ailleurs*. Après tout, elle existe! Quand notre civilisation a débarqué chez d'autres, elle a apporté ces objets techniques qui ont été vus *comme neufs* par ces gens. On connaît ainsi des gravures japonaises qui montrent les objets de la technique occidentale du XVIIIe siècle, apportés par les navires occidentaux, hollandais en particulier, tels qu'ils étaient vus par des yeux japonais. Ce regard neuf, extérieur, nous donne une nouvelle appréhension.

Il s'agit finalement de montrer que la technique, au moins autant et certainement plus qu'un rapport des hommes aux choses, est d'abord un rapport des hommes entre eux, et qu'elle exprime les rapports sociaux jusque dans les objets les plus quotidiens. Que l'on pense en particulier aux analyses que Bruno Latour a données de certains objets quotidiens de notre culture technique, comme par exemple la ceinture de sécurité[1]. Il montre à quel point elle est envahie de significations, et combien elle renvoie à l'ensemble de l'organisation sociale dans laquelle nous vivons. Si nous voulons vraiment comprendre ce que sont les techniques, il est véritablement capital de comprendre qu'elles sont d'abord pour l'humanité un mode de rapport avec elle-même. Autrement dit, derrière la technique, c'est le travail humain qu'il faut montrer. Finalement, il n'y a peut-être pas autant de différence qu'il semblerait entre, d'une part, le musée de l'Homme ou le musée des Arts et Traditions populaires et, d'autre part, le musée national des Techniques. Et sans doute un regard ethnologique et anthropologique sur nos techniques serait-il de nature à nous permettre de mieux les comprendre et, peut-être, de mieux les maîtriser.

1. Bruno Latour, *La clef de Berlin*, La Découverte, 1993 (réédition sous le titre : *Petites leçons de sociologie des sciences*, Le Seuil, 1996).

DES SCIENCES ASOCIALES ET INHUMAINES ?

Quelle est la nature de la dichotomie, au sein du savoir réputé scientifique, qui séparerait “sciences naturelles” d’un côté, et “sciences socio-humaines” de l’autre ? Sont-elles distinguées, voire opposées, par leur objet ? leur méthode ? leur rigueur ?

La terminologie usuelle semble établir la distinction sur la base des objets d’étude de ces deux types de sciences. Les premières étudieraient la nature, extérieure et indépendante de l’homme, auquel se consacreraient les secondes. Mais nous avons désormais perdu la naïveté qui nous laissait croire qu’une telle dichotomie existe par elle-même, absolument et universellement ; nous savons désormais qu’il s’agit d’une construction conceptuelle au sein d’un savoir particulier, celui des sciences contemporaines, qui n’est apparu que dans un contexte culturel et historique spécifique — celui de la modernité européenne. En fait, cette dichotomie est de type institutionnel bien plus que conceptuel, et n’existait pas à la Renaissance (qui privilégiait au contraire l’homologie entre l’homme et le cosmos), ni même à l’âge des Lumières. Et, paradoxalement, l’évolution des sciences contemporaines semble s’ingénier à affaiblir la base de cette dualité qui les fonde. D'un côté, des sciences originellement socio-humaines dérivent vers la naturalité : la psychologie se fait psychophysiologie et la linguistique rejoint la neurobiologie. De l'autre côté, la biologie, via l'éthologie, découvre la culture jusque dans les sociétés animales et vient déborder sur l'anthropologie, comme le montrent de façon éloquente les récents travaux sur ce qu'il faut bien appeler la culture technique des sociétés (naturelles) de chimpanzés[1]. Ce devrait donc être une banalité théorique aujourd'hui que d'affirmer à la fois que l'homme, la société sont, en tant qu'objets scientifiques, aussi *naturels*, ou aussi peu, que la vie ou la matière, et en même temps, que la nature est un concept aussi *humain* que la société.

Quant à la méthode, pour qu'elle puisse servir de discriminant, avant de prouver qu'elle existe sous des formes différentes dans l'un et l'autre cas, il faudrait d'abord prouver qu'elle existe tout court — au moins dans le cas, réputé exemplaire à cet égard, des sciences naturelles. Or toute l'histoire de la philosophie des sciences au cours de ce siècle peut être lue comme celle d'un affaiblissement progressif des critères internes de scientificité. Au fur et à mesure que la réflexion épistémologique cherchait à prendre pour objet la pratique scientifique telle qu'elle est, et non telle qu'elle devrait être, elle devait abandonner l'une après l'autre toutes les normes méthodologiques, pourtant de plus en plus faibles, proposées tour à tour. Déjà Duhem, à la fin du siècle dernier, avait prouvé que le point de vue positiviste à la Claude Bernard

1. Voir *Technique et culture*, n° 23-24, 1994, numéro spécial « Cultures de bêtes... outils qui "pensent" ».

était logiquement intenable. Mettant en cause la notion d'"expérience cruciale", il avait montré que le schéma classique — observation, induction, déduction, vérification — ne fonctionne guère. L'histoire et la sociologie des sciences ont, depuis, confirmé par nombre d'études de cas détaillées, à quel point ce schéma était éloigné de la réalité. Aussi nombres de tentatives ont-elles été menées pour construire une épistémologie plus souple, proposant une version réaliste de la méthodologie scientifique. Mais ni le réfutationnisme à la Popper, ni le consensualisme des «programmes de recherches» de Lakatos, ni le relativisme tempéré de Kuhn ne tiennent le coup devant la critique d'un Feyerabend — *contre la méthode*, en effet. La pratique effective de la science conduit à prendre au sérieux une boutade d'Einstein qui déclarait «craindre qu'aux yeux du philosophe, le scientifique apparaisse finalement comme un opportuniste épistémologique de la plus belle eau[1]».

Reste alors l'idée de rigueur, théorique ou expérimentale. Certes, sur le plan de la théorie, rien de commun entre la certitude démontrée de tel théorème mathématique, et la fragile plausibilité (au mieux) de telle assertion sociologique. Il existe effectivement des disciplines formalisées, où l'emploi d'un appareil mathématique ou logique garantit la solidité des enchaînements déductifs, à la différence de domaines du savoir dont le mode discursif et démonstratif relève de la langue commune avec ses ambiguïtés. Mais cette notion ne saurait servir de critère dichotomique, car elle s'évalue sur un spectre continu allant depuis les mathématiques jusqu'à des formes essentiellement littéraires de la

1. Voir *infra* «La chauve-souris et la chouette», p. 269.

sociologie, sans qu'une frontière nette se manifeste : la biologie moderne, même moléculaire, n'est guère formalisée. Au surplus, comme le montre l'économétrie, l'utilisation d'un appareil mathématique élaboré ne suffit en rien à garantir la naturalité, ni d'ailleurs la validité d'un savoir. Ajoutons d'ailleurs que même dans les mathématiques, ce parangon, dit-on, de la rigueur, les critères en sont devenus beaucoup plus flous ; l'intervention des ordinateurs dans certaines démonstrations (par exemple, le "théorème des quatre couleurs"), comme la nature collective de la preuve de certains résultats (la classification des groupes finis par exemple a nécessité des milliers de pages et mis en jeu des dizaines de chercheurs), rend beaucoup plus difficile l'évaluation de la validité des preuves. La possibilité d'une expérimentation contrôlée n'offre pas une meilleure distinction ; il suffit de remarquer que des sciences parmi les plus "dures" restent essentiellement observationnelles (l'astrophysique et la cosmologie), cependant que les sciences humaines peuvent être capables d'élaborer des protocoles expérimentaux d'une impeccable rigueur (certains domaines de la sociologie).

Aussi doit-on sans doute finalement renoncer à spécifier les sciences socio-humaines par rapport aux sciences naturelles en tentant, comme on le fait usuellement, de mettre en évidence ce qui manque aux unes pour être aussi "avancées" que les autres. Le soupçon vient qu'il pourrait être fécond de renverser la démarche et, plutôt que d'incriminer les premières, de chercher le manque du côté des secondes ! C'est que les sciences sociales et humaines le sont *doublement* : banalement d'abord, par leurs sujets de recherche (mais nous avons vu qu'ils ne suffisaient pas à les spécifier), ensuite, et moins trivialement, parce qu'elles se savent elles-mêmes pratiques sociales et humaines. Cette réflexivité, qui leur donne une si vive conscience de leurs limites, n'est pas une tare mais un atout. Elle leur permet d'échapper, bien mieux que celles qui se croient naturelles (et se pensent exactes), au fantasme de l'omniscience et au danger de l'irresponsabilité. À l'inverse, la prétention des sciences dites de la nature à l'objectivité et à l'universalité les expose sans guère de protection à ces risques. C'est d'ailleurs faute de connaître leur propre histoire qu'elles peuvent entretenir ce fantasme. Car la simple constatation que “la science”, au sens vernaculaire du terme, est née en un lieu (l'Occident européen) et à un moment (le XVIIe siècle) bien précis (phénomène d'ailleurs qui est loin d'être compris) suffit à disqualifier cette prétention. De plus, le niveau très limité de formalisation abstraite rencontré dans les sciences humaines et sociales n'a pas que des inconvénients. Que leurs savoirs restent à s'exprimer dans la langue commune empêche au moins l'apparition d'un hiatus trop grand avec la culture générale. Comme le montre à l'évidence la comparaison des pratiques de publication, de diffusion et de communication respectives des sciences naturelles et des sciences humaines, le problème insoluble de la “vulgarisation” ne se pose guère pour les secondes, tant la continuité entre leurs expressions spécialisées (internes) et leurs discours publics (externes) demeure assurée. Inversant la démarche courante, il semble donc finalement plus aisé de définir les sciences de la nature par ce qui leur manque en référence aux sciences humaines et sociales. Autant dire que le plus simple est de redéfinir les sciences dites en général “naturelles” comme *inhumaines* et *asociales*.

Reste pourtant la question de savoir si et comment l'on peut "dépasser" la séparation des deux types de sciences. Mais d'abord, *pourquoi* faudrait-il la dépasser ? Ce rêve d'une unité reconstituée est-il au fond autre chose qu'un désir nostalgique ? Sur quelle base peut-on même croire à sa possibilité ? Ne faudrait-il pas tirer la leçon des abondantes tentatives d'interdisciplinarité menées depuis quelques décennies, fût-ce à une échelle plus modeste ? Pour l'essentiel, on peut dire que la plupart des essais visant à rapprocher des disciplines différentes en sont restés au stade d'intentions de principe aussi générales que généreuses — quand elles n'ont pas abouti, soit à des impasses épistémologiques (la biomathématique américaine de Rashevsky dans les années quarante), soit à de dangereuses constructions idéologiques (la sociobiologie de Wilson dans les années soixante-dix). Il reste, bien sûr, que tels programmes de rapprochement ont pu permettre l'émergence de domaines nouveaux et féconds : c'est le cas de la biochimie ou de la neurobiologie. Pour autant, le paradoxe qu'il ne faudrait pas masquer est que, loin d'atténuer le découpage disciplinaire, ces réussites l'ont renforcé en faisant apparaître de nouvelles disciplines à l'autonomie relative aussi marquée que celle des anciennes. Autrement dit, au lieu de supprimer une frontière et de la remplacer par une zone franche, c'est un autre domaine qu'instaure la nouvelle discipline, impliquant ainsi l'apparition de *deux* nouvelles frontières, une avec chacun des domaines originels. Le cas de la biochimie, en particulier, mériterait d'être étudié de plus près ; malgré sa dénomination hybride, il s'agit véritablement d'une discipline spécifique, aussi éloignée de la chimie, ne fût-ce que par la complexité des systèmes qu'elle traite, que de la biologie animale, puisque aussi bien la biochimie ne s'intéresse guère à l'organisme vivant en tant que tel.

Rien là d'étonnant si l'on veut bien prendre le mot "discipline" au sérieux et comprendre que s'il définit les limites de tel ou tel savoir, c'est précisément ces limites qui en font la force. Si l'on voulait à toute force trouver une définition générale de la notion de science, distinguant la connaissance scientifique des autres modes de connaissance, on la trouverait sans doute dans le travail de restriction permanent et systématique qui permet à un savoir scientifique de se constituer et de se renforcer. Ce travail revêt trois aspects principaux :

1) *La délimitation du domaine de savoir considéré*. Un bon exemple serait fourni par l'émergence de l'électricité en tant que champ d'étude scientifique, vers la fin du XVIIIe siècle. Jusque-là, les phénomènes électriques formaient une catégorie mal définie de phénomènes naturels, allant de l'attraction de petits morceaux de papier par de l'ambre frotté aux contractions des cuisses de grenouille mises en contact avec des fils métalliques, et jusqu'aux cabrioles des marquises excitées par la décharge des bouteilles de Leyde. Autant dire que les phénomènes électriques semblaient relever des sciences de la vie autant que de celles de la matière. C'est en renonçant à ses connotations vitalistes et en se limitant aux effets purement matériels que l'électricité va s'intégrer à la physique et devenir véritablement scientifique.

2) *La restriction de l'usage des outils (théoriques et expérimentaux), en même temps que leur diversification et leur spécification*. La science, pas plus qu'aucune pratique, artisanale ou industrielle, n'a d'outils universels. Aucun ouvrier n'a de tournevis

ou de pince à tout faire. Chaque tâche (découper, percer, assembler) exige ses propres méthodes, chaque matériau ses propres instruments (il y a des forets à bois, à pierre, à métal). Il en va de même pour les outils intellectuels ou pratiques des diverses sciences, qui deviennent d'autant plus performants qu'ils sont plus étroitement spécialisés (mais plus fragiles aussi). À titre d'exemple, les accélérateurs de particules utilisés en médecine, s'ils obéissent aux mêmes principes que ceux de la physique fondamentale, n'en sont pas moins fort différents. Plus une science est efficace dans son domaine, moins les outils qu'elle a élaborés à cette fin peuvent lui être empruntés[1].

3) *La codification des conditions de validité des concepts*. Il n'y a de connaissance scientifique vraie que lorsque ses énoncés peuvent être accompagnés des restrictions explicites qui les rendent fiables. Le théorème de Pythagore n'est pas vrai ; il est vrai *si* les triangles rectangles qu'il invoque sont tracés sur une surface plane — et bien d'autres *si* seraient nécessaires encore[2]. On pourrait considérer toute l'histoire des mathématiques, que je choisis précisément à cause de leur réputation de rigueur absolue, comme l'histoire de la découverte progressive de conditions de validité de plus en plus contraignantes pour ses théorèmes les plus connus et les plus apparemment assurés.

C'est parce qu'elles s'intéressent à des champs toujours mieux spécifiés du réel, et qu'elles utilisent des instruments toujours plus spécifiques, que les sciences, quelles qu'elles soient, atteignent un

1. Voir « Avant/... », in Jean-Marc Lévy-Leblond, *Aux contraires, op.cit*.
2. Voir « Vrai/Faux », *ibid*.

niveau raisonnable, et surtout contrôlable, de connaissance. L'idée que les sciences humaines et sociales gagneraient en rigueur et en vigueur à s'inspirer des sciences de la nature, en particulier en tentant d'émuler le niveau de formalisation de la physique, me semble à cet égard particulièrement pernicieuse.

On ne se résignera pas pour autant à la dispersion du savoir scientifique en spécialités indépendantes et indifférentes. Mais c'est la notion d'extradisciplinarité, comme on dit "extraterritorialité", plutôt que d'inter-, de trans- ou de pluridisciplinarité, qui paraît pouvoir répondre au légitime désir de rompre l'isolement mutuel des disciplines. Ce sont des zones franches de la pensée qu'il nous faut créer. En d'autres termes, la rencontre entre disciplines différentes doit être conçue plus sur le mode de la confrontation, en tout cas de l'échange, que de la fusion et de la "complémentarité". Plutôt qu'une coproduction qui, sauf exception, restera longtemps utopique ou deviendra vite banale, c'est une mise à l'épreuve mutuelle que l'on attendra du contact entre deux disciplines. Cette vision est, délibérément, plus critique que positive — mais c'est bien d'une telle attitude que la science aujourd'hui a le plus besoin. Loin de rétrécir le champ des échanges, cette perspective l'élargit au contraire, tout particulièrement en ce qui concerne les potentialités de communication entre sciences "naturelles" et socio-humaines. Pour ne donner qu'un exemple, la physique des particules fondamentales ne semble guère en mesure d'être aidée dans la résolution de ses équations opératorielles non linéaires par la sociologie, ni cette dernière de trouver l'inspiration de nouveaux concepts dans lesdites équations.

Mais les physiciens, confrontés au problème, crucial désormais, de persuader la société du bien-fondé des coûts croissants de leur savoir, et à la difficulté de le partager, ne pourraient que gagner à écouter leurs collègues sociologues des institutions et de la connaissance. Réciproquement, devant la tentation d'importer des modélisations mathématiques *(ready) made in physics* ("catastrophes", "chaos déterministe", etc.), les sociologues auraient tout intérêt à mieux comprendre les très contraignantes conditions auxquelles la formalisation doit répondre en physique théorique pour y trouver son efficacité.

C'est donc, non pas un apport direct, une fécondation immédiate qu'une discipline est en droit d'attendre des autres, mais une autre perspective sur son domaine, un élargissement du contexte dans lequel elle opère. Une telle confrontation exige la renonciation à tout fantasme de fusion syncrétique des sciences, et même, oserons-nous dire, le deuil de l'unité du savoir. Seule une reconnaissance des limites des savoirs scientifiques, de leur diversité et de leur altérité permettra, non d'abolir ces limites, mais de les assumer et, peut-être, de les traverser. Il est une autre façon encore de présenter cette perspective, en la résumant par deux maîtres mots, inséparables, qui depuis longtemps fondent la valeur des savoirs anciens et des œuvres classiques de l'humanité, et dont il n'est que temps que les sciences modernes les apprennent : *critique* et *culture*.

LES IMPRESSIONS D'UN INVENTEUR

*Comme tous les ans, le 21 octobre, nous célébrons, en cette fin du XXII*e *siècle, l'apparition, au début du XXI*e*, de l'une des plus grandes innovations, à la fois technique et culturelle, de notre temps. Cette révolution a, d'un seul coup, rendu caducs les lourds moyens électroniques d'enregistrement et de transmission de l'information péniblement mis au point pendant le XX*e *siècle. Si le nom de l'inventeur est sans doute aujourd'hui le plus connu et le plus révéré de notre civilisation, on ne savait jusqu'ici que peu de chose sur la gestation de cette idée majeure; la disparition prématurée du grand homme (terrassé par une crise cardiaque due à l'émotion de ses premières impressions devant la réalisation de son invention) nous avait privés de sa version du récit originel. Après de longues recherches dans les archaïques archives informatiques de la société qu'il avait fondée, les historiens ont réussi à identifier une antique disquette personnelle — dont on imagine les difficultés qu'il a fallu affronter pour la décrypter sur un vieux Mac du musée national des Techniques. Nous sommes heureux d'offrir aujourd'hui à nos lecteurs ces notes de travail, témoignage irremplaçable sur une innovation capitale.*

Le 20 septembre

Nous avons fêté hier la mise au point de notre nouvel infoscript personnel. Grâce à la première utilisation de composants AsGa à effet tunnel quantique, nous avons encore accru sa capacité mémoire tout en lui conservant un volume raisonnable, de sorte qu'il reste transportable dans un attaché-case standard. Je suis fier de la lisibilité de l'écran à cristaux nématiques et de son faible encombrement stérique en épaisseur — j'y ai passé tant d'heures de travail... Le nouveau clavier de saisie à touches capacitives n'est pas mal non plus. Je dois pourtant l'avouer, une certaine insatisfaction me poursuit. Des solutions plus élégantes doivent exister — mais sans doute requièrent-elles une profonde mutation technique, à la fois des concepts et des matériaux.

Le 21 octobre

Au fond, l'infoscript, comme l'automobile, est un hybride, ou, comme disent les biologistes, une chimère, greffe mutuelle improbable de sous-systèmes techniques hétérogènes: un écran hérité de la télévision, un clavier pris à l'accordéon, une structure de traitement logique empruntée aux ordinateurs de calcul scientifique, une alimentation énergétique datant de la vieille électrotechnique (même les nouvelles batteries polymériques reste lourdes et coûteuses), et, surtout, un principe de transmission tributaire d'un réseau externe non spécifique, celui du téléphone. On doit pouvoir repenser tout ça et trouver des moyens plus spécifiques, plus adaptés et plus simples pour enregistrer et transmettre des textes...

Le 28 octobre

Et si l'on se passait du clavier ? Il suffirait de remplacer l'écran passif par un écran sensitif couplé à un optostyle manuel (à infrarouges, par exemple) pour saisir les données sous forme analogique plutôt qu'alphanumérique : on pourrait ainsi enregistrer sur l'écran, directement, non seulement du texte, mais aussi des dessins et schémas, sans recourir à des programmes de graphomorphogénèse élaborés. De même, la disposition typographique et la mise en page pourraient se faire en temps et espace réels, sans qu'il soit besoin d'encombrer les mémoires de logiciels à la fois imparfaits et lourds. Mais un écran sensitif mince, est-ce concevable ? Je me pique au jeu. Le chef du service recherche accepte de me laisser travailler sur ce projet.

Le 21 novembre

Des semaines de travail inutile. Je me suis persuadé que les écrans à cristaux liquides, qu'ils soient nématiques, cholestériques, etc., et leur activation, électrostatique ou électromagnétique, exigent plusieurs millimètres d'épaisseur. C'est trop. Pourquoi ne pas tenter de stabiliser des films minces, genre lames de savon, et d'y inscrire les données en jouant sur le phénomène de coloration interférentielle ?

Le 17 décembre

Je n'arrive pas à surmonter la fragilité inhérente à ces films minces... Mes bulles éclatent comme celles des enfants. Les collègues se moquent de mes lubies, et le chef m'a convoqué pour demain.

Le 19 décembre

J'ai obtenu un sursis pour explorer une nouvelle piste : les biopolymères. Après tout, les membranes cellulaires commencent à être bien connues, et la biotronique est à la mode !

Le 10 janvier

L'échelle cellulaire est difficile à maîtriser. Je n'arrive pas à "peler" les membranes et à en faire des couches plates de dimensions suffisantes. Peut-être n'ai-je pas poussé assez loin l'hydrolyse des cellules végétales que j'utilise ?

Le 18 janvier

Je tiens peut-être le bon bout — par une belle manifestation de sérendipité. Découragé, j'avais abandonné vendredi mon hydrolysat imparfait de fibres végétales, et j'avais quitté le labo sans même laver mes bacs et ranger mon matériel. J'ai pris une semaine de congé. À mon retour, toute l'eau s'était évaporée, et il ne restait dans la cuve qu'une pellicule de fibres entremêlées, souple et résistante. L'écran flexible de mes rêves serait-il là ? Il faut le rendre plus mince encore et plus uni, ce qui ne devrait pas être trop difficile. Mais, surtout, imaginer le moyen d'y inscrire les informations ! Comment transformer ce feutrage amorphe en une régulière et plane matrice de pixels ? Peut-être un tissage de fibres longues ? Et comment activer les éléments de visualisation ? Rendre les fibres conductrices ?

Le 1er février

Je n'arrive à rien. Les fibres végétales tissées tant bien que mal — mon prototype est une sorte de gaze grossière — résistent (c'est bien le mot !) aux courants de commande : les revêtements conducteurs déposés électrolytiquement n'adhèrent pas... Je vais essayer de charger les fibres avec du graphite micropulvérulent.

Le 4 février

Je tiens la solution — inattendue. Par un geste maladroit, j'ai laissé l'extrémité de l'une des tiges de graphite, que j'allais réduire en poudre, frotter légèrement sur ma gaze. Elle y a laissé une trace fine et nette. J'ai recommencé, volontairement : tous les graphismes sont possibles. Et cela marche encore mieux avec mes premiers écrans flexibles, non tissés et à la surface plus unie ! Comment n'y ai-je pas pensé plus tôt... À partir du moment où j'avais opté pour un enregistrement analogique, il était bien inutile, et même incohérent, de conserver un affichage discrétisé ! Les perspectives ouvertes sont immenses : le caractère intrinsèquement continu de mon procédé va permettre une gamme infinie de variations typographiques. Peut-être même chaque individu en viendra-t-il à personnaliser sa graphie ? De plus, la simplicité du système lui garantit une extrême fiabilité. Sans doute faudra-t-il prévoir un service après-vente pour l'entretien de mon traceur analogique — que j'ai bien envie de baptiser "graphitostyle" (commercialement Graph'O-Styl serait encore mieux, mais je laisserai faire les publicréatifs) ; de toute façon, je devrai en étudier l'ergonomie : le graphite est, pris à la main, trop fragile et salissant. Peut-être l'enserrer dans un mandrin métallique ou plastique ? Dans la foulée, j'adopte le terme de "flexécran" pour les pellicules de fibres. Demain, je dépose les brevets !

... Le même jour

Réveillé en sursaut au milieu de la nuit par un cauchemar : j'étais moi-même transformé en microprocesseur, mais aveugle et paralysé, toutes mes connexions coupées. Je comprends soudain avec terreur : tout au problème de l'enregistrement et de la visualisation des entrées et des sorties, j'ai complètement oublié la nécessité des connexions avec l'unité de traitement de l'information. Comment raccorder le graphitostyle et le flexécran au réseau électronique ? Il y a là une discordance au sein des cadres conceptuels (continu/discret) et des supports matériels (amorphes/cristallins) qui est de toute évidence rédhibitoire. Que de temps perdu en chimères !

Le 5 février

De toute façon, le chef du service m'a sèchement signifié que mes recherches solitaires et extravagantes avaient été trop longtemps tolérées. Il m'assigne pour tâche de perfectionner l'écran de l'infoscript standard. Objectifs (grandioses !!!) : gagner 5 % en contraste, 3 % en définition et 2 % en temps de balayage. Le modèle actuel est pourtant à l'extrême pointe des possibilités techniques !

Le 18 février

Toutes les nuits, ce rêve récurrent où je suis un microprocesseur fonctionnant à vide, les électrons circulant en vain dans mes circuits et composants, sans issues.

Le 20 février

L'illumination ! Ce rêve me donnait la clé, depuis des jours… Je dois effectivement devenir moi-même le processeur et tout sera réglé. Il suffit de transférer toutes les fonctions de traitement de l'information du microordinateur au cerveau humain ! Il a suffisamment de volume mémoire inoccupé, et peut certainement prendre en charge les tâches, élaborées certes, mais à sa portée, de contrôle graphique (via le système asservi bras-main-graphitostyle), de correction orthographique, de mise en page, etc. Ce n'est jamais que l'aboutissement naturel de l'orientation biotronique que j'ai donnée à mon projet depuis le début. C'est une simplification drastique, révolutionnaire même, de toute la chaîne graphique. Comme l'infoscript, avec son encombrant volume, son pauvre clavier à touches, son étroit écran, sa lourde alimentation, paraîtra dérisoire à nos enfants munis de légers graphitostyles et d'élégants flexécrans, et équipés de subtils neurologiciels implantés dans leurs petites têtes !

Le 1er avril

Tout est allé si vite ces dernières semaines. Après avoir déposé mes brevets, j'ai démissionné et fondé une nouvelle entreprise en débauchant quelques collègues, surtout des services développement et marketing. Ils ont aussitôt commencé à décliner mes concepts tous azimuts. Nous avons avec stupeur pris conscience que le flexécran (que nos vendeurs ont rebaptisé FEUIL — Flex Écran Universel à Information Libre) était réversible : rupture radicale avec l'écran traditionnel, il fonctionne recto verso ! Nous avons ensuite imaginé des appareils multiécrans : la minceur du flexécran permet d'en lier plusieurs centaines sous un encombrement plus faible que les anciens infoscripts ! Le volume d'informations disponibles en consultation directe, avec possibilité d'accès non séquentiel et permanence temporelle de l'affichage, est gigantesque. Nous avons perfectionné les scripteurs individuels (une matrice de bois pour le graphite, avec un roto-affûteur miniaturisé individuel qui supprime le service après-vente ; un autre modèle très ingénieux à transfert de liquide pigmenté, baptisé Styl'O-Graph ; et même, pour les nostalgiques, une petite machine à clavier, la Dactyl'O-Graph).

Le 12 mai

Notre département développement vient d'inventer des procédés de reproduction à grande échelle qui permettent en un court laps de temps d'obtenir des centaines de milliers de feuils portant le même texte — sans qu'il soit besoin des lourdes interconnexions par câble ou faisceau qui seules permettaient le transfert entre les anciens écrans électroniques. Après une étude de marché approfondie, le département marketing m'a convaincu de lancer notre nouveau produit multifeuils sous l'appellation "Librécran" et de fonder toute notre promotion sur la liberté de l'utilisateur. Nous entrevoyons le développement d'un marché double, celui de l'enregistrement individuel, à partir de librécrans vierges, et celui de la transmission collective, avec des librécrans scriptés produits en grande série.

Le 21 octobre

Un jour de fête... Le succès du librécran est tel que le parler populaire s'en est emparé. Apocope aidant, les gens parlent maintenant de "libres" pour nos feuilletés. On voit même apparaître des boutiques qui s'intitulent "librérias"... Demain, nous inaugurons nos premières machines à reproduire — j'en attends une forte impression.

La science à l'épreuve…

…de la culture

POUR UNE CRITIQUE DE SCIENCE

Peut-on éclairer les rapports de l'art et de la science en évitant les considérations générales, souvent trop vagues et facilement oiseuses, dont l'un de mes professeurs de philosophie disait « C'est profond — au sens de "creux" » ? À cette fin, et plutôt que d'aborder de front la difficile comparaison de la création artistique et de la découverte scientifique, je souhaite discuter, à partir de leur confrontation, un aspect de la question majeure qui se pose à la science — celle de sa valeur culturelle. Personne ne doute que l'art appartient, de façon constitutive, à la culture ; quant à la science, rien n'est moins certain. On peut au choix souhaiter sa mise en culture, ou redouter sa mainmise sur la culture, mais son existence comme forme culturelle n'est pas évidente, loin s'en faut. Et l'idée que je voudrais défendre, c'est qu'il manque justement à la science une composante essentielle de toute activité culturelle : la dimension critique. C'est là une différence majeure entre l'art et la science : l'existence et la reconnaissance de la fonction critique au sein du premier, son absence ou son insuffisance dans la seconde.

Commençons par une constatation empirique

banale : il y a des gens aujourd'hui qui font profession (de métier, ou de foi...) de "critique d'art". Il n'y en a pas qui soient "critique de science". La science ainsi est aujourd'hui plus archaïque que l'art. La modernité en effet peut être conçue, pour une large part, comme l'accompagnement désormais permanent de l'œuvre par un regard extérieur, comme l'impossibilité ou l'extrême difficulté d'une création naïve, comme la présence dans la production même d'un recul, d'un second degré — d'une pensée critique, donc. Cette prise de distance est constitutive de la modernité artistique, qu'elle concerne la valeur esthétique ou la signification sociale des œuvres. Mais cette même possibilité, ou plutôt cette exigence, est largement absente dans la pratique de la science, comme je voudrais le montrer et en décrire les conséquences — négatives et dommageables.

Je distinguerai trois aspects de l'activité critique ou, mieux, trois fonctions : une *fonction productrice*, interne, concernant les processus de production — qu'il s'agisse de découverte scientifique ou de création artistique —, une *fonction médiatrice*, concernant les processus de médiation, de diffusion, et une *fonction politique*, concernant les processus de socialisation.

LA FONCTION PRODUCTRICE

Peut-être est-ce illusion ou surestimation, mais il semble non seulement que dans les milieux artistiques la critique interne existe, mais qu'elle est reconnue et développée (parfois trop ?). Il ne s'agit pas uniquement ici de l'existence de ces spécialistes (les critiques d'art) qui, parfois, jouent un rôle capital auprès de tel artiste ou de tel groupe, mais aussi des artistes eux-mêmes dont j'aime à penser qu'ils ont une attitude critique permanente à l'égard de leur travail — et de celui des autres. Le rôle de cette activité critique est capital pour aiguillonner la création, évaluer la nouveauté, la confronter à la tradition, faire la part de la continuité et de la rupture, affirmer ou nier la pertinence d'une œuvre. Ces modes de fonctionnement font largement défaut en science. Considérons trois aspects de la fonction critique interne.

Le premier concerne la *validité* du travail, sa qualité, si l'on veut, qu'il s'agisse de l'œuvre d'art ou de la découverte scientifique. C'est encore sur ce plan que la science est sans doute la moins mal lotie, car il existe dans la pratique scientifique de puissants critères de contrôle de la validité des résultats de recherche. Ces critères sont d'ailleurs très socialisés : un travail scientifique n'a d'existence que s'il est publié. Les revues scientifiques reconnues soumettent tout article original, avant publication, à lecture par quelques *referees*, dont la fonction, à mi-chemin entre l'arbitrage et la censure, est de juger de la conformité du travail aux normes collectives en vigueur. Ces lecteurs — en général anonymes — sont des pairs du chercheur auteur de l'article, et le processus d'évaluation, globalement, est réciproque, ce qui le protège partiellement contre les abus de pouvoir et la constitution de pôles d'autorité. Le jugement de ces *referees*, dans le meilleur des cas, peut être une critique positive, aboutissant à une amélioration de l'article soumis. On conçoit cependant que ces procédures sont étroitement disciplinaires et ne peuvent fonctionner qu'à l'intérieur de champs spécialisés restreints, dont elles renforcent encore la clôture. Le principe d'autocompétence collective d'un groupe de spécialistes homogène et fermé trouve alors ses limites dans la confusion qu'il permet entre, d'une part, la prétendue neutralité d'un jugement purement scientifique et, d'autre part, les effets de l'organisation hiérarchique, des contraintes institutionnelles et des exigences de la compétition. Fort bien adapté au caractère artisanal de la science du siècle passé et au fonctionnement corporatif de ses institutions, ce système touche aujourd'hui à ses limites devant une recherche industrialisée. Aussi ces procédures d'évaluation et de contrôle sont-elles mises en question par le développement, ou, en tout cas, l'apparition au grand jour, du phénomène de la fraude scientifique[1]. Certes, elle a toujours existé, et la science est une activité humaine comme les autres, on y trouve des tricheurs, ni plus ni moins qu'ailleurs probablement. Mais la contradiction y est sans doute plus marquante qu'ailleurs entre les valeurs revendiquées — qui feraient de la science le domaine par excellence de la vérité, de l'objectivité, de la neutralité — et les faits. Certes, la multiplication des cas de fraude reconnus, surtout dans les sciences biologiques, n'est pas nécessairement un symptôme de décadence. Peut-être même leur discussion publique, y compris dans la grande presse, est-elle un signe de santé. Mais cela indique sans doute que les formes traditionnelles d'exercice de la fonction critique, quant aux procédures de validation des recherches scientifiques, doivent être repensées et réformées.

Le second aspect de la critique interne concerne

1. William Broad et Nicholas Wade, *La souris truquée*, Le Seuil, coll. « Science ouverte », 1987.

la question du *sens*. La signification d'une production, artistique ou scientifique, ne va pas de soi, et n'émerge qu'à partir de l'activité critique que cette production engendre. Même dans le cas où les intentions du créateur ou du chercheur sont conscientes et explicites (et *a fortiori* si elles ne le sont pas), le sens effectif de l'œuvre n'y est pas nécessairement conforme : c'est en croyant aborder en Chine que Christophe Colomb a découvert l'Amérique... Ne serait-ce que parce que toute production est sociale, elle n'a que peu de raisons d'être comprise, admise, interprétée, utilisée comme l'attendait celui qui l'a engendrée. Pour prendre un exemple dans le domaine de la technique, Bell, l'inventeur du téléphone, ne lui imaginait que des utilisations pratiques (commandement militaire en campagne) ou artistiques (retransmissions théâtrales à domicile)... Il serait le premier étonné de constater le rôle majeur de son invention dans la socialité contemporaine. Le dialogue critique est donc fondamental pour dégager la place et la signification de l'œuvre. Banal pour l'art, cet énoncé est malheureusement vide pour la science. L'ambition qu'affiche la recherche scientifique d'accumuler des résultats sur un rythme toujours plus rapide, sa prétention à un progrès accéléré et indéfini laissent peu de temps et de moyens à la réflexion critique interne. Cette phase cruciale de toute activité créatrice, le mouvement de recul, le temps du regard qui permet de ressaisir l'œuvre dans son ensemble, de la comprendre, d'en percevoir la structure, est largement absente de la pratique scientifique contemporaine. Usons d'une métaphore architecturale. Pour construire un bâtiment, il faut des échafaudages, des structures de soutien et d'apport des matériaux. Ils sont souvent faits de bric et de broc, avec les moyens disponibles. De même, le chercheur scientifique bricole et construit nouvelles expériences et nouveaux concepts avec les instruments et les idées qu'il a sous la main. Mais l'échafaudage cache ce qu'il sert à construire, et doit à la fin être démonté pour laisser apparaître et fonctionner le bâtiment. De même, les échafaudages théoriques des nouvelles idées scientifiques souvent les occultent et *devraient* être démontés pour permettre d'en voir la structure réelle et d'en comprendre la signification intrinsèque. Or, cette tâche critique de déblaiement et de mise en ordre n'est que peu menée dans la science actuelle, et rarement de façon délibérée. Le plan conceptuel reste donc encombré d'éléments dont le rôle constructif a été considérable, mais qui désormais occultent l'édifice, au détriment de l'analyse épistémologique et de la pratique pédagogique en particulier.

Prenons un exemple. Je l'emprunte à mon domaine de recherche, la physique quantique, qui traite du comportement d'objets physiques à petite échelle, les électrons par exemple. Lorsque les physiciens ont pénétré ce domaine — il y a trois quarts de siècle, ce n'est pas si récent! —, ils ont découvert que ces objets avaient des comportements très étranges, tantôt ressemblant à des ondes (comme les vagues, le son, etc.), tantôt à des corpuscules (comme des billes, des grains de sable, etc.). Ils ont donc invoqué une “dualité onde-corpuscule”, sur laquelle se sont écrites de longues exégèses philosophiques et même théologiques, nombreuses et douteuses. Car si l'on considère de près, non l'interprétation métaphysique, mais le formalisme essentiel de la théorie, on n'y voit aucune “dualité”, mais une description unifiée et originale. Autrement dit, les concepts d'onde et de particule, pris à la physique classique (préquantique) du XIXe siècle, ont servi à échafauder une notion nouvelle qui les transcende. Bien entendu, on ne peut décrire le neuf, quand il surgit, qu'avec les termes de l'ancien. Le recours aux idées et aux mots existants est inévitable lors de la découverte. De même, les conquistadores, trouvant dans les Andes un animal inconnu, le décrivaient comme une sorte de mouton à cou et tête de chameau. Mais le lama, puisque c'est son nom, n'est pas une chimère de mouton et de chameau. Pas plus que l'étrange animal découvert par les chercheurs d'or dans les ruisseaux australiens ayant une fourrure et alimentant ses petits, mais exhibant un bec de canard, des pattes palmées et pondant des œufs, ne résulte d'une "dualité canard-lapin" : c'est un ornithorynque. Les objets quantiques ne sont pas des patchworks d'ondes et de particules : ce ne sont *ni* des ondes, *ni* des particules, même s'ils leur ressemblent sous certains aspects. Ils méritent donc un nom bien à eux, on les appelle maintenant "quantons". Mais la reconnaissance de leur spécificité est assez récente et a dû battre en brèche des décennies de pensée paresseuse. Les implications de ce point de vue ne sont pas minces, qu'il s'agisse du développement des théories physiques fondamentales, de leur enseignement ou de leurs fondements. Le long retard, de plus d'un demi-siècle, pris à clarifier la structure conceptuelle de la physique quantitative est un exemple particulièrement probant du manque de réflexion critique interne à la pratique scientifique. On pourrait sans mal multiplier de tels exemples ; ainsi dans le cas de la trop fameuse théorie de la relativité, dont les si nombreuses et si oiseuses gloses résultent souvent du même déficit d'analyse critique[1].

Enfin, après la question de la validité, et celle du sens, le troisième aspect de la critique interne de la science concerne son *orientation*. Un projet humain — qu'il s'agisse de l'art ou de la science — ne l'est que si l'humanité le maîtrise ou tout au moins se pose le problème de sa maîtrise et, d'abord, de son orientation. Il s'agit de savoir si les développements nouveaux sont laissés au seul hasard apparent, ou, ce qui revient souvent au même, aux déterminismes (économiques par exemple) sous-jacents — ou bien si la possibilité et la nécessité de changements de cap font l'objet d'une réflexion, d'une évaluation, d'une confrontation. La fonction critique, c'est ici la détermination des choix possibles et l'évaluation de leurs enjeux. En d'autres termes : replacer le présent de la création sur une trajectoire historique, entre ses racines passées et ses perspectives futures. Il n'y a de culture que s'il y a mémoire active. La trace du passé est nécessaire au choix des chemins futurs. La science à cet égard s'est prise au piège d'une conception bien pauvre de la modernité, identifiée à un éternel présent, sans mémoire et sans projets. Il faut savoir que le chercheur moyen ne travaille que sur une référence temporelle très brève. Les sources explicites des travaux de recherche, telles que les matérialisent les bibliographies des articles publiés dans les revues professionnelles, réunissent des travaux qui remontent à une, deux ou trois années, exceptionnellement plus. Ainsi, le passé n'est accessible que sur une frange immédiate. Les travaux plus anciens sont perdus de vue, moins

1. Jean-Marc Lévy-Leblond, *Aux contraires, (L'exercice de la pensée et la pratique de la science)*, Gallimard, « NRF-Essais », 1996.

oubliés que digérés, intégrés sous une forme implicite, dans le bagage intellectuel de la profession. La grande majorité des scientifiques n'a aucune connaissance un tant soit peu sérieuse de l'histoire de leur discipline. Ils en ont au mieux quelques représentations mythiques, et n'en connaissent que quelques figures héroïques. D'ailleurs, pour ceux d'entre nous qui font l'effort de retourner, fût-ce par pure curiosité, aux publications originales — par exemple, pour le physicien, les articles de 1905 d'Einstein, ou le traité de Maxwell (1870), sans parler des œuvres de Newton ou Kepler —, la lecture et la compréhension sont extrêmement déroutantes et difficiles, faute d'une meilleure connaissance du contexte intellectuel et culturel d'œuvres dont la scientificité ne garantit pas, loin s'en faut, la transparence. Cette amnésie, constitutive, me semble-t-il, de la science contemporaine, si elle a certainement permis l'émancipation du développement scientifique, touche aujourd'hui à ses limites et devient contre-productive, dans une situation où se compliquent les enjeux et se diversifient les orientations de la recherche scientifique[1]. Au stade avancé atteint par la spécialisation, il est très difficile de sortir des impasses, des voies de garage ou des circuits fermés. Sans mémoire historique, comment retracer le chemin et retrouver les carrefours jadis trop vite traversés, pour emprunter des voies à tort dédaignées ou ignorées ? Le maintien d'une pluralité potentielle d'orientations, d'une réversibilité des choix exige cette critique récurrente. Ainsi, lorsque j'ai reçu ma formation professionnelle, il y a une trentaine d'années, il semblait évident à la

1. Voir *supra* « Un savoir sans mémoire », p. 93.

plupart des jeunes chercheurs que la seule physique digne d'intérêt et riche d'avenir était la physique des particules fondamentales, du monde microscopique. Et ce n'est pas sans surprise que nous avons vu, il y a une vingtaine d'années, renaître et se développer, comme un domaine de grand intérêt, non seulement pratique, mais même théorique, toute une physique du macroscopique. On aurait fait bien rire les jeunes étudiants que nous étions, il y a vingt ans, en nous annonçant que parmi les domaines de pointe, à la fin du siècle, figureraient des questions de dynamique des fluides qui étaient considérées alors comme bonnes pour les ingénieurs ou les plombiers. Ces domaines semblaient être tombés hors de la science au sens propre du terme, et passés dans le domaine des applications techniques. Il a été fort surprenant de voir resurgir la dynamique des fluides comme un domaine tout à fait capital : non seulement son importance est à peu près évidente pour des applications qui engagent des enjeux économiques considérables comme la météorologie ou l'aérodynamique des fusées et des avions, mais aussi sur le plan conceptuel. On y trouve mises en jeu des idées qui touchent par exemple à la dualité entre le déterminisme et l'aléatoire, entre l'ordre et le désordre, idées tout à fait capitales qui seront amenées à jouer un rôle important dans le contexte culturel des années à venir. On ne peut que constater le retard considérable de la science physique à se ressaisir de ces domaines, jadis explorés puis abandonnés. L'absence de mémoire critique n'en est certes pas la seule raison, mais constitue l'un des facteurs importants dans cet oubli de trois quarts de siècle. On a ainsi vu des physiciens redécouvrir, le mot n'est pas trop fort, des textes anciens, par exemple de Poincaré, et les retravailler ; on a pu voir des articles parus dans des revues de recherche faire référence à des publications vieilles de près d'un siècle. On trouverait d'autres exemples dans les sciences de la vie. Pendant des années, la biologie moléculaire est apparue comme le domaine de pointe et le seul digne d'intérêt. On s'aperçoit aujourd'hui, par exemple en théorie de l'évolution, qu'il reste beaucoup à apprendre de la biologie de terrain, des sciences d'observation comme la paléontologie ou l'éthologie, voire de la génétique traditionnelle. Le prix Nobel attribué à Barbara MacClintock, voici quelques années, fut à cet égard fort symbolique : le prix lui a été décerné non pas pour des découpages en quatre des molécules d'ADN, mais pour avoir patiemment croisé des graines de maïs pendant des années et en avoir tiré des observations tout à fait fondamentales sur les mêmes objets, c'est-à-dire sur les gènes microscopiques de la matière vivante[1].

LA FONCTION MÉDIATRICE

Donc problème de validité, problème de sens, problème d'orientation, voilà trois aspects du fonctionnement interne de la science où la question de la critique se pose de façon capitale. Mais au-delà de ces aspects internes, je voudrais aborder, plus brièvement, la fonction médiatrice de l'activité critique. Ce rôle, c'est celui que joue la critique artistique dans la diffusion d'un certain regard porté sur l'art, d'une certaine perception

1. Evelyn Fox-Keller, *L'intuition du vivant (la vie et l'œuvre de Barbara McClintock)*, Tierce, 1988.

culturelle globale de sa place dans notre société. Cette fonction critique est absolument indispensable pour apprécier la pertinence de la création et permettre les transitions, dans la mesure où la culture exige à la fois la continuité des traditions et la rupture avec ces traditions. Et s'il n'y avait pas une instance explicite où s'effectue ce travail d'évaluation de la nouveauté, on courrait le risque d'un enclavement de l'innovation qui l'empêcherait d'avoir son plein effet. C'est précisément le cas pour la science : les fonctions médiatrices qui permettent de passer de l'intérieur de la science à son extérieur sont à l'heure actuelle très mal remplies. Les formes traditionnelles de la vulgarisation sont largement impuissantes à jouer ce rôle, probablement parce qu'elles se sont toujours attachées à un aspect nécessaire mais insuffisant, celui du transfert des savoirs. Car la question la plus importante est la question de la pertinence : il ne s'agit pas seulement de savoir ce qui est vrai, mais de savoir en quoi ce vrai est important ou intéressant ; d'ailleurs, en science, le faux est souvent aussi intéressant et important, sinon plus, que le vrai... On retrouve ici, une fois encore, la question de l'historicité. C'est que la fonction médiatrice, dans le cas de la science, est remplie, pour l'essentiel, par les médias, la presse, la télévision, etc., qui ne nous parlent que des dernières découvertes, sans qu'il soit jamais possible de les restituer dans une perspective historique. Il y a là un paradoxe extraordinaire : vous pouvez voir à la télévision des émissions, ou lire dans les journaux des articles, sur les trous noirs, les quasars, les quarks, que sais-je encore, alors que les contenus de la science classique, celle du XIXe siècle, par exemple, sont loin d'être assimilés collectivement. Comme si, dans le domaine de l'art, on n'exposait jamais que la peinture contemporaine, sans la présence permanente en arrière-plan des œuvres classiques, dans tous les livres d'art, toutes les représentations sociales, tout le bagage culturel, plastique et pictural accumulé depuis des siècles. Pour la peinture, on a toujours au fond de la tête, des yeux, tout ce que l'on a vu avant ce que l'on voit, et qui réapparaît comme citation, allusion, détournement, ou contradiction. Rien de tel dans la science contemporaine : elle ne cite jamais, fût-ce pour les contredire, les propositions classiques, qui restent dans le domaine de l'implicite. Tant que, dans le domaine de la science, on identifiera la question du partage des savoirs à celle du partage des savoirs *actuels*, en cours de constitution, ce partage n'aura pas lieu, tant il est vrai qu'il exige une ressaisie de la tradition et de l'histoire.

Toujours dans le domaine de la médiation, un second aspect est celui du mouvement de l'extérieur vers l'intérieur, le problème de la constitution du milieu de la création. Dans le cas de la science : comment fabriquer des chercheurs ? Et c'est là que toutes les questions déjà posées, par rapport à l'histoire ou par rapport à l'épistémologie, deviennent cruciales. Il ne faut guère s'étonner de ne pas trouver au bout de la filière de production, dans les résultats de la recherche scientifique, cette référence historique, cette réflexion philosophique ; comment les trouverait-on en amont si elles sont absentes en aval ? Or le système de formation des chercheurs manifeste la même anhistoricité que le fonctionnement de la recherche. N'est-il pas extraordinaire de constater que l'on peut devenir scientifique, et d'ailleurs que l'on devient scientifique, sans avoir, en règle générale, reçu le moindre enseignement, fût-il allusif ou épisodique, d'histoire ou de philosophie des sciences, alors que l'on ne peut assurément pas devenir artiste sans avoir, et déjà institutionnellement, dans une école d'art, eu accès à l'histoire des arts et à la réflexion sur leur signification ? On a longtemps prétendu que la science n'avait pas besoin de cet arrière-plan, parce qu'elle était par essence moderne et contemporaine et qu'elle devait oublier son histoire. Mais nous avons maintenant des éléments — j'en ai donné quelques exemples — pour penser que c'est là une erreur de perspective, et que, tout à l'inverse, nous avons le plus grand besoin de notre mémoire historique, non pas comme noble conservatoire et musée d'un passé révolu, mais au contraire comme source d'inspiration, et comme aiguillon pour un avenir encore ouvert.

Une dernière réflexion sur la médiation, sur la jonction entre l'extérieur et l'intérieur : on peut mettre en évidence la différence fondamentale entre le fonctionnement des arts et celui des sciences par une absence, dans le cas de la science, qui traduit de façon flagrante son exclusion de la culture contemporaine : il n'y a pas d'amateurs de science. Si la production artistique est culturelle, et mérite ce beau nom de culture, c'est en grande partie parce qu'il y a continuité entre l'artiste contemporain dont l'art est le métier et la vie, et celui qui, dans la même société, ne s'intéresse pas du tout à l'art. La continuité est totale et repose sur l'existence de la frange intermédiaire capitale des amateurs. Il s'agit moins des amateurs qui visitent les galeries, qui regardent et achètent la peinture, que des "peintres du dimanche", ceux qui *font* de la peinture en amateurs. Quelles que soient la qualité et la valeur de leur travail, ils prouvent et matérialisent cette immersion dans la société contemporaine et sa culture de la création artistique, même sous ses formes les plus élaborées, les plus abstraites, les plus difficiles, les plus minoritaires. Mais rien de tel n'existe en science, sauf dans certains domaines qui d'ailleurs, il y a peu de temps encore, étaient considérés comme archaïques et en voie d'obsolescence, par exemple les sciences d'observation de la nature. Effectivement, il y a des naturalistes du dimanche, il y a des astronomes-observateurs du dimanche, mais il n'y a pas de biologistes moléculaires du dimanche, il n'y a pas de physiciens des particules du dimanche. Qu'il ne puisse guère y en avoir d'ailleurs, c'est justement ce qui mérite d'être mis en lumière et qui sous-tend toute réflexion sur la différence de nature entre l'art et la science.

LA FONCTION POLITIQUE

Enfin, la fonction politique de la critique de science ne sera ici que mentionnée[1]. Le problème n'est que trop évident : l'insuffisance considérable de la critique dans le cas de la science se marque encore plus peut-être hors de son activité interne, c'est-à-dire au niveau des répercussions de la production scientifique sur l'ensemble de la société. Il est clair que nous avons besoin d'un travail critique bien plus profond qu'il ne l'est, pour arriver à maîtriser le développement scientifique, ce dont nous sommes incapables à l'heure actuelle. L'évolution de nos sociétés sous l'impact des sciences et des techniques échappe très largement à notre

1. Les aspects politiques de la critique de science sont envisagés dans la première et la seconde partie de ce livre.

volonté de contrôle et c'est l'une des questions clés posées à notre société dans les décennies qui viennent. Faute de trouver les moyens de débattre, puis de décider, si nous acceptons, ou non, telle ou telle répercussion des découvertes scientifiques dans notre vie quotidienne, individuelle ou sociale, mais aussi, en amont, si nous voulons, ou non, développer les recherches dans telle ou telle direction, alors la maîtrise péniblement conquise d'une partie du développement social dans cette fraction privilégiée de la société humaine à laquelle nous avons la chance d'appartenir, cette maîtrise risque de se dissiper et de nous échapper — et le beau mot de démocratie aura perdu son sens.

BRÈVES RENCONTRES
DE L'ART ET DE LA SCIENCE

Entre le Louvre et l'Académie des sciences, le pont des Arts est une simple passerelle sur la Seine, fragile, réservée à la libre flânerie de promeneurs, et interdite à la circulation des engins mécaniques. C'est ainsi, avec prudence et légèreté, que je voudrais m'aventurer sur l'une des passerelles qui traversent la scène où se joue la rencontre des arts et des sciences.

Il est une idée courante aujourd'hui, parfois explicite, mais le plus souvent implicite, sur la nature des rapports entre les arts d'un côté, les sciences et les techniques de l'autre. Le problème à l'ordre du jour serait, suivant cette perspective commune, celui d'une réconciliation : il s'agirait de favoriser la convergence des pratiques artistiques et des pratiques technoscientifiques, afin d'atténuer, ou d'abolir, une séparation douloureuse. Mais l'histoire de l'humanité, et celle de ses pratiques culturelles en particulier, n'est-elle précisément pas celle de la séparation de ses divers champs d'activité, de leur autonomisation ? L'idée d'une réunification œcuménique, des grandes retrouvailles de l'art et de la science, me paraît relever d'une nostalgie naïve plus que d'un projet informé, fût-il utopique. Et puis, je dois l'avouer, cette séparation ne m'est pas douloureuse. Peut-être est-ce une affaire de tempérament personnel, mais je me trouve fort bien de la différence essentielle entre l'Art et la Science — et de leurs diversités propres (les arts et les sciences) au surplus. Si, scientifique professionnel, mon intérêt pour l'art aboutissait à m'y faire retrouver des attitudes et des œuvres semblables à celles que je connais (trop) bien, cet intérêt s'émousserait trop vite... L'art, et l'art contemporain en particulier, m'attire en raison directe de ses différences avec la science, et non pas de leurs éventuelles similarités. Je n'ai aucunement la nostalgie d'une Unité perdue de la création — pas plus naturelle (c'est la diversité du monde des pierres, des fleurs, des oiseaux qui en fait la beauté) qu'humaine.

Ainsi, cette pluralité des œuvres, cette divergence des pratiques, je les tiens pour une richesse à louer et à préserver. Les rapports entre arts et sciences sont pour moi de l'ordre de la rencontre, de la confrontation, peut-être même du conflit — non de la (con)fusion ou d'une « nouvelle alliance ». Et quand des poètes me disent reconnaître dans la physique théorique une démarche proche de la leur, ou que j'entends des mathématiciens affirmer à des musiciens que leurs recherches sont similaires, j'y vois des illusions souvent simplistes, parfois perverses et d'ailleurs fort banales. Je ne crois guère à la possibilité d'une analyse globale des rapports de l'art et de la science. En particulier, je reste fort sceptique devant les assez fréquentes tentatives pour rapprocher l'art et la science au motif que la vérité ne serait pas réservée à la seconde et la beauté au premier. Combien d'élucubrations n'avons-nous pas lues, souvent sous la plume d'éminents savants, célébrant la splendeur de telle équation ou la grâce de telle expérience, et érigeant l'esthétique au rang de principe méthodologique : la beauté, selon certains, serait un gage de validité... La plus implacable réplique à ce genre de considérations tient sans doute dans la sceptique remarque qu'innombrables sont les belles théories qui ont échoué sur de minables faits... Une réserve encore me paraît s'imposer : la nécessité d'un recul critique devant la fascination technologique. J'éviterai soigneusement ici de discuter les relations entre "création artistique et nouvelles technologies", suivant le titre déjà usé de tant de colloques et débats récents — et sans nul doute encore futurs. Non qu'il y n'ait rien d'intéressant à en dire, ni que les médias électroniques n'aient déjà permis l'apparition d'œuvres fortes. Mais parce que l'utilisation artistique de moyens technologiques nouveaux me paraît une voie à la fois trop facile et trop étroite pour penser la confrontation arts/sciences. Ce n'est pas parce que telle forme de création artistique emprunte outils à la hi-tech contemporaine (infographie, palette électronique, etc.) ou concepts à la science actuelle (théorie du chaos, fractals) qu'elle établit pour autant — quels que soient son intérêt et sa valeur propres — un rapport riche et profond avec la science et la technique, et cela pour plusieurs raisons. La première est que les technologies nouvelles — parce qu'elles le sont, nouvelles — ne permettent pas le recul nécessaire à une évaluation un tant soit peu réfléchie des créations qu'elles suscitent. On pourrait, à cet égard, réfléchir utilement aux expériences passées. Ainsi, la photographie, qui fut, certes, une technique neuve il y a plus d'un siècle, a, de par son irruption, modifié profondément les attitudes et le travail de la peinture. Pourtant les questions de son impact et de son statut (est-ce bien un art ?) ne sont toujours pas réglées et continuent à faire l'objet de débats serrés. Que dire de sérieux, tout de suite, sur les nouvelles techniques de la vidéo, des images de synthèse, de la musique électronique ? Au demeurant, et c'est la seconde raison de ma réticence, il conviendrait de s'interroger sur la nouveauté effective de ces technologies. Pour qui se penche sur l'histoire des techniques, et plus particulièrement sur celle des techniques de l'image, la continuité apparaît forte entre les anciennes — la lanterne magique par exemple — et les modernes — télévision et vidéo[1]. Ce long passé technologique a un poids culturel tel que notre usage de techniques récentes renvoie en fait à des pratiques et des idées beaucoup plus anciennes. Un exemple assez trivial en est fourni par l'importance démesurée accordée au rendu de la tridimensionnalité dans les images de synthèse, comme si le problème de l'espace, même acronymé en 3D, n'était pas aussi vieux que la peinture elle-même. N'y a-t-il vraiment pas mieux, et autre, à faire avec nos écrans, nos électrons et nos ordinateurs, que des génériques pour journaux télévisés où plans et boules tournoient et s'entrecroisent en tous sens ? Nous devons, je crois, être prudents et modestes dans l'interprétation en termes culturels des rapports entre “nouvelles technologies” et création artistique. Le moment présent est celui de l'expérimentation, pas encore celui de l'évaluation. Ce scepticisme devant la portée d'une jonction trop

1. Voir les livres de Jacques Perriault, en particulier *La logique de l'usage*, Flammarion, 1989.

facile et trop rapide vaut aussi sur le plan de l'inspiration conceptuelle. Ce n'est pas parce qu'un artiste se réfère à, ou prétend illustrer des théories scientifiques actuelles, que son œuvre les éclaire nécessairement. Que le big-bang ou la non-séparabilité quantique alimentent l'imaginaire d'un peintre ou d'un musicien, je m'en réjouis, et leur reconnais le droit le plus absolu à puiser dans la science ce qui les y intéresse, et même d'en détourner à leur gré les idées ou les images. Mais qu'on ne demande pas au scientifique d'en assumer le résultat, et de garantir sa valeur ou simplement son intérêt esthétique par référence à l'autorité de la science. Si la technoscience veut se faire culture, ce n'est pas en récupérant ou en arraisonnant la création artistique qu'elle y parviendra ; et si les arts veulent être en prise avec un monde dominé par la technoscience, ce ne sera pas en la plagiant ou en s'y inféodant. Il y aurait beaucoup à dire, et à redire, dans cette perspective, sur les pavages combinatoires d'Escher qui fascinent tant de chercheurs, ou sur les images fractales, bel exemple de kitsch postmoderne. Le risque est permanent de voir la science et l'art tomber dans la servilité et l'histrionisme mutuels.

Alors, plus simplement, ce sont les rapports d'*un* scientifique avec *quelques* aspects des arts plastiques contemporains que je vais tenter d'esquisser ici. Encore me faut-il préciser que mes intérêts pour l'art sont largement indépendants de mes compétences scientifiques (et réciproquement), et que l'espace qui les sépare est justement celui où trouve à se déployer mon imaginaire. Il y a cependant, dans cet espace, certaines *brèves* rencontres intéressantes, où telle œuvre plastique résonne avec telle attitude scientifique.

DU VOIR AU SAVOIR

Ce que m'offrent certains artistes, d'abord, c'est une ressource de relativité et d'altérité : la preuve qu'il est possible, autrement que par la science, non seulement de percevoir le monde (c'est une trivialité), mais de le comprendre. Il existe, dans l'art contemporain, des formes de conceptualisation qui battent en brèche le privilège revendiqué par la connaissance rationnelle et discursive. *Voir* des idées, des concepts autrement que sous la formulation mathématique du physicien ou dans le texte articulé du philosophe m'enseigne, expéri*mentalement*, que le conceptuel ne se limite pas au théorique. Les limites de ma pratique propre ainsi mieux fixées me sont une leçon, d'une part, de modestie — et Dieu sait si la science en a besoin —, d'autre part de spécificité. C'est que, pour trouver de l'intérêt à mon travail, celui de la physique théorique, et pour conserver ma motivation, il me faut savoir en quoi cette activité diffère des autres. Et c'est à partir de cette différence constitutive que *certaines* homologies conjoncturelles deviennent parlantes. Ces rencontres sont affaire de point de vue : après tout, deux trajectoires rectilignes, dans l'espace à trois dimensions, n'ont en général aucun point commun, mais, projetées sur un plan perspectif, se croisent (encore que, d'un autre point de vue et projetées sur un certain plan, elles puissent devenir parallèles et ne plus avoir de point commun). C'est ainsi que je trouve chez quelques artistes une véritable épistémologie concrète. Certains mécanismes fondamentaux de la science théorique, que ma science, la physique, illustre de façon presque caricaturale, je les vois *à l'œuvre* dans tel ou tel travail d'artiste. Si certains demandent à la science de les aider à théoriser l'art, je demanderais plutôt à l'art de m'aider à pratiquer la science. Abstraction, simplification, expérimentation, structuration, ces démarches de la science, lorsque je les perçois dans l'art, et parce que leurs visées et leurs réalisations y sont autres, je les comprends mieux. Ainsi, ce n'est certainement pas une interprétation des œuvres évoquées qu'il faudra chercher dans les lignes qui suivent, mais seulement une réflexion — dans le miroir de la science — sur la signification que *je* leur donne.

Voici par exemple, un travail de François Morellet, l'une de ses *geometrees* (ill. 1)[1]. À partir de branches, brins d'herbes, brindilles de bois, Morellet déploie sur ses toiles un réseau de lignes qui, à la fois, prolongent et créent une structure. L'apparition de ces figures, enracinées dans un élément contingent du réel, mais obéissant à la décision du peintre, si limitée que la veuille Morellet, me renvoie au travail du physicien. Car c'est de façon analogue que le physicien, à partir d'un pan de la réalité complexe et confuse, y choisit des formes, les abstrait — au sens actif du verbe — en structures plus simples et plus vastes. La géométrie idéalisée des trajectoires, droites des rayons lumineux, paraboles des projectiles, ellipses des planètes, hélices des électrons, entretiennent avec leurs véritables mouvements un rapport très proche de celui des *geometrees* de Morellet avec leurs éléments végétaux de départ.

Dans un autre type de travaux, Morellet se

1. Les illustrations de ce chapitre se trouvent dans le cahier hors-texte.

donne une règle aussi contraignante et élémentaire que possible, en un effort à la fois désespéré et ironique pour éliminer au maximum subjectivité, affectivité et intentionnalité (ill. 2). Ici, tout simplement, des rangées de tirets verticaux équidistants, avec un accroissement faible et constant de leur espacement d'une rangée à l'autre. Or, de cette règle triviale émergent des structures inattendues, montrant d'élégantes courbures, invisibles et imprévisibles *a priori* dans l'énoncé trivial et strict du procédé. Cette expérimentation intellectuelle n'est pas sans rappeler la démarche du physicien quand, las de théories complexes, rebuté par leurs difficultés ou simplement saturé par leur richesse, il décide de s'intéresser à des modèles (théoriques) réduits. Abandonnant toute prétention à une représentation fidèle du réel, pour mieux comprendre le fonctionnement et le jeu des idées qu'il met en œuvre, il construit des théories rudimentaires, pour "voir" comment elles peuvent engendrer certains effets ou, tout simplement, pour expliciter certains problèmes. Ainsi, c'est une démarche fort usuelle du théoricien que de développer des formalismes où l'espace ne se voit plus attribuer qu'une dimension au lieu de trois et se réduit ainsi à une ligne, ou d'autres encore où l'espace voit sa trop riche continuité abandonnée au profit d'une structure discrète faite d'un réseau de points séparés. Il n'est pas rare de voir émerger, à partir de telles théories délibérément irréalistes, des effets non triviaux qui ne sont pas sans rapport avec des phénomènes réels. Bien entendu, cette démarche n'est pas toujours féconde, loin de là, et produit de nombreux déchets. Mais il en va de même dans le travail de l'artiste, qui ne conserve pas toutes les productions obtenues à partir de ses règles minimales et n'en expose que les plus éloquentes. Toujours est-il que sont très éclairants pour le théoricien ces jeux de variations sur un thème abstrait, ces "expériences de pensée" rudimentaires, pratiquées non plus sur les équations et les formules qui me sont familières, mais sur des formes visibles.

Dans le même esprit, je voudrais proposer une troisième pièce de Morellet (ill. 3). Cette intervention *à partir* d'un élément du réel, que l'artiste prolonge — en la distordant (on sort du plan du mur) —, n'est pas sans analogie avec les procédés d'extrapolation de la physique théorique, par lesquels le chercheur, ayant maîtrisé les lois qui régissent un canton, usuellement restreint, de la réalité, les prolonge au-delà de leur strict domaine de validité et de pertinence.

Extrapolation, mais interpolation aussi : ce geste par quoi l'esprit projette dans un espace encore inexploré séparant deux régions connues de quoi les relier. Ces « conditions aux limites », comme disent les physiciens, qui régissent et structurent potentiellement l'espace enclos, on peut en trouver un exemple magnifique dans une œuvre d'Anselmo (ill. 4). Personne, évidemment, ne peut éviter de lire la syllabe « in » dans le vide qui sépare ces deux blocs *visibles*. Outre sa qualité plastique, la force exceptionnelle de cette pièce — et son importance ici — provient de son caractère autoréférentiel : l'œuvre exhibe son propre fonctionnement paradoxal, sa capacité à montrer l'invisible.

DE L'ABSTRAIT AU CONCRET

Mais mon intérêt professionnel pour l'art contemporain ne se limite pas à ces points de rencontre particuliers où je peux reconnaître des analogies avec mon propre travail. Tout aussi important est l'effet qu'ont certaines œuvres de me permettre un indispensable mouvement de "désabstraction", si je puis m'autoriser ce déplaisant mais utile néologisme. L'art me conduit ainsi à retrouver l'épaisseur du monde que la science aplatit.

Entendons-nous bien: la science est réductionniste par essence. Il serait aussi absurde de le lui reprocher que de critiquer un poisson pour ne pas savoir voler... C'est ce mouvement même de réduction, de simplification, d'appauvrissement du réel qui fait le succès de la démarche scientifique. L'erreur, dramatique, serait de considérer cette démarche comme exemplaire et universelle, et de vouloir assujettir à ce modèle toute autre approche du réel, toute forme de compréhension du monde — c'est là le scientisme, que nous ne connaissons que trop. L'art contemporain nous propose ici un contrepoison, un antidote. Il permet de retrouver l'opacité du monde, par-delà l'évidence, partielle et souvent illusoire, de sa transparence telle que la science nous l'offre. Car si la science se saisit du réel, ce n'est que dans une mesure très limitée, et à la stricte condition de focaliser son regard sur des domaines délibérément étroits et pauvres, laissant en dehors de son champ d'investigation des aspects majeurs du monde, tant naturel qu'humain. C'est donc une nécessité aujourd'hui de rétablir le lien entre les concepts qu'a forgés la science et la réalité dont elle les a abstraits. Nous avons besoin, nous scientifiques, d'être rappelés au sens de cette réalité immédiate, de ne pas oublier que nous ne travaillons plus, depuis longtemps, sur la matière de l'expérience humaine quotidienne, mais sur des *arte*facts hautement élaborés déjà par nos prédécesseurs. Il nous faut retrouver ou rétablir le fil long et ténu qui relie le savoir théorique à la curiosité sensible, nous souvenir que les formules cabalistiques de nos tableaux noirs et les appareils sophistiqués de nos laboratoires ont partie liée avec les pierres, le vent, l'eau et le feu.

Les mots qu'emploie le physicien, déjà même dans une vieille science comme la mécanique, des mots comme poids, tension, force, il oublie trop qu'il les a pris à la langue commune et qu'ils désignent des expériences sensibles, avant d'être devenus les noms des éléments d'un dispositif théorique élaboré. Si la recherche est un défrichage (déchiffrage aussi...) de la jungle touffue du réel, et si la recherche de pointe, comme on dit aujourd'hui, consiste à ouvrir des sentiers neufs pour explorer cette jungle, encore faut-il prendre garde que la végétation ne se referme pas derrière les explorateurs pionniers. Nous devons aujourd'hui revenir sur les pas de la science pour que ces voies péniblement ouvertes le restent, et que les explorateurs puissent revenir nous conter leurs découvertes — et que nous puissions, si tel est notre désir, suivre ces chemins nous-mêmes. Ainsi, je veux ne pas oublier qu'une force, ce n'est pas seulement le nom du symbole F dans la formule de la loi de Newton : $F = m\gamma$. Les poids, les tensions, ce ne sont pas seulement des vecteurs, êtres mathématiques éthérés, ce sont des poussées, des affrontements, des défis, des menaces. C'est ce que me *forcent* à voir les nombreux travaux qu'Anselmo a réalisés à partir de cette problématique du poids et de la tension (ill. 5). Concrétisé par ces tonnes de granit et ces minces câbles d'acier, le champ de gravitation ici devient la scène d'un drame tranquille auquel je participe — de toutes *mes* forces[1]. Plus calmement encore, mais sans échappatoire, c'est l'élasticité de l'éponge, mais aussi celle de mon esprit (une sorte d'éponge, après tout) qui est mise à l'épreuve dans cette autre pièce d'Anselmo, par la dure rigidité des poutres d'acier (ill. 6). Peut-être n'est-ce pas pur hasard si dans le « parti pris des choses » de cette œuvre nous retrouvons l'un des objets chers à Francis Ponge — et son nom même…

Physicien, c'est à partir des sciences de la matière que je déploie l'essentiel de ces commentaires. Il serait évidemment bienvenu que d'autres appellent les sciences de la vie, lourdes aujourd'hui de tant de promesses et de menaces, à la confrontation avec l'art[2]. La biologie aurait beaucoup à gagner en (se) réfléchissant par exemple à certaines œuvres comme celle-ci, de Pennone (ill. 7). L'arbre dans lequel ont été taillées ces fortes poutres, l'artiste l'y retrouve et démontre que, branches taillées, section équarrie, forme géométrisée, l'arbre aboli reste pourtant présent dans la poutre. Ainsi l'irréductibilité de l'être naturel se rappelle-t-elle au cœur des artefacts les plus technicisés. De là mon vif attrait pour l'Arte Povera qui conjugue, à l'italienne, l'intellectualité et la sensibilité. Et j'aurais pu solliciter, avec les travaux d'Anselmo et Pennone, ceux de Kounellis sur le feu et la calcination, ceux de Zorio sur les (al)chi-

1. Avec une problématique très différente, la pesanteur est aussi rendue au monde de la perception par certains travaux de Rabinowitch ; voir Jean-Marc Lévy-Leblond, « À propos de David Rabinowitch », *Artpress*, nº 193, juillet 1994.

2. La voie a été ouverte, et avec quelle force, par Louis Bec dans l'historique exposition « Le vivant et l'artificiel », qu'il a organisée en Avignon en 1982.

mies du cuivre, de son sulfate, et du goudron, ceux de Mario Merz sur les nombres (suite de Fibonacci), etc.

Mais les artistes ne donnent pas seulement à voir, ils offrent aussi à lire. Pol Bury a écrit des textes qui redonnent chair à la géométrie la plus élémentaire, dont le squelette si remarquablement dévoilé par Euclide, ne devrait pourtant pas nous faire perdre de vue le corps de l'espace. Quelques lignes de Bury sur le cube, à titre d'exemple :

> « *Avec un soin imperturbable. Chacune de ses faces se dissimule. Six faces qui ne se connaissent pas, ne se sont jamais vues. Séparées par des arêtes.*
>
> *Dissimulateur, bien assis.*
>
> *Régulier, mais plus qu'il n'en a l'air.*
>
> *Cube en poudre. Goutte à goutte l'impeccable se résout aux difficultés de l'être. Mais le vent a tôt fait de niveler l'occupation de l'espace.*
>
> *Sous le coutelas de l'épicier, il se débite en lamelles, pour retomber étalé, montrant son intérieur surfacé dedans comme dehors.*
>
> *[...]*
>
> *Ballerine sur sa pointe, il tourne, suspendu à un fil. Prisonnier d'un axe qui l'attache.*
>
> *En poche, il n'épouse pas les plis du vêtement. La chair lui est étrangère, ce qui le rend sans doute un peu triste.*
>
> *[...]*
>
> *J'ai mal aux arêtes.*
>
> *Une sphère, un cube se rencontrent. Ils sont de même dimension. L'un est pourtant plus grand que l'autre, plus long à parcourir, à en suivre les méandres.*
>
> *L'une se cache, l'autre démontre.*

Boule dans un cube. Oiseau dans une cage. Inversons les données. Le cube est dans la boule. L'envol est impossible.
[...]
Un cube de gélatine qui frémirait à chaque coup de l'horloge.
Un cube qui se suce de l'intérieur.
Cube de camembert[1]. »

Ce texte ne pourrait-il accompagner avec bonheur les leçons de géométrie dans les écoles ?

Voici maintenant quelques travaux de Piotr Kowalski. Le premier est d'une simplicité extrême ; mais ce coup de tampon est un coup de maître (ill. 8). Nous savons que la Terre tourne autour du Soleil à 29,9 kilomètres-seconde — ou croyons le savoir. Mais d'être contraints à réaliser par cette estampille apposée sur cette page que ce n'est pas une idée en l'air (si j'ose dire), et que ce livre se déplace, effectivement, à près de trente kilomètres par seconde autour du Soleil, sans que nous le percevions, nous oblige à revivre le grand choc épistémologique copernico-galiléen. Ce savoir, qui est considéré comme une banale évidence, Kowalski nous permet de comprendre ce qu'il a toujours de révolutionnaire (car c'est bien de révolutions qu'il s'agit — en tous les sens du mot...) et de retrouver la charge de violence qu'il devrait exercer sur nous, de le *re*ssaisir.

Kowalski a beaucoup travaillé aussi sur l'idée de projection, telle que l'instaure la géométrie pour établir des correspondances entre figures différentes mais homologues. Là où le géomètre se per-

1. Pol Bury, *Les horribles mouvements de l'immobilité*, Carmen Martinez, 1977.

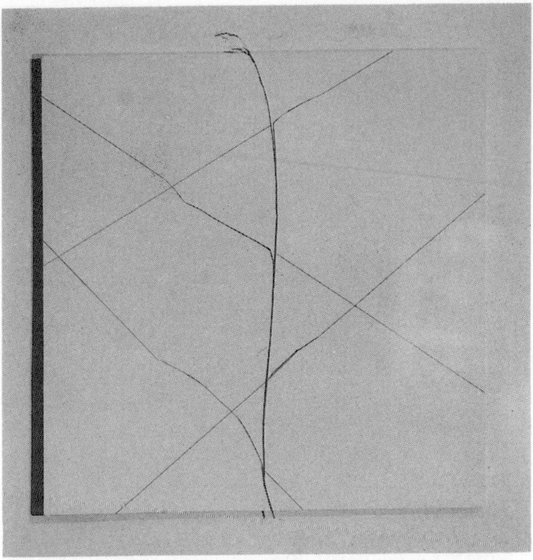

1

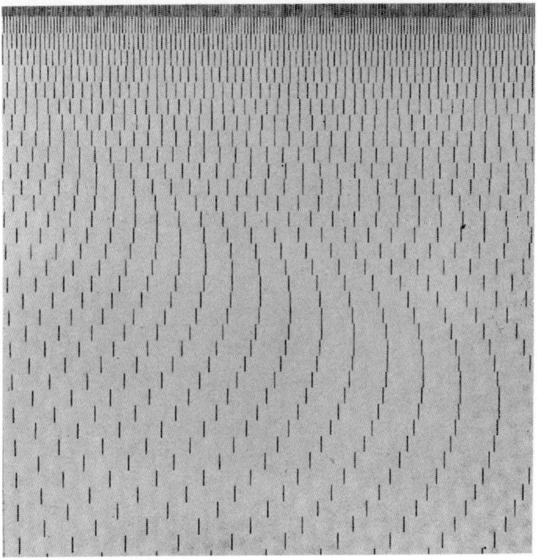

2

1 François Morellet, *Geometree n° 26*, 1983, herbe, acrylique sur toile marouflée sur bois, 130 × 130 cm. Collection de l'artiste.

2 François Morellet, *Tirets de 4 centimètres dont l'espacement augmente à chaque rangée de 4 mm*, 1975, huile sur toile, 140 × 140 cm. Collection Manfred Wandel, Stuttgart.

3

4

3 François Morellet, *Arcs de cercles complémentaires*, 198[illegible], Musée des Jacobins, Toulouse.

4 Giovanni Anselmo, *Invisible*, 1971-1973, plomb avec inscription gravée, 5 × [illegible] × 10 cm et 5 × 12 × 10 cm. Collection André Goemine, Nazareth, Belgique.

5

6

5 Giovanni Anselmo, *Verso oltremare*, 1984, pierre, câble et outremer, 310 cm. Castello di Rivoli.

6 Giovanni Anselmo, *Respiro* (détail), éponge et deux poutres métalliques de 11 × 6 × 452 cm chacune. Collection Christian Stein, Turin.

7 Giuseppe Pennone, *Ripetere il bosco* (détail), 1969-1991, bois. Musée des Beaux-Arts, Nantes.

8

8 Piotr Kowalski, *Ceci se déplace...*, 1969, tampon. In Jean-Christophe Bailly, *Piotr Kowalski*, Hazan, 1988.

9 Piotr Kowalski, *Identité n° 4*, bottes de paille, néon et feuille de plastique imprimée au pochoir, installation au Musée Galliera, 1974. Collection de l'artiste.

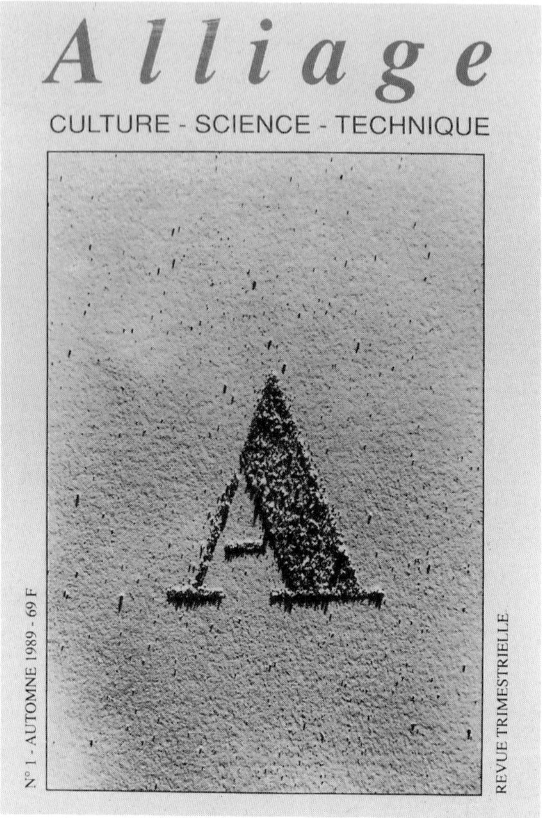
Alliage
CULTURE - SCIENCE - TECHNIQUE
N° 1 - AUTOMNE 1989 - 69 F
REVUE TRIMESTRIELLE

10

11

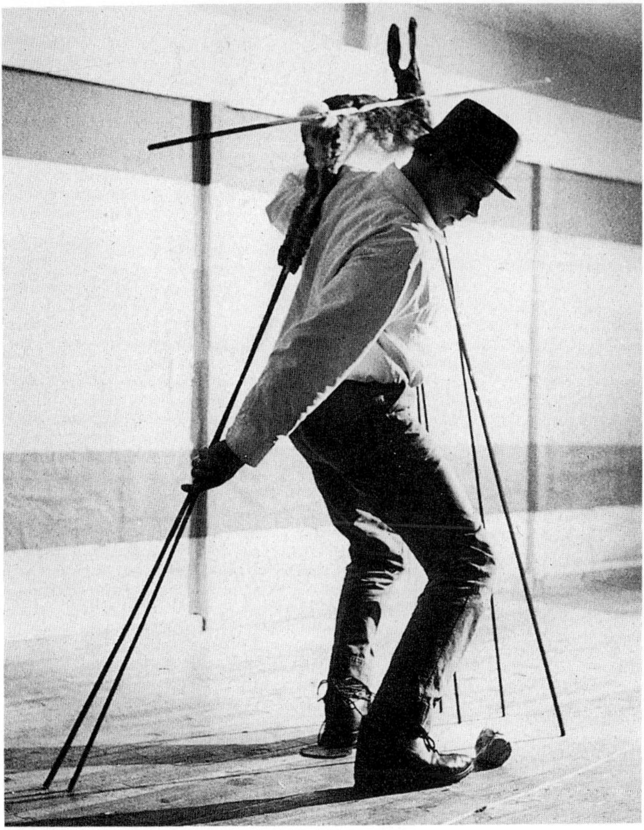

12

10 Piotr Kowalski, couverture du n° 1 d'*Alliage*, 1989, sable sur papier, 12 × 17 cm, photographie de Sara Holt. « A pour *Alliage*, A pour le début, A pour alliance, et sable pour tout le sens que les grains individuels peuvent faire rassemblés. » P.K.

11 Joseph Beuys, *Brunhilde in der Kucke*, 1981, cuivre, bois et mobilier de bureau.

12 Joseph Beuys, *Eurasia 32. Satz*, 1965, action, Copenhague.

13 Joseph Beuys, *Olivestone*, pierre et huile, installation au Castello di Rivoli, 1984.

met de relier par projection des formes abstraites, identiques mais d'échelles différentes, Kowalski souligne encore la liberté que ce geste mental prend à l'égard du réel, ce détachement des apparences qui sous-tend l'entreprise même de la science : il met en correspondance deux tétraèdres, l'un légère structure en tubes de néon suspendus dans l'espace, l'autre pesante pyramide de balles de foin au sol, accentuant le contraste, et par contrecoup la contrainte, de l'analogie instaurée (ill. 9). On pourrait, bien entendu, proposer une exégèse aussi sur le rapport que cette pièce établit entre l'univers traditionnel, paysan, de la terre et le monde moderne, technique, de l'espace, ou encore y voir une métaphore des projections que j'ai tentées plus haut.

Voici enfin le travail photographique original que Kowalski a réalisé pour la couverture du premier numéro de la revue *Alliage*, consacrée, précisément, à la confrontation entre culture(s) et technoscience(s) (ill. 10)[1]. On peut y retrouver l'épaisseur du monde dans celle du papier — non pas un plan géométrique mort, mais une surface ayant relief et texture. Et le sable ne s'y réduit pas au corps simple SiO_2, c'est aussi celui de la plage, du désert ; sans parler du A qui n'est plus ainsi le pur symbole utilisé avec désinvolture par le physicien dans tant de formules, mais un signe riche de sens multiples.

DE L'ESTHÉTIQUE À L'ÉTHIQUE

Enfin, je sais gré à certains artistes de m'aider à prendre l'indispensable recul critique qu'exige

1. *Alliage (Culture-science-technique)*, revue trimestrielle, Anais, 78 route de Saint-Pierre-de-Féric, 06000 Nice.

aujourd'hui le développement de la technoscience. Leurs œuvres peuvent nous interroger sur le rôle des sciences et des techniques dans notre vie — rôle qui, aujourd'hui, est pour le moins problématique. C'est souvent dans le travail de Joseph Beuys que l'on peut trouver ce salubre rappel — j'allais dire "à l'ordre", mais ne serait-ce pas plutôt un fécond appel au désordre ? Ainsi de cette ironique et violente installation qui juxtapose d'imposantes batteries de brillantes plaques de cuivre — l'un des matériaux familiers à Beuys, emblématique de la technique moderne, omniprésent conducteur de l'électricité — et des éléments de mobilier de bureau grisâtres de la plus grande banalité, style années soixante (ill. 11). La conjugaison de cette puissance et de cette médiocrité parle immédiatement à qui connaît le fonctionnement de la Big Science, des institutions technoscientifiques lourdes, grands observatoires, recherche spatiale et accélérateurs de particules géants — institutions où la pesanteur bureaucratique l'emporte de plus en plus sur l'envol de la découverte.

Une deuxième œuvre de Beuys est trop forte pour que j'ose en dire plus que quelques mots. L'"œuvre" à vrai dire, fut l'une de ces actions, dont aucune trace ne saurait sans doute rendre l'intensité. Il nous en reste quelques enregistrements, vidéos ou photos — telle celle-ci (ill. 12) : Beuys y porte un lièvre mort et un contraignant échafaudage auquel il est lié. Comme dans l'action où Beuys cohabitait pendant vingt-quatre heures avec un coyote, il y a là une violente mise en évidence de notre rapport aujourd'hui coupable avec l'animalité. Geste propitiatoire, référence à la tradition chamanique, cette passion animale exposée par Beuys ne peut être ignorée en un temps où le rapport à l'animal devient une question clé de notre culture, tout particulièrement en ce qui concerne l'expérimentation scientifique en biologie. Sans qu'elle revête la forme d'une interrogation méthodologique, d'une analyse philosophique ou d'une réflexion éthique, la question morale simple que nous pose Beuys est d'une exigence qui ne permet aucune échappatoire.

Voici enfin une dernière pièce de Beuys — une *pièce*, en effet, du Castello di Rivoli, ce château des XVIIe et XVIIIe siècles, près de Turin, devenu l'un des plus remarquables musées d'art contemporain (ill. 13). Dans cette salle ornée de subtils décors, stucs rococo et fioritures délicates, Beuys a installé de grands blocs de pierre. Leur face supérieure, en creux, est remplie d'une couche de vieille huile d'olive, épaisse et sombre, qui suinte le long des parois et laisse de grasses traces au sol. La présence de ces blocs dans cette salle me donne un vertige né d'une double contradiction. D'une part, l'irruption massive et brutale du minéral, surgi des profondeurs de la Terre, et la présence d'un fluide végétal, dans ce lieu totalement artificiel, travaillé au millimètre près par la main de l'homme, ce peut être la culture démasquée par la nature. Mais on peut aussi bien inverser la relation et voir dans ces blocs taillés et sciés par des machines, dans l'huile extraite à force par d'autres machines, la violence que l'industrie et la technique imposent à la grâce et à la beauté d'un monde encore proche de celui des fleurs et des oiseaux où il puise son inspiration.

Cette déstabilisation, cette perte de référence qu'impose l'ambiguïté sans doute constitutive de toute œuvre d'art, est probablement l'apport majeur qu'offre la fréquentation de l'art à qui est familier des trop rassurantes certitudes de la science. Le trouble où me jette, à mon vif et inquiet plaisir, cette fréquentation est tel que j'en viens parfois à échanger des attributions pourtant bien établies et à voir dans l'art un moyen de comprendre et transformer le monde, et dans la science une façon de le contempler et de l'imaginer.

LE MIROIR, LA CORNUE ET LA PIERRE DE TOUCHE

ou

QUE PEUT LA LITTÉRATURE POUR LA SCIENCE ?

La science, on ne le dira jamais assez, est jeune — en tout cas si l'on entend sous ce mot, "science", le mode présent de production des connaissances que nous appelons scientifiques, et pas seulement ces connaissances elles-mêmes. Car c'est bien la façon dont nous faisons la science, et ce que nous en faisons, qui nous pose tant de redoutables problèmes aujourd'hui. On ne saurait guère, pour remonter aux origines de cette science, de *notre* science, retourner en deçà du XVIIe siècle et de sa révolution souvent appelée "galiléenne", à si juste titre. La science est jeune, donc. Nouvelle venue dans le concert des arts et métiers, elle a besoin d'être éduquée, cultivée, policée. Encore adolescente, elle peut mal tourner. Elle a besoin de savoir qui elle est, de prendre une pleine conscience de sa nature propre, pour connaître ses limites et dompter ses tentations.

Dans cette « mise en culture » (Lévy-Leblond, 1984, 1986)[1], un rôle majeur revient, bien sûr, à la

1. Les références bibliographiques, dont la nature même de ce texte explique l'abondance, sont rassemblées à la fin du chapitre, p. 215 *sq*.

littérature : parce qu'elle apporte « ce qu'elle seule peut donner aux lecteurs : une connaissance approfondie, plus complexe, plus juste que celle qu'ils peuvent avoir par eux-mêmes de ce qu'ils sont, de ce qu'est leur condition, de ce qu'est leur vie » (Sarraute, 1956). En un temps où notre condition, notre vie sont soumises de plein fouet à l'impact de la technoscience, la littérature peut nous en donner une connaissance « plus complexe et plus juste » que beaucoup d'analyses théoriques, qu'elles soient historiques, épistémologiques ou sociologiques. Et cela vaut d'abord pour les scientifiques, dont l'enfermement dans leurs laboratoires ne facilite guère la prise de conscience. Ce qui suit peut ainsi être conçu comme une contribution à la mise en œuvre du « Connais-toi toi-même » socratique, à l'usage des scientifiques et — qui peut le plus, peut le moins ! — des profanes.

C'est donc délibérément que je m'intéresserai plus à ce que la littérature peut donner à la science qu'à ce qu'elle lui prend. Depuis longtemps, certes, la pratique littéraire a puisé dans l'activité scientifique nombre d'images, de métaphores, de modèles, de formes — et de nombreuses études ont été consacrées à ces emprunts. À titre d'exemple, chacun sait ce que *Les affinités électives* de Goethe doivent à la chimie ; les bouleversements de la physique au début de ce siècle (relativité einsteinienne, théorie quantique) n'ont pas été sans influence sur des auteurs tels que Virginia Woolf, Faulkner ou Joyce (Friedman et Donley, 1985) ; quant aux mathématiques dites modernes et leur axiomatisation à la Bourbaki, les écrivains de l'Oulipo — Queneau, Roubaud, Perec, Calvino, etc. ont suffisamment explicité l'inspiration qu'ils y trouvaient (Braffort, 1995) ; Primo Levi a lui-même montré comment le chimiste en lui nourrissait l'écrivain (Levi, 1990) ; et les références de Pynchon — à commencer par *L'arc-en-ciel de la gravité* — ne sont pas moins évidentes (voir aussi Pynchon, 1990). Mais outre qu'il serait fort présomptueux de ma part de m'avancer sur le terrain de la critique littéraire, je souhaite plutôt renverser le courant et montrer tout ce que, réciproquement, nous avons à gagner en examinant le spectre de la science au travers du prisme de la littérature… Ce petit guide de lecture, un simple carnet de notes, n'a évidemment aucune prétention à l'exhaustivité et ne fait qu'explorer quelques pistes à suivre. Pour un voyage autour de la science, voici donc quelques-uns des livres que je conseillerais d'emporter.

LE MIROIR

Et d'abord, demandons à la littérature de nous *présenter* la science, et ceux qui la font. Car la tour d'ivoire est pauvre en miroirs. Et les scientifiques ne connaissent guère leur image. Il est heureusement des livres où trouver ces reflets. Et si d'aucuns jugent ces miroirs déformants, c'est peut-être qu'ils ne sont que grossissants et mettent précisément en lumière les traits les plus caractéristiques de leurs objets — traits qui n'ont aucune raison d'être les plus flatteurs.

On sait le poids croissant que la science a exercé sur la culture au XIXe siècle, et comment on lui a reproché d'étouffer la sensibilité, de désenchanter le monde, de trivialiser toute aspiration morale ou esthétique. Flaubert, plus que tout autre, témoigne de cette emprise, en même temps qu'il la met à distance. Rappelons-nous ainsi quelques articles du *Dictionnaire des idées reçues* :

> «MATHÉMATIQUES: dessèchent le cœur.»
>
> «SAVANTS: la science infuse. Puits de science. Pour être savant, il ne faut que de la mémoire. Les blaguer.»
>
> «SCIENCE: par rapport à la religion: "un peu de Science en écarte, beaucoup y ramène".»

(On reviendra d'ailleurs plus bas sur les rapports entre science et religion.) Sait-on aussi que nous devons à Flaubert l'une des plus savoureuses versions de l'anecdote si connue de "l'âge du capitaine", qui concentre à l'extrême la représentation mythique, à la fois dédaigneuse et effarouchée, que le commun se fait des mathématiques ? C'est Stella Baruk, qui dans l'un de ses ouvrages sur l'enseignement des mathématiques intitulé justement *L'âge du capitaine,* a retrouvé cette lettre du jeune Gustave, souffrant «de quoi se faire crever» à «barbouiller du papier avec des chiffres» lorsqu'il prépare son baccalauréat, lettre adressée à sa sœur Caroline, le 15 mars 1843 :

> «Je vais te donner un problème: un navire est en mer, il est parti de Boston, chargé d'indigo, il jauge deux cents tonneaux, fait voile vers Le Havre, le grand mât est cassé, il y a un mousse sur le gaillard d'avant, les passagers sont au nombre de douze, le vent souffle N.E.E. [*sic*], l'horloge marque trois heures un quart d'après-midi, on est au mois de mai… On demande l'âge du capitaine» (*in* Baruk, 1992 a).

J'ai d'ailleurs longtemps cru que Flaubert avait réellement inventé cette sotie, avant que d'en entendre une version rare et sensée — je veux dire, admettant une réponse logique, quoique non mathématique —, et dont l'occultation par Flaubert ne rend que plus significative la perte de sens induite par la terreur mathématique[1].

Mais c'est surtout *Bouvard et Pécuchet* qu'il nous faut lire et relire. On y trouve celle des figures de la science qui est le plus constamment refoulée : la bêtise. Car la science aussi, comment en irait-il autrement, a sa folie et sa bêtise. Sa folie, elle l'assume assez bien, s'accommodant des mythiques "savants fous" de la BD ou de la SF, voire revendiquant les productifs délires de certains de ses héros. Mais sa bêtise, elle veut l'ignorer. Comment nier pourtant qu'il y a une bêtise nécessaire et constitutive de la science — cet aveuglement de qui suit son seul sillon sans se laisser distraire. Ces œillères bovines, Bouvard (le bien nommé) et Pécuchet les portent, et même s'ils n'arrivent jamais au bout de leurs labours successifs, ils ont en tout cas la myope détermination de ceux qui retournent la glèbe du monde avec une science plus efficace[2].

Ce n'est pas à cause de leur bêtise, d'ailleurs souvent moins ridicule qu'émouvante dans son ingénuité, que Bouvard et Pécuchet échouent tour à tour sur tous les continents du savoir, mais bien parce que leur désir de savoir reste trop vaste et se condamne à un papillonnage velléitaire, faute d'être assez obtus et de *se faire une raison*, en restreignant son objet. D'ailleurs, ce qui distingue

1. Voir ci-après, *in* « La langue tire la science », p. 249-251.
2. Rappelons après Queneau que cette quintessence des labeurs calculatoires, la table de logarithmes, dans la version qu'ont utilisée les lycéens pendant de nombreuses décennies, avait pour auteurs... MM. Bouvard et Ratinet.

très souvent les amateurs farfelus, auteurs de théories scientifiques hétérodoxes des chercheurs professionnels, est justement l'ampleur des vastes fresques synthétiques proposées par les premiers, à l'inverse des prudentes contributions étroitement spécialisées des seconds[1]. En tout cas, Flaubert garde une évidente tendresse pour ses « deux bonshommes » et leurs échecs, à l'opposé de la véritable haine qu'il voue dans *Madame Bovary* au pharmacien Homais, figure de la bêtise scientifique triomphante. Comme l'écrit Sartre :

> « [...] ce qu'il [Flaubert] reproche à Homais, c'est de se complaire à écraser sous l'entassement de petites vérités précises et coupantes les grandes inquiétudes de l'humanité. Cette bêtise invincible et victorieuse, dont les entreprises, habilement menées, réussissent toujours et qui, finalement, rend compte de tout le réel, de tout ce que nous sommes, il faut, pour découvrir sa hideur, son abjecte suffisance, son matérialisme à courte vue, se placer au point de vue de ce qui aurait dû être et n'a pas été, au point de vue de l'absence, du Néant, du vide, de notre vain désir et de notre délaissement. Et finalement, quelle est cette pensée caricaturale que Flaubert a logée en Homais ? Eh bien, c'est tout simplement le rationalisme expérimental du docteur Flaubert ; c'est la Science tout entière, rabaissée jusqu'à l'imbécillité » (Sartre, 1971, p. 644).

1. Les marges de la science où errent tant de Quichotte de la physique, de marginaux de la cosmologie, d'enfants perdus de la biologie, attendent encore les études qu'ils méritent — et qui éclaireraient singulièrement la science "normale" (Lévy-Leblond, 1980 b). En attendant, c'est encore à la littérature, en l'occurrence au roman de Queneau, *Les enfants du limon*, que l'on doit la plus sérieuse reconnaissance de ces marges.

Qui oserait dire aujourd'hui que la science — pas « tout entière », heureusement — échappe à ce reproche et qu'elle peut se dispenser d'être attentive à ces critiques ?

Dans un roman beaucoup moins connu de Jacques Audiberti, *Le retour du divin*, on trouve un personnage féminin de "chercheuse" ou plutôt, selon les termes de l'auteur, de « savante », fort peu crédible quant aux conditions sociales de son travail (elle est censée travailler seule dans un laboratoire personnel perdu au cœur des Pyrénées...), mais dont les traits personnels et la psychologie professionnelle sont remarquablement décrits :

> « Elle ne comprenait guère qu'on pût ne pas comprendre. Les chiffres, modelés par l'espace qui les entoure, sont clairs. À la différence des mots, ils ne fument pas, ils ne sentent pas. Les lois ne forcent personne, n'exigent rien. Elles donnent, tranquillement, la mesure du monde. Jamais impératrices furent moins contestables. À tout instant, n'importe où, dans le passé, dans l'avenir, sur la terre, aussi bien que dans la lune, les cas d'égalité des triangles rectangles jouaient sans relâche, sans fatigue, sans dégoût. Les points de suspension après les dix millièmes du nombre pi, pas plus que le signe de l'infini, comme un huit horizontal, ni cette marge d'approximation que se consent le calcul infinitésimal, Martine n'en tirait aucun aliment pour une rêverie dubitative, ni même pour une culture personnelle, individuelle, solitaire, incontrôlable » (Audiberti, 1983, p. 126).

Nous, scientifiques, sommes trop peu nombreux, de fait, à « comprendre qu'on peut ne pas comprendre », et à penser que la science nous permet *quand même*, jusque dans sa pratique, une « culture personnelle, individuelle, solitaire, incontrôlable ». Et beaucoup moins nombreux encore à considérer que c'est justement cette culture (scientifique) personnelle, etc. que nous devrions faire effort pour partager, et pas seulement nos simples connaissances.

D'autres romans ont donné de la figure du scientifique des images d'une grande justesse, et qui sapent avec efficacité le mythe du savant génial et solitaire, au profit d'une représentation beaucoup plus fidèle du chercheur moderne et moyen. Ainsi Daniel Schiff, dans *La ligne de Sceaux*, décrit avec finesse et humour les pensées intimes d'un jeune physicien qui, tous les matins, prend le métro à Paris pour rejoindre son laboratoire à Orsay, et dont l'imagination va et vient entre les difficultés de ses équations qui l'obsèdent et les genoux de sa voisine qui ne l'obsèdent pas moins. Quant à Daniele Del Giudice, dans *Atlas occidental*, il met en scène avec talent la confrontation à Genève d'un vieil écrivain américain et d'un jeune physicien italien qui travaille au CERN (Centre européen de recherches nucléaires) ; ce roman offre une saisissante description des colossaux appareillages de la physique des particules et du rêve démiurgique de ses praticiens.

Pour autant, les grands hommes de la science n'en existent pas moins. Mais leurs biographies relèvent trop souvent de l'hagiographie, et ces arbres ont pour fonction essentielle de cacher la forêt. Pour sortir de l'apologétique, il faut échapper au genre trop convenu des "vies de savant" (rappelons le très savoureux pastiche, ironique et charmant, donné par Gisèle Prassinos avec son portrait de Berge Bergsky dans *Brelin-le-Frou*). Soit le cas Oppenheimer. On sait comment ce physicien des plus brillants (un bon exemple, incidemment, de scientifique dont la trop fine et trop critique intelligence aura empêché le grand talent d'aller jusqu'au génie créateur — il lui manquait un grain de bêtise...), après avoir assumé la direction scientifique du projet Manhattan (la mise au point des premières armes nucléaires à Los Alamos pendant la Seconde Guerre mondiale), fut écarté de ses responsabilités après avoir eu maille à partir avec la CIA et avoir été traduit en justice par la Commission des activités antiaméricaines en pleine hystérie maccarthyste. On connaît moins l'histoire ambiguë de ses relations avec la CIA et de ses compromissions initiales : pour accéder à son poste, il avait donné des gages et dénoncé l'un de ses amis, intellectuel américain procommuniste avant guerre. L'alliance chez Oppenheimer d'une puissante intelligence et d'une fragile moralité a été remarquablement décrite par sa victime, Haakon Chevalier, dans un roman, *L'homme qui voulut être Dieu* — véritable tragédie antique où c'est bien l'*hubris* du héros qui le conduit à sa perte. Rarement le mixte d'arrogante présomption et de veule naïveté qui caractérise tant de grands noms de la science aura été si bien mis en scène. Dans cette perspective, on peut cependant citer une extraordinaire nouvelle, à la fois onirique et ironique, de Stig Dagerman, *Dieu rend visite à Newton*, d'une noirceur assez désespérée — mais parfaitement adéquate à l'antipathie admirative qu'on ne peut manquer d'éprouver pour le personnage de Newton.

LA CORNUE

Encore nous faut-il comprendre ce qu'est la science. Dans cette interrogation sur la nature, la valeur et le statut de l'activité scientifique qui fait l'ordinaire de l'épistémologie, ne négligeons pas l'aide, extraordinaire, que peut nous fournir la littérature. Cette essence de la science que nous cherchons à isoler, la littérature parfois l'atteint par une distillation plus subtile que les lourdes analyses de la philosophie des sciences — cornue plus efficace qu'une trieuse mécanique.

Notre époque a vu se forger, au-delà du rationalisme scientiste, une conception plus fine, relative et contextuelle, de ce qu'est la connaissance scientifique. De Duhem à Feyerabend et Foucault, en passant par Popper et Lakatos (et même Bachelard, mais il faudrait le montrer, contre l'opinion commune...), c'est un assouplissement progressif des critères de scientificité et des normes de rationalité qui s'est imposé [1]. Il n'en est que plus remarquable de trouver dans la littérature des intuitions fulgurantes et des énoncés percutants de ce mouvement.

Commençons par un exemple *princeps*. La culture du XIXe siècle a été entièrement polarisée par l'opposition entre la poussée scientiste (positiviste, moderniste, naturaliste) et les résistances (romantique, symboliste) qu'elle suscitait. À cet écartèlement, peu ont échappé. Une exception majeure : Hugo, qui, superbement, conjuguera les deux courants. En témoigne ce texte magnifique, *L'Art et la Science*, initialement le chapitre III du *William*

1. Voir « La chauve-souris et la chouette », *infra* p. 269.

Shakespeare que Hugo écrit comme préface aux traductions du théâtre de Shakespeare par son fils François-Victor. On y trouve développée une comparaison entre l'art et la science qui n'est pas, quant au fond, d'une originalité foudroyante, puisque Hugo y affirme le caractère absolu de l'art et relatif de la science, et considère que le premier ne connaît pas l'idée de progrès alors qu'elle caractérise la seconde. Mais la force de l'écriture hugolienne arrache ces énoncés à la banalité. Et surtout, pour ce qui nous concerne, Hugo montre une conception du progrès scientifique très en avance sur le positivisme de son temps. Ce progrès, pour Hugo, n'est ni linéaire, ni quantitatif, ni cumulatif. Mais laissons-lui la parole :

> « La science est autre.
>
> Le relatif, qui la gouverne, s'y imprime ; et cette série d'empreintes du relatif, de plus en plus ressemblantes au réel, constitue la certitude mobile de l'homme.
>
> En science, des choses ont été chefs-d'œuvre et ne le sont plus. La machine de Marly a été chef-d'œuvre.
>
> La science cherche le mouvement perpétuel. Elle l'a trouvé ; c'est elle-même.
>
> La science est continuellement mouvante dans son bienfait.
>
> Tout remue en elle, tout change, tout fait peau neuve. Tout nie tout, tout détruit tout, tout crée tout, tout remplace tout. Ce qu'on acceptait hier est remis à la meule aujourd'hui. La colossale machine Science ne se repose jamais ; elle n'est jamais satisfaite ; elle est insatiable du mieux, que l'absolu ignore. La vaccine fait question, le paratonnerre fait question. Jenner a peut-être erré, Franklin

> s'est peut-être trompé; cherchons encore. Cette agitation est superbe. La science est inquiète autour de l'homme; elle a ses raisons. La science fait dans le progrès le rôle d'utilité. Vénérons cette servante magnifique» (Hugo, 1985, p. 18-19).

Comment mieux dire? Hugo montre d'ailleurs dans ce texte une époustouflante connaissance de l'histoire des sciences, dont les sources mériteraient une étude détaillée; sans doute la fréquentation d'Arago a-t-elle joué un rôle important (Toulotte, 1996). Ainsi ce passage qui à lui seul montre comment chez Hugo s'articulent savoir académique et inspiration poétique, le premier retenant la seconde de basculer dans la pomposité, la seconde permettant au premier d'échapper au pédantisme:

> «Tout ce long tâtonnement, c'est la science. Cuvier se trompait hier, Lagrange avant-hier, Leibniz avant Lagrange, Gassendi avant Leibniz, Cardan avant Gassendi, Corneille Agrippa avant Cardan, Averroès avant Agrippa, Plotin avant Averroès, Artémidore Daldien avant Plotin, Posidonius avant Artémidore, Démocrite avant Posidonius, Empédocle avant Démocrite, Carnéade avant Empédocle, Platon avant Carnéade, Phérécyde avant Platon, Pittacos avant Phérécyde, Thalès avant Pittacos, et avant Thalès Zoroastre, et avant Zoroastre Sanchoniathon, et avant Sanchoniathon Hermès, Hermès, qui signifie science, comme Orphée signifie art. Oh! l'admirable merveille que ce monceau fourmillant de rêves engendrant le réel! Ô erreurs sacrées, mères lentes, aveugles et saintes de la vérité!» (*ibid.*, p. 27-28).

C'est tout un cours d'épistémologie que l'on pourrait — que l'on devrait — bâtir sur ce texte de Hugo.

Dans un roman de Serge Bramly, *Le piège à lumière*, publié avec trop peu d'échos en 1979, on trouve une réflexion des plus subtiles sur cette idée, au fond fort étrange si l'on veut bien y penser, des "lois de la nature" — idée qui caractérise la science occidentale (à la différence, par exemple, de la tradition scientifique chinoise, comme Needham l'a bien montré). Dans le livre de Bramly, une sorte de vieil illuminé a trouvé un manuscrit du XVIIIe siècle, décrivant en détail un château. Il veut en réaliser une maquette et embauche le narrateur pour l'assister dans sa tâche. Un mystère plane sur cette reconstruction qui finit par converger vers le cabinet de curiosités situé dans une tour du château. La description du cabinet y met en évidence un appareillage optique perfectionné — lentilles, miroirs, etc. Et voici comment les protagonistes finissent par comprendre le but de leur prédécesseur, le constructeur du château :

> «[...] la lumière était pour lui un symbole d'évidence, de vérité, sans doute se passionnait-il pour ses jeux à la surface des bassins du parc, dans le feuillage des arbres, sur le brillant des armures, il considérait les reflets, s'attachait aux ombres, s'ingéniait à retrouver leurs sources, à force d'observations patientes, à prévoir leur emplacement, leur éclat, à prédire leur densité. Ainsi en arrivera-t-il sans doute, peu à peu, à s'interroger sur l'infaillibilité présumée de la nature. Elle était trop à son aise dans son élément, ses manifestations y étaient trop diffuses, trop complexes pour qu'il osât attaquer chez elle ; il se retira alors

> dans sa tour (*Natura rerum magis se prodit per vexationes artis quam in libertate propria*, cite-t-il), afin de la mieux cerner dans l'espace d'un laboratoire» (Bramly, 1979, p. 146).

C'est un *piège* qu'il s'agit de tendre à la lumière, pour la prendre en défaut. Car il n'est pas de lois sans exceptions ! Et la lumière, si elle est censée ne pas ignorer la loi, ne saurait y obéir toujours. Aussi les héros du livre reconstruisent-ils le «piège à la lumière» et se mettent à l'affût :

> «"La lumière se comporte avec une telle assurance. Pareille à ces géants immémoriaux qui se croyaient invincibles, elle s'avance à visage découvert. Elle est en fait l'esclave de ses habitudes." Alors il table sur l'effet de surprise, sur une possible distraction. "Exploitons sa suffisance, dit-il ; nous avons créé ce piège, l'avons créé de toutes pièces, l'avons pourvu de ramifications infinies et changeantes : les imprévisibles circuits où nous la forçons, la prendrons bien un jour au dépourvu — il suffit d'une faute ! —, ils la décontenanceront, elle trébuchera, une étourderie, nous lui ferons perdre pied une fois au moins. Commençons par endormir sa méfiance ; contentons-nous, pour le moment, de problèmes aisés, d'amicales promenades, elle faillira, m'assure-t-il, vous verrez, lorsque se mettront réellement en branle les impénétrables rouages de notre machine, lorsque nous l'entraînerons dans nos dédales les plus secrets"» (*ibid.*, p. 153).

Il y a dans cette trame romanesque une remarquable intuition de l'homologie entre recherche scientifique et enquête policière. Le chercheur, comme le détective, s'intéresse plus aux infractions qu'au respect des lois ! La routine, policière comme scientifique, est celle de la vérification : papiers en règle, formules satisfaites. Mais le grand jeu est celui de la poursuite des hors-la-loi. Contrairement à ce qu'une conception frileuse de la science laisse trop souvent croire aux profanes, il n'est pas de plus grande excitation pour le chercheur que de découvrir une exception aux lois admises, une limite de validité des théories acceptées. Le jour où la théorie de la relativité einsteinienne montrera une faille ne sera pas temps de deuil mais de gloire pour le scientiflic dont le piège à lumière se sera refermé sur un photon délinquant. La fiction de Bramly met admirablement *en lumière* cette traque de l'illégalité qui sous-tend la recherche scientifique. En soulignant la contingence des lois de la nature, comme celle des lois de la société, elle nous aide aussi à comprendre la violence que celles-là comme celles-ci exercent. Le mouvement de rébellion que peuvent inspirer les contraintes des lois naturelles mérite d'être mieux pris en compte par les producteurs et les médiateurs de la science dans leurs relations avec les profanes, et devrait les obliger à s'interroger sur la signification profonde de la forme juridique, normative et légiférante que revêt la connaissance scientifique.

Concluons cette brève introduction à un usage épistémologique de la littérature par une incursion chez Brecht. S'il est un écrivain qui en notre siècle a entretenu avec la science un rapport profond, constitutif de toute une partie de son œuvre et révélateur de ses contradictions (qu'en bon dialecticien, il assumait par avance), c'est bien lui. De très nombreuses références à la méthode, l'esprit ou la pratique scientifique, émaillent ses essais (par exemple *Le petit organon* ou *L'achat du cuivre*), ses poèmes, son *Journal de travail*, ses récits (*Histoires d'almanach*, *Dialogues d'exilés*) et son théâtre (*Turandot*, *Homme pour homme*, etc.), pour aboutir à fournir la matière essentielle de sa dernière œuvre majeure, *La vie de Galilée* — sur laquelle nous reviendrons plus bas. Nous nous contenterons ici de l'un des aphorismes de *Me-Ti ou le Livre des retournements*, où Brecht se montre un précurseur de la salubre épistémologie anarchiste, ou mieux : dadaïste, selon Feyerabend (*Contre la Méthode*) — avec peut-être même un degré de liberté supplémentaire dans l'ironie dialectique :

> « On n'aurait aucune peine et on aurait grand avantage à représenter la science comme un effort pour découvrir le caractère non scientifique des affirmations et des méthodes scientifiques » (Brecht, 1968, p. 79).

On se rappellera alors sans étonnement que Feyerabend a, de fait, été un temps, en sa prime jeunesse, féru de théâtre et a pu approcher Bertolt Brecht (Feyerabend, 1996). Voilà un cas au moins où l'influence de la littérature sur l'épistémologie est directe et avérée...

LA PIERRE DE TOUCHE

Nos conceptions de la science, il nous faut enfin les mettre en jeu dans les questionnements et les affrontements toujours plus aigus que son rôle croissant dans la cité exige. Ne devons-nous pas alors prêter la plus extrême attention à ces textes où romanciers ou dramaturges ont déjà mis en page ou en scène ces débats, ces conflits ? Ils nous offrent un terrain d'expérimentation, une épreuve de vérité ou de validité pour nos arguments — une pierre de touche avec laquelle tester la force et la pertinence de nos idées.

Ainsi du débat récurrent sur les relations entre science et religion et de ses modernes avatars. L'idée reçue déjà épinglée par Flaubert (« un peu de Science écarte [de la religion], beaucoup y ramène ») ne cesse de revenir à la mode — un livre à succès signé en 1991 par un académicien catholique et deux médiaticiens cathodiques l'a démontré. Il est évidemment plus intelligent pour les courants spiritualistes, plutôt que de s'opposer à la science et de la dénigrer, de s'essayer à la récupérer. L'inévitable confusion épistémologique qui entoure l'émergence de nouvelles conceptions scientifiques fournit un bouillon de culture assez trouble pour tenter d'en nourrir les visions du monde les plus diverses. Ainsi, dans les premières décennies de ce siècle, c'était sur le prétendu indéterminisme quantique que l'on tentait de fonder le libre arbitre humain — on allait le chercher jusqu'au cœur de l'électron. Aujourd'hui, c'est la cosmologie et l'ambigu “principe anthropique” (selon lequel l'Univers, la forme de ses lois, la valeur de ses constantes fondamentales, est très précisément ajusté pour permettre l'apparition d'une intelligence humaine capable de le comprendre), qui sont sollicités à des fins apologétiques religieuses — ou, parfois, les formulations les plus brutales d'un évolutionnisme biologique dont la téléologie rejoint la théologie (suivant une voie naguère illustrée par Teilhard de Chardin). Face à cette exploitation empressée, le rappel de la nécessaire prudence méthodologique, l'affirmation de l'indispensable séparation des genres entre science et religion, la référence à la laïcité de la recherche semblent bien peu efficaces. La critique rationaliste, acculée par définition à la défensive, a toutes les apparences d'une tâche à la Sisyphe. Une autre stratégie cependant est possible dans ce débat d'idées : plutôt que d'affronter de face la lourde alliance (pas si nouvelle) du spiritualisme et du scientisme, il s'agit de la prendre à revers. Cette voie, c'est un roman qui nous l'ouvre avec virtuosité et intelligence. Un roman trop peu remarqué de John Updike, *Ce que pensait Roger* (étrange et maladroit titre français ; le titre anglais original est *Roger's Version*), a pour narrateur un professeur de théologie d'une université américaine de Nouvelle-Angleterre. Âgé d'une cinquantaine d'années, il a quitté le sacerdoce pour l'enseignement et la recherche (sur les hérésies chrétiennes des premiers siècles — passionnantes au demeurant). Le voici confronté à un jeune informaticien, Dale Kohler, qui tente de convaincre le département de théologie de s'intéresser à la science contemporaine et souhaite y préparer une thèse :

> « [...] l'exposé de son projet : "Démontrer à partir des données physiques et biologiques existantes, au moyen de modèles et manipulations sur ordinateur digital électronique, l'existence de Dieu, c'est-à-dire d'une intelligence agissante et souveraine derrière tous phénomènes" » (Updike, 1988 a, p. 98),

en invoquant pêle-mêle toutes les avancées de la science contemporaine (remarquablement présentées, il faut le dire, par Updike). Je passe sur les dimensions affective et sexuelle des rapports entre Dale et Roger via la femme et la nièce du second, dont Updike tire une matière romanesque assez épicée. Le nœud du roman reste l'affrontement métaphysique et épistémologique des deux hommes dont voici le moment crucial :

«— Et où se placent les fossiles précambriens ? poursuivit Dale. Voilà que brusquement des animaux multicellulaires, il y en a partout, on dénombre sept souches, et environ cinq cents espèces — arthropodes, brachiopodes, éponges, vers. Presque tout, en fait, sauf ce que l'on aurait pu attendre — les protozoaires. Comment les cellules ont-elles appris à s'agglutiner ? Et puis, au fait, comment les cellules procaryotiques, ce qu'étaient précisément les algues bleu-vert, se sont-elles transformées pour devenir nos actuelles cellules eucaryotiques, non seulement pourvues d'un nucléus mais de mitochondries, de nucléoles, de l'appareil de Golgi, et d'autres trucs dont personne n'a encore découvert la fonction. Entre les deux espèces de cellules il y a autant de différences qu'entre une chaumière et une cathédrale. — Ma foi, dis-je, en tout cas il s'est passé quelque chose, mais, pour ma part, je ne jugerais pas que j'y vois le doigt de Dieu. Tous ces raisonnements à rebours, à partir des conditions actuelles, pour conclure qu'elles sont hautement improbables est-ce que vraiment ça nous donne une telle longueur d'avance sur l'homme des cavernes, qui ne comprenait pas pourquoi chaque mois la lune changeait de forme dans le ciel et en conséquence inventait un tas d'histoires sur les dieux, les blagues et les cabrioles auxquelles ils se livraient là-haut ? Vous vous imaginez, dirait-on, que par pure obligeance Dieu est disposé à se précipiter

> pour combler le vide, la moindre lacune de la science. Le savant moderne n'a pas la prétention de tout savoir, il prétend uniquement savoir plus de choses que ses prédécesseurs, et aussi que les explications naturalistes paraissent se vérifier. Impossible d'avoir tout le bénéfice de la science moderne et, en même temps, de s'accrocher à la cosmologie de l'homme des cavernes. Vous gardez Dieu prisonnier de l'ignorance humaine ; selon moi, Kohler, il y a trop longtemps qu'Il en est prisonnier (*ibid.*, p. 103). »

On voit la subtilité et l'efficacité de l'argumentation : il est beaucoup plus pertinent de réfuter la prise en otage de la science par la religion à partir de la seconde que de la première ! Et quand Roger ajoute :

> « Mais ma foi, dérisoire ou non, me pousse à m'insurger avec horreur contre votre tentative, votre grossière tentative, ai-je failli dire, pour réduire Dieu au statut de fait, un fait parmi tant d'autres, pour L'induire ! J'ai l'absolue conviction que mon Dieu à moi, que le vrai Dieu de n'importe qui, ne sera pas induit, ne sera jamais tributaire de statistiques, de fragments d'ossements desséchés et de vagues lueurs au bout d'un télescope ! » (*ibid.*, p. 113)

et cite enfin le théologien Karl Barth :

> « Quel genre de Dieu est-il, ce Dieu qu'il est besoin de démontrer ? » (*ibid.*, p. 267),

toute critique étroitement rationaliste devient caduque et dérisoire. Il est remarquable que ce soit une œuvre de fiction et non un essai qui intervienne ainsi avec tant de pertinence dans ce vieux débat. Rappelons au passage que l'intérêt de John Updike pour la science est loin d'être contingent, puisqu'on lui doit, dès le début de son œuvre, quelques nouvelles irrésistibles où la faune d'un étang, ou encore un groupe de dinosaures, lui servent à décrire les mœurs de la classe moyenne américaine (Updike, 1975) de très remarquables poèmes, assez lucréciens d'inspiration, et, là encore, d'une parfaite justesse scientifique, sur des thèmes physiques (« Sept odes à des phénomènes naturels », *in* Updike, 1988 b).

Si les rapports entre science et religion posent problème, que dire des rapports entre science et politique, aujourd'hui cruciaux pour l'évolution de nos sociétés — sinon qu'il est urgent d'en mettre à l'épreuve nos conceptions. C'est Brecht ici qui nous tend une précise pierre de touche avec *La vie de Galilée*. Cette pièce tient une place majeure dans son œuvre. Elle a connu pas moins de trois versions, la première dans les années trente, où le théoricien du « théâtre de l'ère scientifique » utilise clairement la référence à la science comme fondement méthodologique : la science lui offre un modèle à la fois de rationalité et d'efficacité ; le scientifique lui apparaît comme une figure idéale de l'intellectuel, à la fois produisant un discours vrai et menant une action juste. Au mépris de sa théorie de la distanciation, Brecht fera de Galilée dans cette première version un héros essentiellement positif, combattant pour la liberté du savoir et la libération des hommes. Pendant la Seconde Guerre mondiale, Brecht, exilé aux États-Unis, voulant remonter son *Galilée*, le modifiera profondément, sous l'influence d'abord d'une vision beaucoup plus sceptique du héros proposée par Charles Laughton qui reprenait le rôle, puis sous l'impact de la bombe atomique larguée sur Hiroshima le 5 août 1945, qui amènera Brecht à dialectiser ses conceptions quant aux rapports entre science et société, ou, plutôt, quant au rôle social du scientifique. La version finale est d'une impressionnante complexité, tout en étant — là est le génie de Brecht — d'une grande fidélité à la vérité historique de la vie et de l'œuvre de Galilée[1]. Je ne peux ici que renvoyer à une analyse plus détaillée (Lévy-Leblond, 1979), et me contenterai de citer la grande autocritique finale de Galilée — qui, elle, ne prétend guère, bien sûr, à la véracité historique, tant il est vrai que nous parle ici, non le savant du XVIIe siècle, mais un chercheur du XXe :

> « Le combat pour rendre le ciel mesurable est gagné à cause du doute ; à cause de la foi, le combat de la ménagère romaine pour son lait sera encore et toujours perdu. La science [...] a à voir avec ces deux combats. Une humanité trébuchante dans ce brouillard nacré de superstitions et de vieux dictons millénaires, trop ignorante pour déployer pleinement ses propres forces, ne sera pas capable de déployer les forces de la nature que vous dévoilez. Pourquoi travaillez-vous ? Moi je soutiens que le seul but de la science consiste à soulager les peines de l'existence humaine. Quand des hommes de science intimidés par des hommes de pouvoir égoïstes se contentent d'amasser le savoir pour le savoir, la science peut s'en trouver mutilée, et vos nouvelles machines pourraient ne signifier que des tourments nouveaux. Vous découvrirez peut-être

1. Seul Antoine Vitez, dans ce qui fut sa dernière mise en scène, a su en 1991 à la Comédie-Française, rendre pleinement la richesse et la puissance de la pièce de Brecht. Il en reste heureusement une version filmée par Hugo Santiago.

> avec le temps tout ce qu'on peut découvrir, et votre progrès cependant ne sera qu'une progression, qui vous éloignera de l'humanité. L'abîme entre elle et vous pourrait un jour devenir si grand qu'à votre cri de joie devant quelque nouvelle conquête pourrait répondre un cri d'horreur universel» (Brecht, 1990, p. 131).

Comment ne pas prendre au sérieux aujourd'hui cette adjuration de Brecht-Galilée ? À sa mort, en 1956, Brecht travaillait encore sur ce thème, puisqu'il envisageait une pièce qui aurait mis en scène un physicien contemporain, tenant à la fois d'Einstein et d'Oppenheimer, et où il aurait repris et renouvelé le mythe prométhéen : en un renversement fort brechtien, Prométhée y aurait été enchaîné par les hommes pour avoir livré aux dieux, aux puissants, le secret du feu — superbe métaphore de la découverte de l'énergie nucléaire ! Par-delà son contenu explicite, l'œuvre de Brecht, dans sa dynamique même, constitue une efficace pierre de touche pour éprouver nos conceptions quant au rôle social et à la responsabilité politique des chercheurs et témoigne de l'évolution de ces conceptions au fil du siècle ; le prouve l'évolution concomitante des critiques et commentaires dont elle a fait l'objet (Lévy-Leblond, 1979).

La vision de Brecht, dans sa *Vie de Galilée* en tout cas, a pourtant sa limite dans sa conception, tragique, mais encore optimiste, d'un savant qui *aurait pu*, s'il l'avait voulu, échapper au pouvoir et mettre sa science au service des opprimés :

> «Moi, en tant qu'homme de science, j'avais une possibilité unique. De mon temps l'astronomie atteignait les places publiques. Dans ces conditions tout à fait particulières, la fer-

> meté d'un homme aurait pu provoquer de grands ébranlements. Si j'avais résisté, les physiciens auraient pu développer quelque chose comme le serment d'Hippocrate des médecins, la promesse d'utiliser leur science uniquement pour le bien de l'humanité! Au point où en sont les choses, le mieux que l'on puisse espérer est une lignée de nains inventifs qui loueront leurs services à n'importe quelle cause. J'ai en outre acquis la conviction, Sarti, que je n'ai jamais été vraiment en danger. Quelques années durant, j'ai même été aussi fort que les autorités et j'ai livré mon savoir aux puissants pour qu'ils en usent, n'en usent pas ou en abusent tout comme cela servait leurs intérêts. J'ai trahi ma profession. Un homme qui a fait ce que j'ai fait ne peut être toléré dans les rangs de la science» (Brecht, 1990, p. 131-132).

Cette surévaluation du rôle individuel du chercheur et de son autonomie aurait peut-être été mise en cause dans ses œuvres restées inachevées. Mais il existe une suite, et une réplique, à *La Vie de Galilée*. C'est une tragi-comédie, *Les physiciens*, de Friedrich Dürrenmatt — qui a revendiqué explicitement la filiation de sa pièce avec celle de Brecht. La scène, contemporaine, est située au bord du lac Léman, dans une clinique psychiatrique de luxe dirigée par la doctoresse Mathilde von Zahn, disciple réputée de Jung. Dans la clinique, trois malades qui se croient physiciens: l'un se prend pour Einstein, le second pour Newton, et le troisième pour le plus grand physicien contemporain, Möbius, d'ailleurs étrangement disparu depuis des années. Le rideau se lève au moment où l'inspecteur Voss vient enquêter sur le meurtre de son infirmière par « Einstein » — ce qui est assez curieux, puisque « Newton » avait déjà étranglé la sienne quelques mois auparavant. La doctoresse trouve cela fort gênant pour le crédit de son établissement... Lorsque les trois malades se retrouvent seuls, la vérité (la *première* vérité) éclate. « Möbius » est le vrai Möbius, épouvanté par les conséquences possibles de ses découvertes, mais ne voulant, ne pouvant pas renoncer à la recherche ; alors il a « fait le fou », a prétendu avoir des apparitions — le roi Salomon lui dicterait ses travaux — et s'est fait enfermer dans cet asile de fous pour retrouver la liberté de faire de la science comme il l'entend... « Einstein » et « Newton » sont deux de ses collègues, l'un de l'Ouest, l'autre de l'Est, envoyés par leurs services secrets respectifs pour récupérer Möbius et le ramener au service qui de la Liberté, qui du Peuple ; démasqués par leurs infirmières, ils ont dû les assassiner. Mais Möbius refuse de quitter l'asile :

« MÖBIUS : C'est curieux. Vous me vantez chacun une théorie différente, mais la réalité que vous m'offrez est la même : une prison. Alors là, je préfère mon asile de fous ! Il m'assure au moins de ne pas être exploité par les hommes politiques.

EINSTEIN : Il faut tout de même prendre certains risques.

MÖBIUS : Il y a des risques qu'on ne doit jamais courir, par exemple la destruction de l'humanité. Nous savons ce que le monde fait des armes qu'il possède déjà ; ce qu'il ferait de celles que mes découvertes lui fourniraient, nous pouvons l'imaginer sans peine. J'ai réglé ma conduite en conséquence. J'étais pauvre. J'avais une femme et trois enfants. La carrière universitaire c'était la gloire, l'industrie c'était la fortune. Les deux voies étaient trop dangereuses. J'aurais été obligé de publier mes travaux, ce qui aurait entraîné le bouleversement de la physique et, par contrecoup, l'effondrement de l'économie. Ma conscience me forçait à choisir une autre issue. J'ai quitté l'université, j'ai lâché l'industrie et j'ai abandonné ma famille à son sort. J'ai choisi de me cacher sous la cape du bouffon. Il a suffi de prétendre que le roi Salomon m'apparaissait, pour être embarqué dare-dare dans un asile d'aliénés.

NEWTON : Mais ce n'était pas une solution !

MÖBIUS : C'était le seul comportement raisonnable. La physique s'est heurtée aux limites du connaissable. Nous possédons quelques lois compréhensibles et certaines relations fondamentales entre des phénomènes incompréhensibles, c'est tout. Tout le reste nous échappe et demeure un mystère inaccessible à la raison. Nous sommes au bout de notre chemin. Mais l'humanité n'en est pas encore là. Nous avons mené des combats d'avant-garde, mais personne n'a suivi et nous avons abouti dans le désert. La science est devenue terrible et la recherche dangereuse. Nos connaissances sont mortelles. Il nous faut capituler devant le monde tel qu'il est. Nous sommes trop forts pour lui. Nous causons sa perte. Il faut lui reprendre la science que nous lui avons donnée. Moi, j'ai repris la mienne. Il n'y a pas d'autre solution, pour vous non plus.

EINSTEIN : Ce qui signifie ?

MÖBIUS : Vous devez rester avec moi, parmi les fous.

NEWTON : Nous ?

MÖBIUS : Tous les deux.

Silence » (Dürrenmatt, 1988, p. 85-87).

De fait, « Einstein » et « Newton », convaincus, acceptent de rester enfermés avec Möbius pour préserver l'humanité des terrifiantes retombées de la science nouvelle. *Happy end* sur le thème de la conscience retrouvée et de la responsabilité assumée ? Ce serait mal connaître Dürrenmatt... La situation se retourne : au fil des années, la doctoresse von Zahn a mis la main sur les papiers du naïf Möbius et fondé sur ses découvertes un gigantesque trust militaro-industriel multinational qui est en train d'accaparer la planète. En croyant s'isoler du monde et se refuser à l'exploitation de leurs travaux, nos physiciens se sont d'eux-mêmes jetés dans la gueule du loup et se retrouvent au cœur du système en train de l'alimenter. Salubre et sarcastique mise en garde : Dürrenmatt nous fournit, avec *Les physiciens*, l'aune à quoi mesurer la portée et l'efficacité de nos réactions qui relèvent trop souvent d'un idéalisme naïf et individuel et ne sont guère à l'échelle des enjeux du développement technoscientifique[1].

Notons au passage que le thème du chercheur effrayé par ses propres découvertes et fuyant le monde pour le préserver — sans succès — a été traité par Sciascia, dans *La disparition de Majorana*, à partir d'un épisode réel : Ettore Majorana était un jeune et génial physicien italien qui disparut brusquement en 1936, s'étant probablement suicidé ou, peut-être, enfermé dans un couvent. Le roman-enquête de Sciascia, bien qu'assez problé-

1. Pour une étude générale sur les relations entre la science et le théâtre, voir les travaux de Daniel Raichvarg (Raichvarg, 1993).

matique du point de vue historique (il attribue à Majorana une prescience peu plausible des conséquences de ses recherches en physique nucléaire) est, comme d'habitude, d'une lucidité impitoyable.

On pourrait longuement poursuivre cette plongée littéraire au cœur de la science : développer de profondes et fraîches considérations épistémologiques à partir de l'œuvre poétique de Francis Ponge ou, de façon plus inattendue, de certaines bandes dessinées comme celles de Masse ; revoir d'un œil neuf les grandes figures de la science au travers des poèmes que leur a consacrés Hans Magnus Enzensberger ; relire, pour les perspectives qu'ils ouvrent sur la science, bien des romans ou des nouvelles (Elsa Triolet, René Daumal, Pierre Boulle, François Weyergans et tant d'autres). Mais il ne s'agit pas ici d'une anthologie[1].

QUELQUES LEÇONS

L'aide que la littérature peut apporter à la science, ce n'est pas par hasard que je l'ai placée sous la triple enseigne d'instruments — le miroir, la cornue, la pierre de touche — qui appartiennent plus au laboratoire de l'alchimiste qu'à celui du chercheur moderne. Car derrière la transmutation de la matière, inerte ou vivante — que réalisent si aisément aujourd'hui le physicien nucléaire ou le

1. Le lecteur s'étonnera peut-être de ne voir citer aucun auteur de science-fiction. C'est que la SF, littérature de genre, ne tient le plus souvent à la science que par de superficiels traits de pure forme. Mais c'est là une discussion à mener ailleurs de façon plus approfondie. Voir cependant « Hypotheses fingo », *infra* p. 219.

biologiste généticien —, c'était la transformation de l'esprit et de la conscience humaines que visaient les prédécesseurs de la science moderne, et dont on ne se risquerait pas à affirmer que leurs héritiers l'ont beaucoup fait progresser. C'est pourquoi, outre ses œuvres et ce qu'elles peuvent nous dire de la science, c'est à une pratique essentielle de la littérature que nous, scientifiques, serions bien inspirés de réfléchir plus avant : je veux parler de la *critique*. S'il va de soi qu'il existe en littérature, comme en musique ou en peinture, une activité critique explicite, spécifique et reconnue pour telle, il n'en est certes pas de même dans la science. La prétention des producteurs de science à être eux-mêmes, et seuls, maîtres de son évaluation et de ses orientations, n'est pas plus acceptable en droit que la position de juge et partie en quelque autre domaine. Au surplus, les processus d'arbitrage interne à la communauté scientifique connaissent aujourd'hui une crise évidente. C'est donc d'une véritable critique de science, comme il existe une critique d'art, une critique littéraire, que nous avons besoin dorénavant (voir Goldsmith, 1986, 1990 ; Lévy-Leblond, 1989 a).

Ce sont d'abord des leçons de savoir-vivre, de morale et de maintien, que la littérature peut offrir à la science. Mais on ne saurait refuser au passage quelques leçons d'imagination. Si éparses et en tout cas imprévisibles soient-elles, les occasions existent où telle œuvre littéraire pourrait à point nommé suggérer la solution d'un problème scientifique. On peut au moins repérer après coup certaines prémonitions géniales — telle la poétique résolution d'une énigme cosmologique majeure, le "paradoxe de la nuit noire" : si l'univers est infini et homogène, alors dans quelque direction que nous regardions, notre regard devrait buter sur une étoile (comme celui d'un promeneur sur un tronc d'arbre lorsqu'il regarde autour de lui en pleine forêt), et le ciel devrait nous apparaître uniformément aussi brillant que le Soleil. Ce paradoxe, la science cosmologique n'a trouvé sa solution que récemment, un siècle après qu'Edgar Poe, dans *Eurêka*, en eut l'intuition[1]. Sans vouloir absurdement trouver des réponses à tous les problèmes de la science entre les lignes des romans, il n'est pas interdit de penser qu'une meilleure fréquentation de la fiction littéraire pourrait assouplir et développer l'imagination scientifique[2].

Enfin, et plus sérieusement, ce sont tout simplement des leçons d'écriture que la littérature peut proposer à la science. Si les scientifiques doivent, je le crois, lire ces livres qui nous parlent de la science, et souvent avec plus de pertinence ou de vigueur que trop d'essais théoriques, ils doivent aussi lire, lire tous les livres — et d'abord pour apprendre à écrire! Ce serait encore une étude à entreprendre que d'analyser la pauvreté, le schématisme, la médiocrité de l'écriture scientifique actuelle. La rigide codification formelle qui est de règle aujourd'hui dans les publications professionnelles des chercheurs s'accompagne, on peut le montrer, d'un appauvrissement de la pensée et d'un affaiblissement de l'échange[3]. Cette banalisation de l'écriture a de sérieuses conséquences sur

1. Voir, pour l'histoire et la résolution de l'énigme, Harrison, 1990.

2. Et c'est peut-être ici que la science-fiction *stricto sensu* peut jouer un certain rôle (et le joue d'ailleurs déjà, sans nul doute).

3. On ne saurait trop recommander, à titre de comparaison et pour leur intérêt littéraire propre, la lecture des œuvres de Galilée (Galilei, 1992 a et b).

la qualité des communications entre les professionnels de la science et ses profanes. Aussi faut-il saluer comme une contribution notable au renouveau et à l'enrichissement des indispensables médiations entre le milieu scientifique et le corps social l'apparition d'un véritable souci de l'écriture, d'une exigence de la forme écrite, dans des livres que, du coup, on préférera appeler "de culture scientifique" plutôt que "de vulgarisation scientifique". Pour ne prendre que quelques exemples : c'est Stella Baruk montrant le poids de la langue dans la pratique et l'enseignement des mathématiques, et la faisant jouer à plein dans ses livres, jusque dans ce *Dictionnaire de mathématiques élémentaires*, qui est d'abord un dictionnaire de langue ; c'est le botaniste Francis Hallé qui, écrivant sur les Tropiques, nourrit son texte de citations littéraires, depuis Conrad jusqu'à Duras, et aurait voulu emprunter son titre à Serge Gainsbourg : *Sous le soleil, exactement...* ; c'est le mathématicien Ivar Ekeland construisant entièrement son livre *Au hasard* sur un profond enracinement dans le texte et l'esprit des sagas scandinaves ; c'est le biologiste Jacques Ninio, alternant dans *La biologie buissonnière*, développements sur les découvertes récentes de sa science et témoignages personnels en forme de petites nouvelles. Et l'on peut même trouver de véritables romans sur les recherches contemporaines, écrits par des écrivains, en collaboration avec des scientifiques — et illustrés (Pelot, Coppens et Liberatore, 1990). Il n'est pas jusqu'à l'histoire des sciences qui ne s'essaie à la fiction : dans *Les pensées nocturnes d'un physicien classique*, c'est sous forme romanesque que l'historien Russell Mac Cormmach, synthétisant ses recherches académiques, retrace les bouleversements de la physique au début de ce siècle. Ce recours (ce retour ?) à la littérature, on peut le voir à l'œuvre aussi dans le mouvement de rénovation des grands établissements de culture scientifique et technique. Coup sur coup, le Muséum d'histoire naturelle et le musée national des Techniques ont éprouvé le besoin d'enraciner leur image et de ressourcer leur esprit au travers de petites anthologies littéraires, recueil des visions et des émotions qu'ils ont pu inspirer (Taquet, 1991 ; Mercier, 1992).

Il faudra revenir sur *l'écrit de la science*...

*

Nous, scientifiques, sommes trop seuls. On nous invite parfois à sortir de nos laboratoires et à présenter au monde nos trouvailles. Mais nous sommes si mal élevés, si gauches que, souvent, notre maladresse ennuie et notre brutalité effraie la société. Aussi avons-nous besoin que l'on s'occupe de nous et de notre science, que l'on vienne vers nous, nous aider, nous policer. Dürrenmatt, justement, l'avait compris ; dans *Albert Einstein*, texte d'une ironique et salutaire méditation sur Einstein et Spinoza, conférence faite à l'invitation de l'École polytechnique de Zurich, il commence ainsi son adresse aux étudiants et chercheurs scientifiques réunis pour l'écouter :

> « Si j'ai accepté l'invitation de l'École polytechnique fédérale de donner une conférence sur Einstein, c'est pour la raison suivante : à l'heure actuelle, les mathématiques, les sciences physiques et naturelles et la philosophie sont à tel point interdépendantes que le profane doit, lui aussi, s'atteler à trancher ce nœud gordien. Car, abandonner physiciens,

mathématiciens et philosophes à eux-mêmes, c'est les refouler définitivement dans le ghetto de leur spécialité où, oubliés et déconcertés, ils sont à la merci des technocrates et des idéologues, comme ils l'ont toujours été et ne cesseront de l'être» (Dürrenmatt, 1982, p. 9).

Merci aux romanciers, aux dramaturges, aux poètes, de ne pas nous abandonner à nous-mêmes.

BIBLIOGRAPHIE

AUDIBERTI, Jacques
1983, *Le retour du divin*, Gallimard.
BARUK, Stella
1992 a, *L'âge du capitaine*, Le Seuil.
1992 b, *Dictionnaire de mathématiques élémentaires*, Le Seuil.
BOULLE, Pierre
1992, *E* = *Mc*², Julliard.
BOUVARD, C. et RATINET, A.
s.d., *Nouvelle table de logarithmes*, Hachette.
BRAFFORT, Paul
1995, «L'espace-temps des voyages littéraires», *Alliage*, nº 22, p. 63-70; et surtout, *Les noces de la science et de la littérature*, Diderot, 1996.
BRAMLY, Serge
1979, *Le piège à lumière*, Flammarion.
BRECHT, Bertolt
1968, *Me-Ti ou le Livre des retournements*, Paris, L'Arche.
1990, *La vie de Galilée*, L'Arche.
CHEVALIER, Haakon
1960, *L'homme qui voulut être Dieu*, Le Seuil.
DAGERMAN, Stig
1976, *Dieu rend visite à Newton*, Denoël.
DAUMAL, René
1981, *Le mont Analogue*, Gallimard.
DÜRRENMATT, Friedrich
1988, *Les physiciens*, L'Âge d'Homme.
1982, *Albert Einstein*, L'Aire.

DEL GIUDICE, Daniele
1987, *Atlas occidental*, Le Seuil.
EKELAND, Ivar
1991, *Au hasard*, Le Seuil.
ENZENSBERGER, Hans Magnus
1987, *Mausolée*, Alinéa.
FEYERABEND, Paul
1979, *Contre la Méthode*, Le Seuil.
1996, *Tuer le temps (une autobiographie)*, Le Seuil.
FLAUBERT, Gustave
1979, *Bouvard et Pécuchet* (suivi du *Dictionnaire des idées reçues*), Gallimard.
FRIEDMAN, Allan, et DONLEY, Carol
1985, *Einstein as Myth and Muse*, Cambridge University Press.
GALILEI, Galileo
1992 a, *Le messager des étoiles*, Le Seuil.
1992 b, *Dialogue sur les deux grands systèmes du monde*, Le Seuil.
Voir aussi *Alliage*, nº 13, automne 1992, « Dialogue avec Galilée ».
GOLDSMITH, Maurice
1986, *The Science Critic*, Londres, Routledge & Keagan Paul.
1990, « Critique de science, une nouvelle profession ? », *Alliage*, nº 3, p. 3-7.
HALLÉ, Francis
1993, *Un monde sans hiver*, Le Seuil.
HARRISON, Edward
1990, *Le noir de la nuit*, Le Seuil.
HUGO, Victor
1985, *L'Art et la Science*, Anais Actes-Sud.
LEVI, Primo
1990, « La chimie et l'écriture », *Alliage*, nº 5, p. 45-49.
LÉVY-LEBLOND, Jean-Marc
1979, « B.B. et G.G., la science en scène » *in* Lévy-Leblond, 1984, p. 103-119.
1980 a, « La science, ou la culture ? » in Lévy-Leblond, 1984, p. 87-101.
1980 b, « Éloge des théories fausses » in Lévy-Leblond, 1984, p. 76-84.
1984, *L'esprit de sel (Science, culture, politique)*, Paris, Le Seuil.
1986, *Mettre la science en culture*, Nice, Anais.
1989 a, « La science en mal de critique », *Verba Volant*, nº 1, p. 69-77 ; cf. *supra*, p. 149.

1989 b, « Les hémisphères de Magdebourg », *Alliage*, nº 1, p. 3-4.
MAC CORMMACH, Russel
1986, *Les pensées nocturnes d'un physicien classique*, Londreys.
MASSE, Francis
1985, *Les deux du balcon*, Castermann.
MERCIER, Alain
1992, *Les Arts et Métiers en toutes lettres*, CNAM.
NINIO, Jacques
1991, *La biologie buissonnière*, Le Seuil.
PELOT, Pierre, COPPENS, Yves, et LIBERATORE, Tanino
1990, *Le rêve de Lucy*, Le Seuil.
PONGE, Francis
1966, *Le parti pris des choses*, Gallimard.
1983, *Nioque de l'avant-printemps*, Gallimard.
PRASSINOS, Gisèlc
1975, *Brelin-le-Frou*, Belfond.
PYNCHON, Thomas
1988, *L'arc-en-ciel de la gravité*, Le Seuil.
1990, « Le retour du roi Ludd ? », *Alliage*, nº 4, p. 71-80.
QUENEAU, Raymond
1937, *Odile*, Gallimard.
1938, *Les enfants du limon*, Gallimard.
RAICHVARG, Daniel
1992, « La Fille de Galilée — Dramaturgie et scientisme », *Alliage*, nº 13, p. 49-60.
1993, *Science et spectacle, figures d'une rencontre*, Nice, Z'Éditions.
SARRAUTE, Nathalie
1987, *L'ère du soupçon*, Gallimard.
SARTRE, Jean-Paul
1971, *L'Idiot de la famille*, Gallimard.
SCIASCIA, Leonardo
1984, *La disparition de Majorana*, Flammarion.
SCHIFF, Daniel
1983, *La ligne de Sceaux*, éd. de Minuit.
TAQUET, Philippe
1991, *Les bonnes feuilles du Jardin des Plantes*, Muséum d'histoire naturelle.
TOULOTTE, Muriel
1996, « De Géo à Démos — Hugo et Arago », *Alliage*, nº 26, 27-34.
TRIOLET, Elsa
1959, *Luna Park*, Gallimard.

UPDIKE, John
1975, *Femmes et musées, et autres nouvelles,* Gallimard.
1988 a, *Ce que pensait Roger,* Gallimard.
1988 b, « Sept odes à des processus naturels » in *La condition naturelle,* Gallimard.
WEYERGANS, François
1986, *La vie d'un bébé,* Gallimard.

HYPOTHESES FINGO

SCIENCE ET FICTION

J'ai été, jadis, un grand lecteur de science-fiction — de toute espèce, lisant Wells et Van Vogt, Bradbury et Jimmy Guieu. Ma fréquentation du domaine est devenue beaucoup plus épisodique, et mon expertise en la matière assez limitée. Aussi me serait-il difficile de proposer une analyse théorique des rapports entre science et science fiction, d'autant qu'à la réflexion, je ne sais guère ce qui définit la science-fiction comme genre littéraire. Certes, je pourrais en dire ce que disait à propos de l'idéologie un théoricien (marxiste pourtant): « Après tout, c'est comme les éléphants: je ne sais pas les définir — mais je sais les reconnaître. » Mais cet empirisme ne suffit pas à soutenir un discours pertinent. Aussi vais-je plutôt, par-delà la science-fiction proprement dite, m'interroger sur la relation entre science et fiction.

De fait, le trait le plus étrange de ce vocable, "science-fiction", est peut-être le trait justement, ce tiret qui sert de copule entre les deux termes. C'est lui que je voudrais *traiter* ici. Peut-on, en dépassant le seul cadre du genre littéraire SF, donner à ce signe imprécis une interprétation plus claire, ou lui trouver un substitut plus explicite?

Opérons alors un enrichissement typographique minimal, et explorons les signes, symboles d'autres relations possibles, qui pourraient se substituer à ce tiret.

La première idée, et la plus naturelle, consisterait à considérer l'énigmatique copule comme un "+", conduisant à voir derrière la science-fiction l'*addition* de la science et de la fiction. Mais le physicien, dont l'une des règles d'or est de n'ajouter que des quantités de même nature, se rebelle aussitôt devant une opération aussi impossible que l'addition de longueurs et de poids, de mètres et de kilogrammes. Non, la liaison entre science et fiction ne peut être additive — pas plus que celle des soviets et de l'électricité, dont la somme, selon Lénine, devait donner le socialisme.

Une simple rotation de 45° nous conduit alors à un "×", signe de la *multiplication*. La piste semble meilleure puisque rien n'interdit de multiplier des grandeurs différentes pour en obtenir d'un genre nouveau : longueurs et poids par exemple dont le produit, en l'occurrence, donne du travail. D'ailleurs, ce signe "×" indique, outre la multiplication, le croisement. Qu'on le prenne comme métaphore routière — la brève rencontre de deux voies distinctes —, ou agronomique — l'hybridation de deux espèces différentes —, on peut envisager, certes, qu'il y ait des *produits* de la science et de la fiction. Nombre d'œuvres sont là pour en témoigner. Je ne citerai ici que quelques romans récents, tels *La ligne de Sceaux* de Daniel Schiff, *Le piège à lumière* de Serge Bramly, *Ce que pensait Roger* de John Updike, *Atlas occidental* de Daniele Del Giudice, qui ont en commun d'éclairer très vivement à la fois les démarches intellectuelles et le contexte social de la science moderne, avec une acuité et une originalité auxquelles n'atteignent que rarement les exégèses épistémologiques et sociologiques conventionnelles[1]. Il faut bien reconnaître pourtant que ces produits sont exceptionnels dans la littérature contemporaine, et ne définissent en rien un genre — et qu'ils n'appartiennent en tout cas pas à la science-fiction reconnue. C'est pourquoi, tout en insistant sur l'importance de telles œuvres pour la réflexion sur la technoscience contemporaine, je voudrais explorer une autre piste.

Reste en effet une hypothèse : et si ce trait équivoque, "–", nous le dédoublions pour en faire un "=", signe de l'égalité ? Mais identifier science et fiction, alors que la première est réputée découverte du réel et la seconde création de l'imaginaire, comment le pourrait-on ? Revenons, solution de facilité et de désespoir commune devant un énoncé paradoxal, à l'étymologie. Dans le *Dictionnaire étymologique de la langue latine*[2], mirifique voyage aux sources de la langue, nous apprenons que "fiction" vient du latin *fingere*. Le sens usuel de ce verbe est "feindre, faire semblant, inventer". C'est bien en ce sens que l'emploie Newton, déclarant «*Hypotheses non fingo*» quand il se refuse à proposer pour sa loi de la chute des corps une explication par un mécanisme sous-jacent hypothétique ; autrement dit, et ce serait sans doute la meilleure traduction libre : «Je m'en tiens à ce que je sais.»

1. Voir, sur les rapports de la science et de la littérature, «Le miroir, la cornue et la pierre de touche», *supra* p. 183, où l'on trouvera les références des ouvrages cités — et bien d'autres. Paul Braffort a consacré un ouvrage à cette question, *Les noces de la science et de la littérature*, Diderot, 1996.

2. Alfred Ernout et Antoine Meillet, *Dictionnaire étymologique de la langue latine*, Klinksieck, 1959.

Le refus de la fiction s'identifie ici à la positivité du savoir, récusant tout imaginaire incontrôlé. Ainsi la science serait-elle, par construction, hors fiction. Pourtant, d'hypothèses, la science en fourmille (*fictio* en latin, justement). Comment distinguer alors entre celles que Newton nous enjoint de refuser car relevant de la fantaisie et de l'irrationnel, et celles que nous sommes bien obligés de poser au fondement même de nos investigations pour permettre le travail de la raison ? Peut-il y avoir une dichotomie tranchée *a priori* entre l'hypothèse raisonnable, permise, et la fiction fantaisiste, interdite[1] ? Ou bien, et n'en déplaise à Newton, la science ne serait-elle pas au contraire le lieu même où la fiction — appelons-la hypothèse si vous préférez — ferait la preuve de son efficacité à nous donner prise sur le réel ?

De fait, nous avons trop tôt interrompu notre enquête étymologique. Car nous pouvons lire dans notre *Dictionnaire étymologique de la langue latine* que le sens initial de *fingere* est « modeler dans l'argile, d'où sculpter, façonner, représenter, faire des figures ». Des *figures* en effet, des *effigies* aussi, doublets concrets des *fictions*. Ainsi donc, la langue n'oppose-t-elle en rien la fiction comme invention, création, à la figure comme représentation, modèle : l'une est à l'autre comme l'imaginaire à l'image — son prolongement sans rupture. Il devient clair alors que science et fiction n'ont rien d'incompatible. On peut même défendre l'idée que ce parangon des sciences strictes qu'est la physique théorique, *c'est*, d'abord, de la fiction. Le physicien raconte des histoires, invente des mondes. Tout épi-

1. Voir Jean-Marc Lévy-Leblond, « Éloge des théories fausses » in *L'esprit de sel (Science, culture, politique)*, Le Seuil, p. 76-84.

sode historique de quelque importance vient illustrer cette thèse :

— La géométrie euclidienne d'abord, qui est une physique théorique de l'espace avant que d'être une mathématique, repose sur ces "figures géométriques" que sont le point, la droite, le plan. Figures en effet, et donc fictions : points sans étendue, droites sans fin, plans sans épaisseur, etc., autant de suppositions — parfaitement étrangères à la réalité des choses ! Plus de deux millénaires de familiarité avec ces idéalités nous font trop aisément perdre de vue leur caractère imaginaire. Il n'est pourtant ni plus ni moins profond que celui de ces nouvelles figures géométriques, les fractals, qui s'imposent aujourd'hui dans le paradoxe à nos représentations.

— La physique galiléenne a remporté l'un de ses triomphes en nous donnant la loi de la chute des corps. Mais cette loi n'est valable que dans le vide : elle nous dit comment tomberait la pierre du haut de la tour de Pise si la résistance de l'air était magiquement supprimée. L'un des énoncés fondateurs de la science physique débute donc comme ces jeux d'enfants : « On dirait qu'il n'y a pas d'air... », à quoi il faut d'ailleurs ajouter « ... et que la terre est plate et immobile, etc. ». C'est à ces conditions (sans fin), que la loi de Galilée serait valable[1]. Fiction donc, et que nous devrons, tant bien que mal, accommoder à la réalité.

— La physique moderne ne travaille pas autrement. Le chercheur qui étudie les forces de cohésion nucléaire fait *comme si* les forces de

1. Sur le rôle du conditionnel dans la connaissance scientifique, voir Jean-Marc Lévy-Leblond, « Vrai/Faux » in *Aux contraires. L'exercice de la pensée et la pratique de la science*. Gallimard, « NRF-Essais », 1996.

gravitation n'existaient pas. La théorie de la relativité einsteinienne (dite restreinte) nous présente la structure de l'espace-temps *comme si* l'univers était vide de tout objet. Et l'un des procédés heuristiques les plus féconds de la pensée physique de ce siècle (chez Einstein en particulier) est le recours aux *Gedankenexperimenten*, expériences de pensée ou, tout simplement, expériences fictives, par quoi le théoricien imagine le déroulement des phénomènes dans un contexte expérimental en général irréalisable (cas d'une grandeur hors d'échelle, ou d'une précision hors d'atteinte, etc.), à seule fin de tester la cohérence et l'intérêt de ses concepts.

Nous avons là un premier type de fiction opérant au cœur même de la science, par *restriction* pourrait-on dire : il s'agit de figures simplifiées du monde, de modèles réduits, de cas limites. Mais la fiction peut investir la science sur un autre mode, plus imaginatif peut-être — par *extension*. Il s'agit alors d'inventer des mondes totalement autres, d'aller au-delà de nos conceptions, de dessiner des figures inédites. Ainsi, pour m'en tenir à la physique théorique, bien que notre espace-temps ait évidemment 3 + 1 = 4 dimensions, le chercheur n'hésitera pas à explorer des univers fictifs de dimensionnalité plus élevée (10 et 26 sont des nombres à la mode...), au cas où notre monde ressemblerait à un détail de ces supermondes ; bien qu'une théorie puissamment étayée et rigoureusement cohérente fixe une limite finie à la vitesse de tout objet (la vitesse de la lumière), le chercheur étudiera quand même les propriétés d'imaginaires particules supralumineuses — et d'abord les baptisera (les "tachyons") ; bien que rien ne nous permette de mettre en doute la continuité du tissu spatio-temporel, y compris à l'échelle microcosmique, le chercheur tentera de se représenter un espace granulaire et quantifié. C'est ici d'ailleurs que l'interaction (réciproque) avec la science-fiction usuelle est sans doute plus fréquente. Le chercheur est un incorrigible rêveur ; loin de s'en tenir à la réalité immédiate, il lui faut imaginer des mondes autres. La science, dans son activité de recherche, est bien plus imaginative que déductive, et la fiction y joue un rôle majeur.

Cette thèse, une fois énoncée, sera peut-être acceptée sans trop de mal pour une discipline théorique qui, de fait, repose sur la production d'un texte, donc d'une figure écrite du monde, à l'instar de la fiction littéraire. Mais n'est-ce pas là oublier l'autre face de la science, son activité expérimentale, qui la met à l'épreuve du réel, rudement — et serait de l'ordre de la friction, plus que de la fiction... ? Loin de moi l'idée de nier cette confrontation qui, seule, donne à la science sa spécificité comme mode de connaissance. Mais, justement, qu'il n'y ait pas opposition entre la fiction et la réalité, que la première soit un moyen d'accès à la seconde, c'est ce que j'ai affirmé du point de vue de la théorie. Cela reste vrai du côté de l'expérience. Car, enfin, que sont les dispositifs expérimentaux des chercheurs, sinon des machines fictionnelles ? Pourquoi serait-il besoin de faire des expériences, c'est-à-dire d'imaginer et de produire des phénomènes artificiels, si la seule observation des phénomènes naturels suffisait ? C'est donc bien qu'une expérience est, elle aussi, une fiction, créée certes à partir du monde réel, mais qui s'en distingue — avant de s'y ajouter. Faire tomber les corps selon des plans inclinés au lieu de leur verticale naturelle (Galilée), imposer aux électrons de circuler dans des fils métalliques (Faraday, Ampère), créer des éléments dotés de "radioactivité artificielle" (Irène et Frédéric Joliot-Curie), c'est bien obliger la nature à nous raconter des histoires neuves.

D'ailleurs, toute tentative pour opposer théorie et expérience quant à leur signification est désormais vouée à l'échec. C'est que cette traditionnelle dichotomie est maintenant brouillée par le surgissement d'un troisième type d'activité scientifique — la *simulation*. L'avènement d'ordinateurs puissants et rapides a en effet accru les moyens de traitement de l'information au point que le calcul numérique cesse d'être le simple auxiliaire des théories formelles et s'émancipe. Au-delà des "applications numériques" comme on disait traditionnellement, dont le seul objectif était de transcrire en chiffres un résultat abstraitement formulé, la simulation est une véritable exploration, empirique et aventureuse, d'un univers théorique trop élaboré pour être appréhendé au niveau purement conceptuel, aussi bien que d'un monde matériel trop complexe pour être modélisé par des dispositifs expérimentaux effectifs. Ainsi, la simulation bouleverse la structure même de la pratique scientifique. Ce n'est point ici le lieu de s'attarder sur la profonde mutation épistémologique qui en résulte. Il suffira, comme sa dénomination même nous y invite, d'attirer l'attention sur le nouvel espace fictionnel que la simulation ouvre au cœur de la science. Que les tourbillons au sein d'un écoulement liquide ou les collisions des myriades de molécules d'un gaz soient désormais étudiés en les *figurant* par de sophistiqués programmes informatiques qui régissent non pas le déplacement des fluides soumis à l'investigation, mais celui d'électrons dans des circuits totalement étrangers à la nature de ce qu'ils permettent de représenter, n'est-ce pas là un bel exemple de *fictionnalisation* ?

Au fond, si mon intérêt pour la science-fiction a diminué, ne serait-ce pas que la science elle-même nourrit déjà largement mon désir de fiction ?

LA LANGUE TIRE LA SCIENCE

Un compte rendu d'expérience, pour commencer... Enseignant en licence de physique, voici de nombreuses années que je me désole de la médiocrité du français utilisé par les étudiants dans leurs copies : orthographe déficiente, vocabulaire stéréotypé, syntaxe boiteuse. J'ai, un jour, décidé de proposer, outre les problèmes de physique, quelques travaux plus culturels, d'ordre historique ou épistémologique, et même linguistique. Surprise : les copies étaient rédigées dans une langue correcte et parfois inventive ; ainsi, la question : « Comment pourrait-on traduire l'anglais *spin* ? », terme admis en physique pour décrire une rotation intrinsèque, a suscité plusieurs suggestions intéressantes : *tournis, girelle, roulet, vire*, etc. — “le tournis de l'électron”, pas mal, non ? C'est la preuve, d'une part, que le rapport à la langue, chez ces jeunes scientifiques, n'est pas rompu et que leur compétence reste entière, et, d'autre part, que nous, enseignants, n'avons pas su les persuader, depuis le collège, que la science aussi passe par la langue. À qui la faute en effet si les étudiants semblent croire qu'un texte de physique, ce sont surtout des équations mathématiques, dont il suffit de bourrer les intervalles d'expressions toutes faites (« on voit facilement que... »)? Pourtant, une analyse un peu sérieuse des difficultés de l'enseignement des sciences, comme de leur diffusion médiatique, montre qu'elles découlent d'abord d'une méconnaissance des problèmes que pose l'énonciation dans la langue commune de connaissances formelles. S'il n'est pas toujours facile de calculer une intégrale ou de faire un dosage, c'est qu'il est toujours difficile de parler et d'écrire ces pratiques, c'est-à-dire de les penser. Savoir faire et savoir dire vont de pair. Aussi le rôle de la langue dans la science ne peut aucunement se limiter à la "communication" de "résultats". C'est pourquoi le débat sur la langue à utiliser dans la publication des articles scientifiques ou la tenue des colloques académiques ne concerne qu'un aspect mineur de la question. Il n'en est que plus surprenant de voir la frilosité extrême avec laquelle le milieu scientifique a accueilli en 1994 la pourtant fort modeste "loi Toubon", qui, concernant la communication scientifique, se bornait à interdire d'interdire, en France, l'usage du français. Nombreux sont les scientifiques qui semblent préférer à une loi du Parlement celle du marché, et entendent le fameux *publish or perish* comme *publish in English or perish in French*.

Mais sans doute le rapport entre science*s* et langue*s* ne peut-il être compris qu'à partir d'une analyse du rapport entre science et langue, ou, plus précisément encore, entre pratiques scientifiques et pratiques langagières.

LANGAGE ET FORMALISME

Partons d'un texte bien connu de Roland Barthes, « De la science à la littérature [1] ». Barthes y indique, très justement, que :

> « [...] le langage qui les constitue l'une et l'autre, la science et la littérature ne l'assument pas, ou, si l'on préfère, ne le professent pas de la même façon. Pour la science, le langage n'est qu'un instrument, que l'on a intérêt à rendre aussi transparent, aussi neutre que possible, assujetti à la matière scientifique (opérations, hypothèses, résultats) qui, dit-on, existe en dehors de lui et le précède : il y a d'un côté et *d'abord* les contenus du message scientifique, qui sont tout, d'un autre côté et *ensuite* la forme verbale chargée d'exprimer ces contenus, qui n'est rien. »

Puis il montre que cette forme vide, cet usage objectif du langage, est en fait illusoire (il parle de « leurres purement grammaticaux »), et que la science reste toujours sous la dépendance du sujet et donc sous la coupe de l'imaginaire. Il conclut que « seule une formalisation intégrale du discours scientifique [...] pourrait éviter à la science les risques de l'imaginaire ». Ainsi, la science, tout simplement, devrait se débarrasser du langage, et le pourrait ! Encore faut-il rappeler que Barthes, dans tout ce texte, précise d'entrée que, quand il parle de science, « on entendra désormais par ce mot, ici, l'ensemble des sciences sociales et humaines ». Il faut alors rétablir dans son intégralité la citation

1. Roland Barthes, in *Le bruissement de la langue*, Le Seuil, 1993.

précédente, où j'ai délibérément omis un passage essentiel que je souligne maintenant :

> «[...] seule une formalisation intégrale du discours scientifique (celui des sciences humaines, s'entend, *car pour les autres sciences cela est déjà largement acquis*) pourrait éviter à la science les risques de l'imaginaire».

Bien entendu, Barthes ne croit pas à cette branche de l'alternative, et propose plutôt aux sciences humaines «de pratiquer l'imaginaire en toute connaissance de cause, connaissance qui ne peut être atteinte que dans l'écriture», et de prophétiser qu'ainsi «la science deviendra littérature». Mais le point capital pour mon propos est cet argument par lequel Barthes, pour sauver "ses" sciences du risque de la «formalisation intégrale», érige les «autres» en repoussoir, en concédant que, pour elles, le langage n'est bien qu'un «instrument», «transparent» et «neutre». Cette concession est erronée et dangereuse, du point de vue même qui est celui de Barthes : car, s'il existe des domaines du savoir où la formalisation intégrale et l'élimination, ou en tout cas, la déqualification du langage, sont possibles et déjà accomplies, quel serait le privilège ou la singularité épistémologique qui en préserverait les autres ? Comment justifier le recours à ce seul mot, "science", et expliquer ensuite qu'il recouvre des modes de production et d'appréhension des connaissances absolument hétérogènes dans leurs rapports au langage ? Autrement forte me semble être une argumentation qui s'efforcerait de montrer que, même dans les "autres" sciences, mathématiques, physiques, etc., la formalisation intégrale n'est *pas* «largement acquise», et que la question de la langue y reste posée en permanence.

L'idée que la science devrait parler une langue

“bien faite”, donc parfaitement logique et univoque, remonte évidemment à la conception, que nous ont léguée les Lumières, d'une Raison transparente et cohérente. C'est tout naturellement qu'elle aboutit, au début de ce siècle, au programme formaliste : une langue “pure”, débarrassée de toute ambiguïté sémantique, de toute adhérence culturelle, ne peut qu'être un jeu de signes, une idéographie abstraite. Elle ne peut évidemment pas se parler, mais seulement s'écrire. Tel va être pendant quelques années le dessein des mathématiques et de la logique modernes (Hilbert, Russell, etc.), justifié par la “crise des fondements” et les difficultés conceptuelles sur lesquelles avaient buté les mathématiciens vers la fin du XIXe siècle. Il s'agissait de rien moins que de constituer les mathématiques en une discipline close, assurée de ses fondements et de ses méthodes, immunisée contre les incertitudes et les confusions de la langue et de la pensée communes. Tout en permettant des progrès considérables dans la compréhension des difficultés rencontrées, et le dépassement de certaines d'entre elles, cette tentative va échouer quand les techniques formelles mêmes qu'elle tenait pour toutes-puissantes vont permettre à Gödel de démontrer l'incomplétude inéluctable de tout système axiomatisé et formalisé… Dès lors, le compromis ne pouvait plus être refusé, et le projet de pouvoir se passer de la langue commune apparaissait comme le fantasme qu'il est. Un peu plus tard, on verra ainsi un groupe de mathématiciens parmi les plus modernistes, je veux parler bien sûr de Bourbaki, réaffirmer sans trêve la nécessité principielle d'une axiomatisation et d'une formalisation complètes, tout en énonçant ces idées dans une langue académique d'un parfait classicisme, et en rénovant avec volontarisme la terminologie mathématique, en utilisant toutes les ressources de la métaphore et de la métonymie (voir les "faisceaux", "fibrés", "adhérences", etc.).

Si la « formalisation intégrale » n'a pu être menée à son terme par les mathématiques elles-mêmes, pourtant sciences du concept et du signe, on ne s'étonnera pas que les sciences de la matière soient loin de compte. La physique certes dispose d'une formalisation intensive, ses théories étant systématiquement mathématisées, et désormais à un niveau fort élaboré. Mais en aucun cas il ne s'agit là d'un « langage », et cette spécificité ne saurait être interprétée comme une précédence historique ou un privilège épistémologique[1]. Non seulement on ne peut se dispenser du recours à la langue, mais la tentation d'en faire l'économie se solde souvent par l'apparition et la persistance de redoutables obstacles épistémologiques. Nombre des problèmes conceptuels qui continuent à hanter la physique contemporaine (la question du déterminisme, ou celle de l'origine de l'univers) trouvent leur source dans la négligence des puissances de la langue et dans la désinvolture de son usage ; le montrent le consensus assez général sur les formalismes mathématiques, justement, et le désaccord sur leur interprétation : c'est bien que la formalisation ne suffit en rien à énoncer et maîtriser le savoir qu'elle propose. Une attitude à la fois plus respectueuse et plus critique à l'égard des mots utilisés pour rendre compte des signes et des formules est en mesure souvent d'éclairer, sinon de régler, ces problèmes épistémologiques, comme on en verra plus loin quelques exemples.

1. Jean-Marc Lévy-Leblond, « Physique et mathématique », in *Encyclopaedia universalis*.

Quant à la chimie et à la biologie, leur formalisation très limitée ne les empêche en rien d'être de "vraies" sciences. Le niveau de formalisation d'un discours, quel qu'il soit, ne saurait être considéré comme un critère de scientificité — il faudrait, sinon, tenir les partitions musicales pour les plus anciens des textes scientifiques. Sans doute n'est-il pas inutile de mettre en garde contre un autre aspect de la tendance à surévaluer le rôle de la formalisation, plus proche de ses sources historiques et du rêve surrationaliste d'une langue scientifique. La question du langage ne doit en aucun cas être confondue avec celle des écritures symboliques ou des terminologies systématiques. Pour s'en tenir au cas de la chimie et à un exemple classique, la création par Lavoisier et ses collaborateurs de la nomenclature moderne, pour féconde et révolutionnaire qu'elle ait été, ne constitue en rien l'invention d'une nouvelle langue[1] ! Mais est-ce vraiment au physicien de rappeler qu'une langue ne se limite pas à son lexique, et qu'au surplus la nomenclature spécialisée de la chimie, comme de toute autre discipline, ne constitue qu'une fraction fort limitée du discours, qui, pour l'essentiel, se fait tout simplement dans la langue commune ?

SCIENCE ET COMMUNICATION

Avant d'aller plus loin, et de poser la question de savoir, justement, dans laquelle des langues se fait ou devrait se faire la science — et la question ici bien sûr est celle de la domination, réelle ou pré-

1. Lavoisier et *al.*, *Méthode de nomenclature chimique*, Le Seuil, 1994. Voir l'introduction de Bernadette Bensaude-Vincent.

tendue — de l'anglais, il est nécessaire de se demander ce que la science fait vraiment de la langue. "Communiquer", certes, comme on dit aujourd'hui, mais comment, quoi et à qui ? C'est que les modes de la communication scientifique sont au moins deux : l'écrit et l'oral ; cette banalité : « les scientifiques (se) parlent », mérite d'être rappelée quand on voit le débat se focaliser sur la seule question de la publication[1]. Et les registres de la communication sont divers, en s'en tenant toujours à l'activité scientifique professionnelle. On peut en distinguer trois : la communication informelle, pendant le travail d'élaboration du savoir (l'activité de recherche proprement dite), qui prend place à l'intérieur du laboratoire ; la communication institutionnelle, dès lors qu'il s'agit, au sein de la collectivité scientifique, de faire connaître, discuter et valider les résultats obtenus ; la communication publique, qui vise la diffusion et la reconnaissance sociale du savoir. Le tableau suivant résume et concrétise ces formes multiples :

	Communication *informelle*	Communication *institutionnelle*	Communication *publique*
Communication *écrite*	Cahiers de laboratoire, courrier (et Internet), etc.	Articles spécialisés (publications primaires)	Vulgarisation (livres, presse)
Communication *orale*	Discussions de travail, échanges (téléphone)	Colloques, séminaires, conférences de presse	Enseignement, médias (radio, télé)

1. Voir « Parler science », *infra* p. 252.

L'intérêt majeur de cette typologie est de nous faire prendre conscience qu'une part essentielle de la communication scientifique se déroule en fait dans la langue propre des chercheurs. C'est le cas pour l'essentiel de la communication informelle, où la langue véhiculaire domine évidemment ; même dans le cas des équipes de recherche internationales de plus en plus fréquentes, on constate souvent une grande souplesse linguistique où le recours à une langue d'échange unique (l'anglais, pour ne pas le nommer) est loin de s'imposer et constitue plutôt un recours temporaire, n'occultant pas la domination de la langue locale ou des langues personnelles. C'est évidemment et heureusement le cas de la communication publique, où, faut-il vraiment rappeler cette évidence, les émissions de radio et de télévision, comme les articles de la grande presse et les livres de vulgarisation, se font nécessairement dans la langue véhiculaire nationale. La question d'une langue auxiliaire internationale ne se pose donc sérieusement que pour la communication institutionnelle, et encore pas dans tous les secteurs : les sciences sociales et humaines semblent garder une possibilité de publication plurilingue que n'ont plus vraiment les sciences de la nature, dominées économiquement et techniquement par un modèle unique.

Mais notre tableau nous montre aussi pourquoi cette question de la langue auxiliaire ne peut être traitée à la légère, et pourquoi on ne peut s'accommoder, pour la publication scientifique, de l'acceptation, qu'elle soit résignée ou glorifiée, du passage obligé par l'anglais — ou, d'ailleurs, par toute autre langue : l'analyse critique ici développée s'appliquerait rétroactivement au latin, et explique sans doute assez largement sa décadence comme langue de communication scientifique à partir du XVIIe siècle. C'est que les trois registres de la communication ne sont évidemment pas indépendants et ne constituent à la vérité que des moments d'un processus social complexe. De fait, la communication informelle donne naissance à la communication institutionnelle, à partir de laquelle se développe à son tour la communication publique ; il est capital enfin d'ajouter à ce mouvement le bouclage en retour qui enracine la communication informelle dans la communication publique : c'est bien hors du laboratoire, dans l'enseignement et la vulgarisation, que se forment d'abord les connaissances et les compétences des chercheurs, et donc leurs modes de discours et d'échange. On voit alors les menaces sérieuses que fait peser sur la continuité et la solidité de la chaîne communicationnelle la présence d'un maillon étranger. Il est déjà bien difficile, à cause de la segmentation sociale et de la technicité professionnelle (celle des médiateurs autant que celle des chercheurs), de faire en sorte que la vulgarisation des disciplines modernes rende compte des pratiques réelles de la science. L'écran linguistique ne peut que sérieusement aggraver ces difficultés : il n'est pas rare de trouver des exemples de passages entiers d'articles de vulgarisation, ou de livres d'enseignement rendus incompréhensibles ou contestables par suite d'une mauvaise traduction à partir d'un texte étranger inutilement interposé entre une pratique scientifique et son énoncé public. J'ai ainsi pu lire un jour dans un ouvrage de vulgarisation mathématique un chapitre qui s'ouvrait par l'énigmatique incipit : « Considérons deux points dans un avion » ; il m'a fallu un petit moment pour comprendre qu'il s'agissait d'une "traduction" de l'anglais : «*Consider two points in a plane*».

MOTS ET MAUX DE LA PHYSIQUE

Je voudrais maintenant concrétiser ces remarques et mettre en évidence certains problèmes que pose la domination trop peu contestée de l'anglais sur la physique contemporaine — tout au moins pour qui ne se contente pas de la technicité opératoire, si impressionnante soit-elle, mais demande à la science qu'elle nous aide, non seulement à transformer le monde, mais aussi à l'interpréter.

Commençons par deux exemples de vocables emblématiques des fascinations comme des malentendus que suscitent les théories physiques modernes et leur apparent ésotérisme. Chacun a pu lire de nombreuses exégèses sur le "Principe d'incertitude de Heisenberg", devenu l'un des poncifs de la vulgate quantique. Selon les formulations les plus courantes, la théorie quantique aurait "démontré" que l'observation d'un système quelconque le perturbait inéluctablement et introduisait des "incertitudes" incontrôlables dans les résultats des mesures effectuées sur ce système. On sait à quelles fins apologétiques cette idée a été utilisée tant dans le domaine des sciences sociales où elle a servi à justifier bien des renoncements ou des scepticismes, qu'à un niveau plus philosophique où elle a été utilisée comme argument à l'appui d'une limitation intrinsèque des pouvoirs de la connaissance rationnelle. Or un énoncé mieux contrôlé montre : 1) qu'il n'y a pas là un principe épistémologique général, mais une conséquence particulière du formalisme spécifique de la théorie quantique ; 2) qu'il ne s'agit pas ici d'observations ou de mesures, mais de la définition même de certaines grandeurs physiques ; 3) que la mise en cause des certitudes classiques n'est pas générique, mais porte sur des couples de grandeurs particulières (position et vitesse, par exemple)[1]. En d'autres termes, la théorie nous apprend, non que nous sommes obligés d'accepter des "incertitudes" inévitables sur la valeur de grandeurs physiques dont les "vraies" valeurs nous resteraient à jamais cachées, mais, plus simplement et plus profondément, que ces grandeurs ne sont pas définies de façon à pouvoir être caractérisées par un nombre déterminé (connu ou non). L'intéressant pour nous ici est de noter que l'interprétation, banale et trompeusc en termes d'"incertitudes", qui s'est trop longtemps imposée a, entre autres causes (dont certaines d'ordre spécifiquement épistémologique), des racines proprement linguistiques. Il est en effet notable que le phénomène ait été caractérisé en allemand, par Heisenberg lui-même, par le mot de *Unbestimmtheit*, qui renvoie non au manque de précision, mais à l'absence de détermination. Il a d'ailleurs été traduit dans les textes français d'époque par "indétermination", ce qui, on en conviendra, prête moins à exploitation abusive. C'est la généralisation de sa mauvaise traduction anglaise, ou plutôt américaine, par *uncertainty* qui nous est revenue sous la forme des "incertitudes" si lourdes de connotations. On a là un de ces phénomènes linguistiques où une erreur de traduction, ou à tout le moins

1. Jean-Marc Lévy-Leblond, « Certain/Incertain », in *Aux contraires. L'exercice de la pensée et la pratique de la science*, Gallimard, « NRF-Essais », 1996.

une négligence, a des conséquences culturelles d'une ampleur insoupçonnée (un exemple, et non des moindres, en est fourni par l'Ancien Testament, dont la traduction grecque des Septante, suivant assez naturellement le texte hébraïque, a fait de la mère du Messie une *jeune femme*, *παρθενος*, retraduit ensuite en latin par *virgo* — et voilà comment naît l'un des dogmes les plus singuliers du christianisme).

Un deuxième mot clé de la science contemporaine est le "big-bang", par lequel on désigne la conception scientifique contemporaine de la cosmogenèse. Ce vocable, qu'il faudrait traduire par "gros boum", ce qui, en français, ne fait, et à juste titre, guère sérieux, est censé rendre de façon imagée l'idée d'une phase initiale explosive de l'univers, idée qui s'est progressivement imposée dans les années cinquante-soixante après les théories de Gamow et les observations en radioastronomie, par Penzias et Wilson, de la rumeur affaiblie des phénomènes primitifs. Mais on a oublié que ce terme est dû à un adversaire de la théorie, le Britannique Fred Hoyle, et qu'il l'avait concocté dans le but de la ridiculiser ! Or, suivant un procédé de récupération bien connu de la publicité moderne, le mot, qui avait la vertu de faire image, a été immédiatement repris à leur compte par les promoteurs de la théorie, et a connu la fortune médiatique que l'on sait. Qu'y a-t-il là de si grave, pourrait-on demander, et n'a-t-on pas droit à une utilisation ludique du langage, y compris dans la science ? Encore faudrait-il que le jeu des mots ne soit pas finalement pris au sérieux, et que cette terminologie désinvolte n'ait pas les effets dévastateurs que l'on peut repérer sur la douteuse compréhension, tant profane que professionnelle d'ailleurs, de ce qu'elle prétend désigner. Car le "gros boum" a, entre autres et multiples implications pernicieuses, celles, par ordre de gravité croissante, de 1) référer le signal qui nous en parvient au monde des phénomènes sonores, 2) de laisser croire à une explosion ponctuelle et localisée dans l'espace, 3) de supposer un instant précis, c'est-à-dire une origine temporelle datée de l'univers. La vérité, tout au moins celle de la théorie, est tout autre : le "big-bang" ne se détecte que par ses ondes électromagnétiques (il ne fait pas de bruit) et, surtout, il n'est en aucun cas localisé dans l'espace, qui reste homogène pendant toute l'expansion de l'univers, et sa temporalité même est susceptible d'interprétations plus subtiles que de coutume (on peut à la fois penser que l'univers « a 10 milliards d'années » *et* « a toujours existé » — à condition d'abandonner une certaine naïveté épistémologique[1]). On conviendra, je l'espère, que l'importance des implications philosophiques et culturelles d'une théorie scientifique de la cosmogénèse mériterait un peu plus de soin dans l'usage de la langue.

De façon plus générale, l'analyse des pratiques langagières de la physique des dernières décennies, dans sa formulation anglophone (et anglographe) dominante, met en évidence deux paradoxes, révélateurs d'une profonde absence de conscience linguistique :

1) *La physique moderne a produit d'autant moins de mots nouveaux qu'elle a suscité plus d'idées nouvelles*. Si nos prédécesseurs, au XIXe siècle, ont fait

1. Jean-Marc Lévy-Leblond, « Fini/Infini », in *Aux contraires*, *op. cit.* ; voir aussi « Pratiques de l'infini », *infra* p. 286.

preuve d'une considérable inventivité terminologique pour désigner les domaines nouveaux de la recherche et leurs concepts (que l'on pense au vocabulaire de l'électromagnétisme ou de la thermodynamique — à commencer par ces deux mots eux-mêmes !), la physique du XXe siècle s'est en général contentée, malgré la nouveauté radicale de ses théories, d'extrapoler, souvent de façon abusive, la terminologie ancienne, ou de solliciter des vocables communs. Pour quelques cas d'innovation, comme le désormais classique "quantique" ou le récent "fractal", combien de facilités et de faiblesses — ne mentionnons ici que les trop fameuses "relativités", terme hautement critiquable de l'aveu (tardif) d'Einstein lui-même. La nécessité est aiguë pourtant de créations terminologiques qui prennent en compte la signification aujourd'hui mieux maîtrisée des acquis théoriques modernes. Sans rêver d'une réforme cohérente, probablement impossible, des initiatives locales mais importantes semblent possibles. Ainsi, permettant de transcender la prétendue "dualité onde-corpuscule", désormais dépassée, et d'unifier en une catégorie générale les différents objets particuliers du monde quantique (électrons, protons, neutrons, photons, gluons, etc.), le vocable de "quanton" est-il apparu et pourrait, à bon droit, s'imposer.

2) *La physique moderne utilise d'autant plus de mots concrets que ses concepts sont plus abstraits*. La tradition privilégiait des créations terminologiques savantes, à base gréco-latine, parfois indûment ésotériques, mais qui avaient l'avantage de mettre en garde contre la confusion entre un concept théorique très spécifique et une notion commune (ainsi les confusions liées à l'emploi du

terme de “force vive” n’ont-elles pas été pour rien dans le recours à celui d’“énergie” — avant que ce dernier ne passe à son tour dans la langue courante, et n’engendre de nouvelles ambiguïtés). Aujourd’hui, les physiciens travaillant sur les particules fondamentales, dont les propriétés quantiques sont bien plus éloignées encore de nos intuitions communes que les phénomènes étudiés au siècle dernier, croient bon de baptiser ces propriétés en recourant à des termes vernaculaires qui renvoient plus à la publicité des cosmétiques qu’à la validité épistémique. Déjà, au début de ce siècle, les propriétés rotationnelles assez abstraites de l’électron avaient été dénommées par le vocable de “spin”, qui renvoie à la toupie ou à la quenouille; mais c’était là une innovation isolée et somme toute justifiable (quels que soient les problèmes qu’elle pose à la traduction française — voir plus haut). Aujourd’hui, nos particules se voient affublées de noms de fromages, puisque tel est bien le sens du mot “quark” (et que le mot soit pris chez Joyce, où il jouait un rôle essentiellement phonétique dans la phrase détournée: «*three quarks for Mister Mark*», loin de faire briller la culture des physiciens, ne fait que prouver leur indifférence à l’égard des œuvres qu’ils pillent), et ces quarks sont dotés d’“étrangeté”, “beauté”, “charme[1]”, etc.

On pourrait sans mal multiplier de tels exemples, et surtout en proposer d’autres, tirés du domaine biologique, où les métaphores risquées et parfois abusives sont aujourd’hui légion (en particulier, amusant paradoxe, toute la terminologie emprun-

1. On ne s’étonnera pas de voir l’un des quarks dénommé “top” comme les modèles du même nom, sans parler de celui qui s’appelle “bottom”...

tée au vocabulaire de l'information et de la communication: "code", "programme", "transcription", "message", etc.)[1].

D'UNE LANGUE AUX AUTRES

Il n'est évidemment pas question ici de reporter la responsabilité de cette négligence langagière généralisée et de ses conséquences sur la langue anglaise en tant que telle. Mais on peut cependant affirmer que la domination quasi monopolistique d'une langue, quelle qu'elle soit, inhibe le jeu des mots et des idées, souvent stimulé par les traductions, passages et échanges d'une langue à l'autre, qui peuvent permettre d'assouplir et d'affiner l'expression de la pensée. Pour ne prendre que deux exemples, que serait la langue de la philosophie telle qu'elle se fait en France si elle n'était passée par l'allemand pour revenir au français (et je ne parle pas des seuls emprunts qui ne sont pas l'essentiel, mais plutôt des mots traduits, et même des tournures syntaxiques)? Et que serait la langue des arts, plastiques et musicaux, sans l'italien?

L'hégémonie linguistique a bien entendu des raisons politiques et économiques, qui, déplorablement, ne font qu'aggraver ses effets pervers. En l'occurrence, la primauté américaine dans les sciences de la nature trouve l'une de ses sources essentielles dans la catastrophe européenne des années trente, qui a forcé à émigrer outre-Atlantique la meilleure partie du potentiel scientifique de cette époque. Aujourd'hui, c'est très largement

1. Voir les analyses de Henri Atlan, en particulier dans *Questions de vie* (avec Catherine Bousquet), Le Seuil, 1994.

la fuite des cerveaux du tiers monde qui alimente en chercheurs les laboratoires américains, lesquels sont boudés par les jeunes Yankees, remplacés par des Asiatiques, des Sud-Américains, etc. Il en résulte d'abord que la science américaine moderne a été, et reste pour une large part, faite par des non-Américains, et faite en anglais par des non-anglophones. Qui a pu entendre l'épais accent germanique que conservait Einstein après vingt ans de résidence à Princeton, ou qui connaît l'étrange sonorité de l'anglais parlé par beaucoup de Nippons comprend immédiatement que ce rapport à une langue obligatoire mais étrangère ne peut rester sans effets. Mais la compétence linguistique limitée de beaucoup de scientifiques dans leur langue professionnelle est encore aggravée par l'absence de référence culturelle : comment imaginer une pratique langagière consciente et déterminée, plus critique et plus inventive à la fois, sans un profond enracinement dans la culture qu'exprime et qui sous-tend cette langue ? Le problème n'est pas que les scientifiques pratiquent *trop* l'anglais, mais qu'ils le pratiquent *trop mal*. C'est en *basic English* que les sciences qui se disent de pointe (biologie moléculaire, physique des particules, etc.) se publient pour l'essentiel ; et les vrais anglophones sont aujourd'hui, à juste titre, inquiets devant la dégradation de leur langue en un assez pauvre technosabir… Au fond, l'obstacle insurmontable sur lequel bute l'idée d'accepter et de favoriser l'anglais comme langue de communication scientifique unique et universelle, et qui rend naïve et dangereuse cette idée *a priori* généreuse et de bon sens, est que l'anglais (pas plus qu'aucune autre langue, artificielle ou naturelle) n'a de chance à court terme d'être suffisamment maîtrisé par une collectivité internationale pour devenir un véritable lieu commun de communication et de réflexion — au sens le plus profond de ces termes.

Ainsi donc, *la langue tire la science*. Mais, suivant le cas, et selon qu'il s'agit de telle langue à telle époque, elle peut la tirer en avant ou en arrière.

La nécessité s'impose alors de ne pas se laisser impressionner par une domination moins absolue qu'on ne veut bien le dire. D'une part, on l'a vu, l'hégémonie de l'anglais ne concerne pour l'essentiel que la phase de communication institutionnelle (et encore ne s'agit-il ici que des sciences de la nature). Au demeurant, cette domination, admise par beaucoup comme une fatalité objective, est très loin d'être aussi écrasante qu'on le croit. Nombre de domaines restent encore largement plurilingues, y compris dans les sciences de la nature, par exemple biomédicales, et, bien entendu, dans les sciences sociales et humaines. Et les intellectuels français les plus réputés outre-Atlantique ne sont pas nos physiciens ou biologistes qui publient en anglais, mais nos philosophes et sociologues qui écrivent en français ! Et d'ailleurs, l'histoire, la philosophie et la sociologie des sciences, de même que les études sur l'information et la communication scientifique et technique, justement, et l'édition de culture scientifique, qui connaissent en France des développements de tout premier ordre, sont fort appréciés à l'étranger, alors même que l'essentiel s'en exprime en français. Car l'argument usuel : « Plutôt que de vous occuper de la langue, faites d'abord de la bonne science », se retourne aujourd'hui aisément. Les mutations de la recherche sont telles que la reprise de recherches anciennes peut devenir parfois plus féconde que la poursuite crispée des sujets à la mode[1]. Le fonds culturel de la science offre des perspectives neuves à qui sait le faire fructifier : à titre d'exemple, une meilleure connaissance des travaux séculaires de Poincaré, écrits en français bien sûr, aurait pu, il y a quelques années, donner à nos chercheurs une avance certaine dans le domaine si couru du "chaos". Écrire la science en français, peut-être, mais la lire en français (entre autres), sûrement. Et l'on ne doit pas oublier les autres phases de la communication, non moins déterminantes pour le développement et la vigueur de l'activité scientifique, comme, aspect devenu crucial de nos jours, pour la réflexion sur ses applications et le contrôle de ses implications. Ainsi donc, même en mettant de côté provisoirement les problèmes que pose la publication spécialisée, y a-t-il fort à faire pour qui désirerait élaborer une politique linguistique active de/dans la science : formation culturelle et littéraire des chercheurs, encouragement à leur expression publique, soutien aux revues nationales d'information et de culture scientifiques, développement d'une politique de traductions mutuelles (et d'abord au sein de l'aire romane), etc. D'autre part, il faut prendre acte sans retard de la sérieuse crise que traverse justement la publication scientifique traditionnelle ; il serait paradoxal de s'obnubiler sur le problème de la langue des revues primaires au moment où elles perdent de leur importance, tant économique que professionnelle, et où les nouveaux moyens de communication électronique jouent un rôle de plus en plus grand. Ces nouvelles techniques pourraient

1. Voir « Un savoir sans mémoire », *supra* p. 93.

bien entraîner une profonde redéfinition des formes de la communication institutionnelle et amener à poser la question linguistique dans un contexte tout différent. On peut espérer, par exemple, que la communication professionnelle, la plus pauvre (car la plus formalisée) quant à son contenu conceptuel et à son contexte culturel, bénéficie assez rapidement des progrès, plus lents que prévus par ses thuriféraires, mais réels, de la traduction automatique.

Bien d'autres éléments montrent la nécessité d'une véritable politique de la langue dans le domaine scientifique. Le développement de la coopération internationale, par exemple, exige que l'on dépasse l'alternative manichéenne entre l'abandon au tout-anglais et la crispation sur le seul français. Dans le tiers monde, où notre responsabilité est immense, nombre de chercheurs, d'Afrique ou d'Amérique latine, préfèrent utiliser le français pour les échanges scientifiques. Dès lors, rien de plus précieux que le maintien et même le développement volontariste du plurilinguisme scientifique, fût-il seulement un plurilinguisme de l'écoute (appelé parfois, mais de façon inutilement dépréciative, plurilinguisme “passif”). Plus près de nous, c'est probablement la critique la plus sérieuse que l'on peut faire à la politique de la francophonie, que de n'avoir pas su s'ouvrir d'abord à une coopération avec tous les pays de langues romanes : la si facile intercompréhension entre toutes ces langues fonde l'existence de l'une des plus vastes communautés linguistiques mondiales, qui fait largement pièce à l'anglophonie. Pour ne prendre qu'une situation banale, il est d'une totale absurdité qu'un physicien français et son collègue italien, ou espagnol, ou même roumain, utilisent l'anglais (et quel anglais souvent !)

pour leurs échanges. Séminaires, conférences et discussions privées s'accommodent fort bien de ce plurilinguisme d'écoute, qui ne repose pas que sur des parentés linguistiques, mais en appelle, bien plus profondément, à une culture commune. Au surplus, la défense de notre langue serait bien mieux comprise et admise par nos voisins si nous faisions l'effort minimal de prendre en compte *leurs* langues! « Chacun dans sa langue », voilà donc un mot d'ordre raisonnable et facile à appliquer à l'intérieur des grandes aires linguistiques, comme celle des langues romanes, ou d'ailleurs celle des langues slaves... ou anglo-saxonnes. Reste, bien entendu, la question des échanges entre chercheurs de langues hétérogènes, où il serait illusoire de vouloir remplacer, à court terme, l'anglais comme langue auxiliaire entre, par exemple, un physicien russe et un brésilien. Encore peut-on se demander si le développement des communications électroniques déjà évoqué et les progrès de la traduction automatique en temps réel ne changeront pas les données du problème à moyen terme; certes, les subtilités et les jeux linguistiques semblent pour assez longtemps hors de portée de l'informatique — mais c'est précisément aussi ce qui échappe la plupart du temps à la faible compétence linguistique des locuteurs scientifiques dans leur langue "commune".

L'ÂGE DU CAPITAINE

Nous connaissons tous, depuis l'école primaire, la classique devinette de l'âge du capitaine. La version la plus explicite et la plus littéraire en est due à Gustave Flaubert, dans une lettre du 15 mars

1843 à sa sœur Caroline: «Je vais te donner un problème: un navire est en mer, il est parti de Boston, chargé d'indigo, il jauge deux cents tonneaux, fait voile vers Le Havre, le grand mât est cassé, il y a un mousse sur le gaillard d'avant, les passagers sont au nombre de douze, le vent souffle N.E.E. [*sic*], l'horloge marque trois heures un quart d'après-midi, on est au mois de mai... On demande l'âge du capitaine.» L'apparente absurdité de ce problème donne le plaisir trop rare de pouvoir tourner en dérision les prétentions du calcul à résoudre tout problème. Mais au-delà, comme Stella Baruk (qui a retrouvé l'énoncé flaubertien) l'a bien montré[1], c'est toute la question du sens mathématique qui est posée. Rien d'étonnant à ce qu'elle le soit par Flaubert, qui, plus qu'un autre, a souffert «de quoi [se] faire crever à barbouiller du papier avec des chiffres» (voir les multiples citations rapportées par Stella Baruk). C'est que Flaubert, formidable manieur de mots, n'*entend* rien aux mathématiques. La souffrance de cette perte du sens, il commence à s'en «venger» (le mot est de lui) dans l'historiette du capitaine. Et, plus tard, c'est dans le *Dictionnaire des idées reçues* qu'il se délivrera de ses humiliations scientifiques, et, bien sûr aussi, avec *Bouvard et Pécuchet*[2]

L'historiette de l'âge du capitaine est à ce point en résonance avec l'esprit de Flaubert qu'il semblait naturel de le considérer comme son inventeur. C'est du moins ce que je croyais jusqu'à ce que je découvre le fin (et double) fond de l'histoire. La narrant, une fois de plus, lors d'un colloque

1. Stella Baruk, *L'âge du capitaine*, Le Seuil, 1992.
2. Voir «Le miroir, la cornue et la pierre de touche», *supra* p. 183.

pédagogique, j'eus la surprise d'entendre un collègue me dire qu'*il y a une réponse logique* à la question. Encore faut-il la poser sous la forme où il la tenait d'un sien aïeul, marin en Méditerranée : « Un bateau arrive dans le port de Marseille en provenance d'Afrique du Nord. Sa longueur est de 60 mètres, etc. [j'abrège...]. Il transporte 500 moutons, 200 chèvres et 150 travailleurs immigrés [comme on ne disait pas encore]. Quel est l'âge du capitaine ? » Vous ne trouvez pas ? Eh bien, il a trente-neuf ans, parce qu'*il va vers la quarantaine*. Évident, non ? En tout cas, évident pour quiconque connaissait les épidémies — typhus, peste et choléra — qui régulièrement débarquaient dans les grands ports, et la rigoureuse mise en quarantaine qui tentait de les conjurer.

Flaubert aurait, j'en suis sûr, apprécié l'hénaurme ironie qui, d'un subtil jeu de langue, a fait une triviale plaisanterie mathématique. Comme si cet abîme du sens qu'est le discours de la science pour les profanes finissait par engloutir tout sens possible... Comme s'il n'y avait plus de raison autre que scientifique, plus de logique autre que calculatoire... L'histoire ainsi restaurée de ce capitaine *ad hoc* vient nous rappeler qu'il n'y a pas de compréhension sans entendement — pas de science sans langue. Ou plutôt : pas de sciences sans langues.

Polyglotte ou aphasique, tel est le choix qui attend la science.

PARLER SCIENCE

La science est communément représentée comme une activité dominée par l'écrit — celui des articles et livres qui seraient la forme achevée des connaissances produites. Tout au plus fera-t-on place, dans une vision un peu plus réaliste, au geste — celui de l'expérimentateur sur les boutons ou robinets de ses appareils, celui du théoricien tenant le stylo, ou plus souvent désormais, pianotant sur son clavier. La science ainsi se construirait à l'aide d'instruments et à coups de calculs, puis s'écrirait et se publierait. Dans ce monde muet, les faits se transmueraient silencieusement en chiffres et lettres. Trouver, ce serait, immédiatement, rédiger. Rien de plus caricatural ; bien entendu (*bien entendue*), la science est une grande bavarde. On parle dans les laboratoires, et même beaucoup — autant qu'ailleurs. Que la science ait à voir (ou plutôt à entendre) avec le verbe n'est que trop évident, et la présence du *logos* se marque assez dans les noms que la science donne à ses divers cantons : bio*logie*, géo*logie*, socio*logie*, etc., sans oublier la *logique* elle-même, sont là pour nous rappeler que la science est activité parlante, puisque humaine. La sociologie des sciences contemporaines a fort bien mis en évidence l'utilité, la nécessité même, de prendre en compte la dimension de la parole pour comprendre le fonctionnement réel de la recherche. L'écoute attentive et l'analyse précise des échanges de mots entre chercheurs dans un laboratoire montrent l'impossibilité d'y séparer les aspects "techniques" (circulation d'informations, transmission de connaissances) et les aspects "politiques" (enjeux de pouvoir, rapports de force)[1]. Et certes, si la science est activité sociale, comment se passerait-elle de ce qui fonde le rapport social, c'est-à-dire l'échange de paroles ? Entre l'observation ou l'expérimentation au départ, et la théorisation, l'abstraction à l'arrivée, c'est dans la langue orale que chemine et émerge la connaissance : du visible au lisible, via le dicible.

La difficulté de la recherche scientifique, l'obstacle à la mise au jour de connaissances neuves, tient moins à l'opacité des choses qu'à celle de l'esprit. La nature ne nous cache rien ; au contraire : elle montre tout, en vrac. C'est nous qui, devant cet étalage, avons le plus grand mal à y distinguer l'essentiel de l'accessoire, à y choisir les objets ou événements significatifs, à y *découvrir* ordre et sens. Le chercheur — a-t-on assez dit dans quel état de frustration permanente il travaille ? — se heurte donc sans trêve à ses propres limites. Rien de plus naturel alors que le miroir de l'autre. C'est l'une des pratiques spontanées du chercheur, quand il piétine devant une difficulté technique de son montage ou une erreur masquée de son calcul, que d'aller exposer son problème au

1. Voir par exemple Bruno Latour et Steve Woolgar, *La vie de laboratoire*, La Découverte, 1988.

collègue voisin — lui en *parler* : la sortie du bureau est l'issue de secours (en tout cas, l'issue de recours) naturelle. En parler, même pas nécessairement en discuter. Le simple fait de s'adresser à un *autre*, par l'effort d'explicitation et de conviction qu'il exige, mobilise plus intensément la pensée que la réflexion solitaire, et lui permet souvent de faire sauter ses entraves. Avant même toute réaction de l'interlocuteur, qu'elle soit éclairante, critique ou perplexe, la solution surgit fréquemment “toute seule” : la parole extériorisée fait retour sur elle-même.

Cette expérience banale de la vie courante — une question intérieure trouve sa réponse du seul fait d'être extériorisée, énoncée à haute voix, adressée à un autre, qui ne sert ici que de miroir auditif (« Dis-moi, ma chérie, tu ne sais pas où j'ai mis mes clés ? Ah, ça y est, ne te dérange pas, je me rappelle les avoir laissées dans la poche de ma veste bleue ») — n'est pas moins commune dans la pratique scientifique (« Dis-moi, Pierre, tu comprends, toi, pourquoi mon champ magnétique dipolaire n'a pas une divergence nulle à l'origine ? Ah, ça y est, en fait il y a ce terme ponctuel qu'on oublie toujours »). D'ailleurs, il ne s'agit pas ici seulement de l'émergence de connaissances neuves, mais tout aussi bien du dévoilement des failles oubliées ou cachées du savoir. Quel enseignant n'a pas eu l'expérience, en s'entendant faire cours, même sur un sujet traditionnel, de sentir soudain béer un hiatus occulté de sa propre compréhension ? C'est en ce sens qu'on ne connaît (à peu près) bien que ce qu'on a enseigné. L'enseignement oral est un élément capital de la formation scientifique professionnelle : faire cours, c'est d'abord *se* faire cours — et si vous ne comprenez pas vraiment ce que vous dites, vous ne pourrez manquer de lire votre insuffisance dans les yeux de vos étudiants. (C'est bien pourquoi la séparation des activités d'enseignement et de recherche est préjudiciable à chacune d'entre elles ; chaque scientifique devrait être à la fois chercheur et enseignant.) Mais il y a plus. À la différence de la formulation écrite, par nature contrôlée et figée, l'expression parlée donne à la pensée la spontanéité nécessaire à l'invention. Seul le passage par la parole affaiblit les résistances de la convention, et laisse émerger les incorrections et les lapsus qui permettent au discours d'échapper aux contraintes de formes préétablies. Le parler permet l'expression d'une créativité bien supérieure à l'écrit (noter d'ailleurs la différence entre l'actif infinitif de l'un et le participe achevé de l'autre). Il n'est pas rare, en science comme ailleurs, de dire avant de penser ; encore faut-il s'entendre soi-même !

Ce savoir nouveau ainsi apparu, reste à le faire circuler : il n'y a de connaissance scientifique que collective, et donc partagée. Le chercheur heureux est celui qui convainc les autres et les engage sur la voie qu'il a ouverte (il ne peut y avoir de plagiat en science, seulement du suivisme...). Mais l'écrit, ici encore, est très insuffisant, car il fixe trop aisément en formules canoniques et mortes la pensée vive. La rhétorique orale reste donc depuis plus de deux mille ans une forme majeure de la "communication" scientifique, comme on dit aujourd'hui. Les correspondances privées, la publication de revues, la circulation des prétirages et aujourd'hui la messagerie électronique n'ont jamais supplanté cet irrépressible besoin de parler. Les congrès et colloques (et plus encore leurs échanges de couloirs que les communications en séance), les séminaires, les visites, et le téléphone restent les lieux et moyens essentiels, non seulement de la circulation des informations, mais surtout de l'établissement des consensus. Et n'est-il pas hautement significatif que l'écrit fondateur de la physique au sens moderne, celui qui inaugure véritablement la science telle que nous la connaissons, s'intitule *Dialogues (sur les deux grands systèmes du monde)* ? L'utilisation de la langue commune et le recours à la forme la plus achevée de la rhétorique (depuis Platon) font ici le génie de Galilée, non moins que, et inséparablement de, l'importance et la nouveauté de ses idées[1]. On trouvera un autre exemple, récent, de cette primauté de la parole dans la personnalité et l'œuvre de celui qui fut l'un des plus grands physiciens du siècle, Richard Feynman. Son rayonnement exceptionnel, son originalité reconnue, il les devait à la puissance et à la liberté de son expression orale. Ses livres si célèbres, tant professionnels que publics, sont d'ailleurs presque tous des transcriptions de conférences[2]. Une des multiples anecdotes du folklore feynmanien (largement apocryphe, certes) est ici éclairante. Ayant, dans un brillant exposé lors d'un congrès, annoncé un important et novateur résultat théorique, Feynman, à la fin de sa conférence, est interrogé par un collègue : « Mais ce résultat, tu l'as démontré ? — Pourquoi faudrait-il que je le démontre, puisque je *sais* que c'est vrai ? » aurait-il rétorqué. Comment mieux *dire* (et imposer) la force de l'évidence que par ce jeu de paroles — qui

1. Comme l'a montré Paul Feyerabend, *Contre la Méthode*, Le Seuil, 1979.

2. Richard P. Feynman, *La nature de la physique*, Le Seuil, 1980 ; *Vous voulez rire, M. Feynman !*, Interéditions, 1985 ; *Lumière et matière*, Le Seuil, 1993.

ne pourrait évidemment pas fonctionner comme un jeu de mots écrits. Il y a enfin aujourd'hui un cas paradigmatique de cette compulsion de la parole qui, nécessairement, anime le scientifique : le cosmologue britannique Hawking, cloué sur un fauteuil d'infirme, muet, paralysé. Il ne peut plus bouger qu'un doigt — mais avec lequel il parle via un clavier, un ordinateur et une voix électronique... Figure mythique du chercheur, Hawking n'a plus de corps — il est un pur cerveau (encore naturel) et une voix (déjà artificielle)[1].

La science possède enfin un trait majeur qui achève d'y faire de la parole le moyen de communication essentiel : le caractère conditionnel de toute connaissance qui puisse être dite scientifique. L'énonciation des conditions de sa validité, ou du moins la reconnaissance de leur existence, est une caractéristique nécessaire de toute assertion scientifique. Les "vérités" de la science ne sont jamais absolues, mais toujours relatives à un ensemble de conditions. Il n'y a de loi ou de théorème ou même d'observation valable que si... La chute des corps est un mouvement uniformément accéléré (je choisis délibérément une des plus simples "lois" de la physique) que si la résistance de l'air est négligeable, si la hauteur de chute est très petite devant le rayon de la Terre, si la vitesse est faible devant celle de la lumière, etc. Même le théorème de Pythagore n'est vrai que si l'espace est sans courbure (ce qui d'ailleurs le transforme en tautologie). Inutile de multiplier les exemples pour affirmer que la condition, la réserve, la réti-

1. C'est largement, on peut le penser, cette dimension mythique qui a fait le succès disproportionné du livre de Stephen Hawking, *Une brève histoire du temps*, Flammarion, 1989.

cence sont des figures de style capitales et constitutives du discours scientifique[1]. C'est bien parce qu'elles sont placées sous l'empire universel de la restriction que les sciences peuvent être dites strictes (plutôt qu'exactes). Or l'expression écrite de ces conditions est lourde, maladroite, voire impossible à expliciter : elles sont trop nombreuses, et, d'ailleurs, loin d'être toujours toutes connues. L'écriture conduit alors la science à s'habiller d'une certitude et d'une assurance qui ne lui appartiennent guère en propre — et qui, paradoxalement, affaiblissent sa portée, s'il est vrai que la force d'une connaissance scientifique vient justement de notre capacité à contrôler ses conditions de validité. La parole, par contre, peut rendre pleinement justice à la positivité relative de la science — entre autres, parce qu'elle ne se limite pas aux mots... Poses de voix, gestes, mimiques, accents deviennent des éléments rhétoriques essentiels et prennent une valeur épistémologique fondamentale car ils permettent, et avec quelle souplesse, l'expression de la réserve indispensable qui seule donne valeur et sens aux énoncés de la science. Tel est le privilège de la parole sur l'écrit : il est plus facile d'entendre entre les mots que de lire entre les lignes...

En définitive, le débat sur l'objectivité de la science, qu'on se félicite de cette vertu unique ou qu'on se lamente de cette limitation rigide, se voit ainsi quelque peu relativisé. Pour qui ne se contente pas de prendre la science à sa lettre (écrite), mais entend (ce qui, en bon français, veut justement dire aussi "comprend") sa voix, la sub-

1. Voir Jean-Marc Lévy-Leblond, « Vrai/faux » in *Aux contraires (L'exercice de la pensée et la pratique de la science)*, Gallimard, « NRF-Essais », 1996.

jectivité ne peut en être éliminée. Cet espoir ou cette crainte sont bien vains au regard, à l'écoute plutôt, des multiples voix montant de tous les sujets de cette science qui, s'ils écrivent « nous », « on » ou « il », disent bien « je » et « tu »[1].

*

Les scientifiques parlent donc. Mais dans quelle langue ? Que ce soit avec satisfaction ou avec résignation, nombreux sont les chercheurs à le considérer comme langue universelle — quoiqu'il s'agisse moins de la langue anglaise ou même américaine que d'un pidgin yankee. Mais cette domination n'est pas si établie qu'il y paraît, ni en fait ni en droit. Même dans les disciplines les plus dures (pardon, *hard*), telle la physique de pointe, si la grande majorité des chercheurs publie en "anglais", ils parlent encore leur langue — même dans leurs laboratoires. On peut donc tranquillement affirmer que la science, en France, est faite de beaucoup plus de mots français (parlés) qu'anglais (écrits). Qu'il soit nécessaire de rappeler cette évidence montre à quel point le débat est faussé par une grave erreur de conception sur la nature de la recherche scientifique, identifiée à son produit final (les publications) plutôt qu'à son activité réelle[2].

Or cette vitalité de la langue naturelle dans la science est utile et féconde. La science se fait comme elle se parle. À s'énoncer, donc à se penser, dans une langue autre que la langue ambiante,

1. Dans une lettre à l'écrivain Hermann Broch, Einstein convenait avoir trop négligé le « je » et le « tu » pour le « on » et le « il » de la science...
2. Voir « La langue tire la science », *supra* p. 228.

elle perdrait son enracinement dans le terreau culturel commun et serait *ipso facto* privée d'une source essentielle, même si elle est souvent invisible, de sa dynamique. Les mots ne sont pas de neutres habits pour les idées ; c'est souvent par leur jeu libre et inattendu que se fait l'émergence des idées neuves. L'emploi d'une langue étrangère ne peut évidemment que brider les associations, voire les lapsus, source de créativité. Et cela est plus vrai encore si l'on considère l'autre versant de la recherche scientifique, celui non pas de la création novatrice, mais de la réflexion critique. Tout cet indispensable (quoique trop peu favorisé et valorisé aujourd'hui) travail de tri, de refonte, de remodelage, qui doit en permanence séparer l'accessoire de l'essentiel, dégager les constructions solides des échafaudages auxiliaires, clarifier les savoirs nouveaux pour qu'ils soient compris et transmis — ce travail est peut-être encore davantage tributaire d'une langue riche et maîtrisée. Écrire en anglais des articles spécialisés pour revues professionnelles, la plupart des scientifiques s'en débrouillent ; écrire des textes de recension critique, d'analyse conceptuelle, de rénovation pédagogique ou de diffusion publique, trop peu le font, même en français, et *a fortiori* en anglais. C'est qu'ici, le contexte social, éducatif, culturel joue un rôle majeur et inhibe considérablement la pertinence d'une traduction médiocre. Qu'on pense, par exemple, à la difficulté pour qui est nourri, même sans le savoir, d'une tradition fondée sur Descartes, Comte, Bachelard, etc., à exprimer sa pensée en anglais... Ainsi donc, sauf à se contenter de la production en série de résultats scientifiques interchangeables et éphémères, et si l'on veut garder à la science la vitalité d'une activité culturelle, la nécessaire pluralité de la pensée exige celle de la langue.

Il nous faut donc accepter, revendiquer et promouvoir, dans la science, la multiplicité des langues parlées, même si nous nous accommodons d'une relative unification de la langue écrite. Et cette langue qui est la nôtre, il n'est pas vrai que nous devions l'abandonner pour parler — de science — à d'autres. Il n'y a rien de plus ridicule — et même de plus humiliant — que, français, se voir contraint de parler physique en anglais avec des collègues italiens ou espagnols. Au sein de l'aire linguistique romane en tout cas, il suffit d'un minimum d'attention et d'effort pour pouvoir entendre l'autre — qui n'est qu'à peine étranger (Pierre Achard a proposé l'idée finalement très raisonnable de considérer toutes les langues romanes comme des formes dialectales d'une même langue, certes virtuelle : le latin moderne). On peut d'ailleurs s'étonner que ce point de vue, ou plutôt d'ouïe, ne soit pas plus répandu. Bien au-delà du problème de la science, ne serait-il pas temps de promouvoir un plurilinguisme minimal — celui de l'écoute ? S'il est difficile de (bien) parler une autre langue, il est beaucoup plus facile de la comprendre, surtout si elle est voisine. Avant d'avoir plusieurs langues, il serait nécessaire, et aisé, d'avoir plusieurs oreilles ! Voilà donc peut-être une alternative (non exclusive) au principe d'une langue commune unique : chacun sa langue — et l'oreille ouverte à celle des autres... L'idée d'inciter les chercheurs français à *parler* leur langue dans les colloques internationaux — qu'il faut bien distinguer du problème de la langue écrite des publications —, cette idée ne mérite certainement pas l'irritation ou le dédain qu'elle a rencontrés dans les milieux scientifiques.

Faut-il vraiment insister sur ce point, après tout assez banal et qui n'est guère spécifique à la science : le dialogue est la forme même de toute pensée qui se fait — nous le savons depuis Platon. C'est que la science a ceci de particulier que ses représentations communes occultent trop souvent cette banalité. Rien de plus comique et de plus dérisoire à cet égard qu'une séquence d'un film de Hitchcock, *Le rideau déchiré* — qui n'est certes pas l'une de ses œuvres majeures. Dans cette banale histoire d'espionnage, une scène présente une discussion scientifique où deux chercheurs, devant un tableau noir, s'affrontent rageusement à coups d'équations, s'arrachant à tour de rôle la craie pour couvrir le tableau de formules, le tout sans prononcer un mot. Quiconque a l'habitude du laboratoire sait que, au contraire, la parole y est maîtresse, et que, dans les discussions de travail, l'écriture, même pour une science aussi formalisée que la physique théorique, ne joue qu'un rôle ancillaire.

Si l'on n'attend pas nécessairement d'un film de Hitchcock une profonde perspicacité sur ce point, on mesurera pourtant la profondeur du malentendu à entendre une voix aussi autorisée que celle de Gadamer reconduire ces lieux communs. Le maître de l'herméneutique déclarait ainsi : « Le développement des sciences dans le monde occidental a provoqué un privilège pratiquement incroyable du monologue. [...] La science moderne réside en ceci : le langage y est devenu un instrument. Elle fait donc le contraire de ce que nous faisons lorsque nous nous entretenons en parlant[1]. »

1. Hans Georg Gadamer, interrogé par Jacques Poullain, in *Le Monde*, 3 janvier 1995.

Mais le travail de la pensée et la difficile constitution du savoir ne peuvent se faire que dans la confrontation, dans l'échange des paroles, dans le dialogue donc — "même" pour la science. Loin d'être un artifice formel permettant la mise en fiction romanesque ou la mise en scène dramaturgique, le dialogue est un mode effectif de la science en acte. Ce n'est donc pas simple coïncidence si, n'en déplaise à Gadamer, la science contemporaine s'inaugure dans le *Dialogue* de Galilée. La force de conviction rhétorique (le travail de propagande, dirait Feyerabend) de ce texte vient précisément de ce qu'il explicite le violent affrontement dont il participe. Galilée ne se contente pas d'énoncer ou d'affirmer sa position ; il en démontre l'efficacité polémique — « le choc des mots, le poids des idées ». Il sait que la vérité seule n'est pas toujours assez forte pour l'emporter, et que mieux vaut organiser soi-même la bataille que d'attendre passivement la riposte.

Il n'y a donc rien d'artificiel à porter la science en scène, à la théâtraliser — pour autant que le ressort dramaturgique ne porte pas seulement sur quelque affrontement politique ou démêlé sentimental, mais implique le dialogue même où se noue la question du savoir, le choc et l'échange de paroles où naît, confuse et complexe, la science. C'est au fond ce qui fait la grandeur de *La vie de Galilée* de Brecht. En résonance profonde avec son sujet même, Brecht, comme Galilée, recourt à un dialogue tout à la fois maïeutique et polémique. Amputez la pièce de ses scènes proprement scientifiques, celles où le savoir se transmet — la première, entre Galilée et le jeune Andrea Sarti —, ou se crée — la scène de travail sur les corps flottant entre Galilée et ses assistants —, et il ne reste qu'une allégorie politique et idéologique bien intentionnée. C'est le dialogue *de* la science qui, dans la pièce de Brecht, donne force et profondeur au dialogue *sur* la science. On pourrait en dire autant d'une pièce plus récente qui, certes, n'a pas la même portée. *Les palmes de Monsieur Schutz*, de Jean-Noël Fenwick, ne prétendent à rien d'autre qu'être une comédie de boulevard « gaie, tendre et scientifique », dont l'originalité est de mettre en scène Pierre et Marie Curie. On peut penser que le très inattendu et exceptionnel succès qu'a connue cette pièce vient moins de son humour, réel mais sans surprises, que de son sérieux plus inattendu — celui avec lequel sont traitées les scènes de laboratoire : la science n'est pas là simple prétexte, elle se dit comme elle se fait.

*

J'ai ici traité essentiellement de la langue du point de vue essentiellement de la communication entre scientifiques, telle qu'elle se fait ou telle qu'elle se représente. Nombre de ces remarques devraient être reprises et amplifiées pour discuter la question lorsque l'un au moins des interlocuteurs qui "parlent science" n'est pas scientifique. On conviendra que ce n'est pas une situation moins importante au vu de l'impact social de la science contemporaine... Mais peut-être le problème est-il alors moins celui de la qualité de parole des scientifiques, que celui de leur capacité d'écoute des non-scientifiques. Si la vulgarisation traditionnelle ou la médiatisation actuelle des sciences ont en général une si faible efficacité, ne serait-ce pas qu'elles répondent à des interrogations qui n'ont jamais été formulées par le "public" et qu'elles ne perçoivent pas ses questionnements réels — certes peu explicites et souvent confus ? Mais comment, faute de cet effort d'écoute préalable, le discours scientifique pourrait-il être entendu ? À plus longtemps négliger cette exigence, la science, qui pratique tant d'expériences en double aveugle, finirait par travailler en triple sourde.

La science à l'épreuve…

…de la pensée

LA CHAUVE-SOURIS ET LA CHOUETTE

PETITE SPECTROSCOPIE DE LA PHILOSOPHIE DES SCIENCES

Quel est l'intérêt *pour la science* de la philosophie des sciences ? Revendiquant la spécificité de sa visée, cette discipline devrait permettre une rencontre entre la réflexion philosophique et la connaissance scientifique sur un terrain assuré et balisé, et les conduire à une interaction féconde. C'est du moins ce que j'ai longtemps espéré, depuis en tout cas que, jeune chercheur, les frustrations du travail scientifique contemporain, trop spécialisé et technicisé, m'ont amené à rechercher, au-delà des limites de ma discipline, les éléments nécessaires pour mieux en saisir les idées et les enjeux. Il m'a fallu longtemps pour oser m'avouer le redoublement de ces frustrations à la fréquentation de la plupart des textes de la philosophie des sciences — celle, du moins, qui s'affirme comme telle. Ainsi, ayant dans ma pratique de physicien théoricien tout naturellement buté sur les problèmes conceptuels ardus de la théorie quantique ou de la cosmologie relativiste, je n'ai, à mon étonnement déçu, guère trouvé d'aide dans leurs exégèses épistémologiques les plus connues. C'est qu'elles relèvent souvent de la justification *a posteriori* des énoncés scientifiques plus que de leur évaluation critique. Pour m'aider à retravailler le soi-disant "indéterminisme" quantique, la prétendue "dualité onde-corpuscule", la pseudo-"origine de l'univers" et autres idées à la fois théoriquement solides et conceptuellement fragiles de la physique contemporaine, j'ai finalement trouvé un meilleur appui chez les classiques, Descartes ou Kant (allons jusqu'à Bachelard...), que chez les épistémologues contemporains apparemment plus au fait de la science d'aujourd'hui. C'est sur ce paradoxe que je m'interrogerai ici.

NORMES ET CRITÈRES

Depuis plus d'un siècle, disons depuis Comte, il semble que la philosophie des sciences soit préoccupée par une question nodale : *rendre compte de la scientificité des sciences*. C'est même ce qui pourrait lui servir de définition, sinon de justification. Il s'agit en fait d'une visée double : 1) expliciter des critères discriminants permettant d'attribuer le label "qualité science" à telle ou telle forme de connaissance — démarche *a posteriori* ; 2) énoncer des normes méthodologiques s'imposant à toute discipline cherchant à acquérir ce label — démarche *a priori*.

Mais, après la vision assurée du positivisme comtien et les préceptes tranquilles de la Méthode selon Claude Bernard, beaucoup d'éther a coulé dans les éprouvettes des chimistes et les équations des physiciens. Les avatars de la science de fait n'ont cessé de bousculer les principes de la science de droit. L'enchaînement hypothético-déductif et la vérification expérimentale, ces deux mamelles de la connaissance scientifique traditionnelle, ne peuvent plus être tenues pour ses seules sources de validité. Déjà Duhem, peu après l'énoncé du dogme bernardien, avait montré le caractère tout relatif de la vérifiabilité expérimentale et, en particulier, sapé l'idée d'"expérience cruciale". Par leur foisonnement toujours imprévu, les découvertes et les controverses scientifiques — le débat des énergétistes et des atomistes, les conflits autour de la révolution quantique, les aléas de l'évolution darwinienne, etc. — n'ont cessé de prendre à revers les critères et les normes énoncés par les méthodologues de tout poil.

Il serait sans doute possible de caractériser l'histoire de la philosophie des sciences depuis un siècle comme celle d'un affaiblissement continu de ses prétentions, et d'une diversification de ses tentatives pour le pallier. C'est pourquoi il me semble utile de proposer une spectroscopie, certes schématique et polémique, des stratégies de la philosophie des sciences. Si le choix des auteurs cités est délibérément limité[1], c'est qu'il s'agit plus de repérer les postures caractéristiques des divers angles d'attaque possibles que de proposer une typologie exhaustive.

LE SPECTRE VISIBLE

Commençons par distinguer dans la philosophie des sciences explicite, celle qui revendique sa fonction, les plus notables de ses positions actuelles ; elles se formulent assez naturellement, on y reviendra, en termes stratégiques.

1. Voir la bibliographie générale à la fin de cet article, p. 284-285.

Le repli élastique

Suivant la voie ouverte par Duhem, il s'agit ici d'abandonner tout critère de scientificité trop général et trop rigide qui risquerait d'être infirmé *de facto* lors de l'avènement d'une jeune science irrespectueuse, comme la physique contemporaine l'a montré, en bousculant les vieilles catégories de la causalité et de la spatialité. On remplacera ainsi, selon Popper, la vérifiabilité par la réfutabilité : si l'on ne sait pas ce que doit être la science, au moins peut-on prétendre savoir ce qu'elle ne doit pas être. De tels critères négatifs et relatifs présentent certes une plus grande souplesse, mais leur efficacité n'est finalement guère meilleure. C'est que, s'il n'y a pas d'expérience cruciale positive pour valider une théorie scientifique, il n'y en a pas non plus de négative pour l'invalider de façon rédhibitoire : on peut toujours « sauver les apparences » en ajoutant des hypothèses *ad hoc*, ou plus simplement, en récusant l'expérience gênante ; dans tout contexte théorique, il est d'ailleurs indispensable d'occulter ainsi certains faits impertinents, à tort ou (et ?) à raison. De plus, la stratégie poppérienne, derrière son apparence libérale, répondait en fait à un objectif plus politique qu'épistémologique : écarter, de façon radicale, les prétentions scientifiques du marxisme comme de la psychanalyse, et préserver le bon grain des sciences vraies de l'ivraie (et de l'ivresse) des fausses. Le paradoxe alors est que cette méthodologie, trop faible, on l'a dit, pour asseoir sans ambiguïté les fondements des "bonnes" sciences, est en même temps trop forte pour les séparer des autres : s'il est vrai que, au regard des normes poppériennes, Freud et Marx ne font pas le poids, il n'est pas sûr que Galilée et Harvey, ou Darwin et Einstein, pèsent beaucoup plus lourd, comme Feyerabend l'a bien montré.

La diversion

Faute d'arriver à une définition valide et discriminante de la nature du savoir scientifique à partir de ses représentations internes, il est tentant de prendre du champ. Les anciens et profonds liens de la réflexion philosophique et de l'étude historique conduisent aisément à quitter le terrain de la science qui se fait, pour une étude récurrente de celle qui s'est faite — à passer de la philosophie des sciences à leur histoire. On en est arrivé alors à proposer des concepts fort généraux et d'autant plus difficiles à évaluer qu'ils sont plus vagues : c'est le cas de la notion de « paradigme » chez Kuhn, ou de sa dichotomie entre « science normale » et « science révolutionnaire ». Ces analyses, si elles fournissent souvent une utile et pertinente description d'épisodes antérieurs (la révolution copernicienne, par exemple), sont finalement peu éclairantes pour la période contemporaine. C'est que « science normale » et « science révolutionnaire » ne peuvent éventuellement se distinguer que sous un regard rétrospectif, capable d'une appréciation informée *a posteriori*. Au sein de la science en marche, de complexes processus de refonte continue, et d'apparentes mais peut-être superficielles discontinuités, n'autorisent guère l'exercice d'un jugement critique fondé sur des catégories finalement trop générales pour prendre en compte l'extrême diversité de la notion même de science suivant le contexte historique. Ces remarques ne se limitent pas aux idées de Th. Kuhn, mais valent aussi bien pour l'œuvre d'un G. Holton, par exemple, dont le concept maître est celui des *themata*, ces grands principes de pensée organisateurs qui articuleraient tel développement scientifique (ou même toute l'œuvre de tel savant) à un contexte culturel plus large. Ce point de vue a la vertu d'élargir le regard porté sur la science au-delà de ses limites trop apparentes et souvent fallacieuses, mais sa généralité même le rend plus descriptif qu'opératoire. Le déplacement de la philosophie des sciences vers leur histoire, si intéressant soit-il, reste trop souvent un aller simple, sans retour effectif vers une intervention philosophique *active* au cœur de la pratique scientifique *actuelle*.

La vassalisation

La philosophie des sciences peut alors choisir de pratiquer l'entrisme et chercher à exercer d'emblée sa fonction réflexive et critique au sein de la science. À cette fin, il lui faut d'abord assimiler la substance même de la science et reprendre son discours, avec l'idée que, informé par l'analyse philosophique, il en deviendra plus cohérent, plus solide, plus valide — plus scientifique, en un mot — que l'énoncé spontané de la science par les savants eux-mêmes. C'est ainsi, en s'appuyant sur l'autorité de la science, qu'une certaine philosophie des sciences entend se faire entendre et, éventuellement, influer sur le processus du savoir. Cette stratégie du *If you can't beat them, join them*, on en trouve un exemple emblématique dans l'œuvre de Bachelard. Elle est clairement explicitée dans l'introduction à *L'activité rationaliste de la physique contemporaine*, intitulée de façon programmatique « Les tâches de la philosophie des sciences ». Il s'agit d'une défense et illustration sans réserve aucune du travail de la science, jusque dans ses aspects modernes les plus problématiques, comme la spécialisation à outrance. De la fausse modestie : « Nous voulons nous borner à la modeste tâche du philosophe », à la mise en garde envers les mauvais esprits : « L'homme ne peut plus accepter qu'on pose du dehors le problème des valeurs de la science » (il est vrai que c'était il y a environ un demi-siècle, mais quand même...), on en arrive à l'apologie aveugle : « C'est parfois chez les savants livrés aux recherches les plus rares, les plus abstraites qu'on trouve la plus grande liberté d'esprit à l'égard des bases philosophiques les plus générales » — ce qui n'est ni vrai, ni d'ailleurs particulièrement louable. Certes, Bachelard met à profit sa position philosophique et sa réelle culture scientifique pour faire face, plus efficacement que les scientifiques eux-mêmes, aux critiques épistémologiques rétrogrades, par exemple celles des adversaires de la théorie quantique. Mais à vouloir ainsi se faire le meilleur exégète du discours scientifique, Bachelard finit par en être le porte-parole. Ami trop complaisant de la science, il s'interdit du coup toute intervention critique qui permettrait de dissiper la confusion de son discours. Il est instructif de voir comment sa défense et illustration des thèses quantiques l'empêche de procéder au décapage épistémologique qu'on aurait pu attendre de lui sur des notions et des termes comme ceux d'indéterminisme, d'incertitude ou de dualité onde-corpuscule. À vouloir rester en prise coûte que coûte avec la science en marche, on est conduit à s'y assujettir, et la collaboration tourne à la vassalisation.

Le retournement

Allant plus loin, on peut en venir à un véritable abandon de poste. Cessant de croire à une autonomie possible de la philosophie des sciences, on subordonnera aux règles de fonctionnement de la science elle-même toute analyse philosophique de ce fonctionnement. Que ce point de vue soit, spontanément, celui de nombreux scientifiques pour qui il ne peut y avoir de débat philosophique sur la science, mais seulement *sous* elle, si l'on ose dire, et pour qui tout métadiscours traitant de la science est par essence invalide, on le sait depuis longtemps ; d'excellents biologistes en offrent aujourd'hui des exemples aussi naïfs que dogmatiques. Mais il est plus étrange de voir des philosophes passer avec armes et bagages sur les positions mêmes qu'on voudrait les voir étudier et, peut-être, modifier. Un exemple intéressant, car fondé sur une sérieuse connaissance des sciences, est la tentative quelque peu démesurée d'un Bunge pour fonder une « philosophie exacte », reposant sur une axiomatisation démarquant étroitement celle de la mathématique à la Bourbaki. La philosophie des sciences se transforme ainsi en une science de la philosophie, produisant une ontologie, une métaphysique, une éthique, une gnoséologie « rigoureuses » qui, en retour, permettront l'analyse de la connaissance scientifique. On devine les vices que recèle ce cercle. Une illustration plus caricaturale de cette position, mais représentative, hélas, de courants d'avenir, est fournie par un texte de Plotkin intitulé « Vers une épistémologie évolutive », où l'on peut lire ceci : « L'épistémologie est devenue un fait saillant en science : *elle se fait science*. La science a fait un grand pas en avant depuis qu'elle a compris que le savoir lui-même était un problème, en particulier pour la biologie de l'évolution. D'où les sciences cognitives, les recherches en intelligence artificielle, les différents aspects de la psychologie, et surtout les neurosciences. Cela fait deux mille ans que les philosophes font de l'épistémologie. C'est fini. D'ici une centaine d'années, les philosophes ne traiteront plus que quelques problèmes périphériques, comme l'éthique. » Est-il nécessaire de commenter ?

La guérilla

À l'opposé, allant jusqu'au bout d'une critique du projet méthodologique, et tirant les conclusions de l'affaiblissement apparemment sans limite de toute normativité, même négative, on peut renoncer à la possibilité d'une définition ou d'une représentation cohérentes de la science par une philosophie des sciences autonome, sans pour autant abandonner l'exigence réflexive ou critique. Le formidable état de fait que constitue aujourd'hui la science, on n'est pas obligé de l'accepter comme valant de droit. Sa domination actuelle sur toute forme de pensée et de connaissance exige plus que jamais une vigilance sans concession. Mais comment adopter une telle attitude, faute justement d'un socle solide à partir duquel exercer la critique ? Plutôt qu'une stratégie d'affrontement dont on ne voit pas au nom de quelles valeurs elle s'exercerait — sinon de douteux et archaïques syncrétismes ou spiritualismes lourds de risques plus graves encore —, c'est à une permanente guérilla que nous convie, tel un nouveau cynique, Feyerabend. Les titres de ses ouvrages déjà, *Contre la méthode* et *Adieu la Rai-*

son, illustrent la décapante et salubre ironie avec laquelle il dégonfle les mythes d'autocélébration de la science et sape les systèmes de valeurs prétendument bâtis sur elle. À la componction solennelle des savoirs assis, il oppose la joyeuse incertitude d'un questionnement permanent. La philosophie des sciences assume ici une totale négativité, sans entretenir l'illusion d'imposer une règle quelconque à la science, ni même d'en rendre compte au nom d'une métathéorie englobante. Position inconfortable pour qui, insatisfait des certitudes de la science, en chercherait d'autres dans sa philosophie, mais combien gratifiante pour qui préfère dans l'exercice de la pensée, qu'elle soit philosophique ou scientifique, l'ouverture des questions à la clôture des réponses.

LE SPECTRE INVISIBLE

La lumière visible ne correspond, nous le savons aujourd'hui, qu'à une plage assez étroite du spectre électromagnétique. Et sa description reste incomplète si l'on n'ajoute pas à la liste de ses couleurs les deux plages invisibles qui les bordent : l'infrarouge et l'ultraviolet, pour n'être pas directement perceptibles à l'œil, n'en existent pas moins et ont d'ailleurs des effets physiologiques — autres que visuels — considérables. De la même façon, il est utile aujourd'hui, me semble-t-il, d'indiquer comment deux regards sur la science, à proprement parler étrangers à la philosophie des sciences comme discipline, viennent néanmoins la prolonger utilement, et lui offrir deux stratégies de rechange.

L'encerclement

Une première possibilité est d'ancrer délibérément l'analyse dans la modernité de la science, mais en prenant ses distances par rapport à une définition étroitement gnoséologique. On peut aborder la science de l'extérieur, comme une activité sociale et culturelle inconnue, et l'étudier à l'instar des activités d'une peuplade étrangère. Se déploie ainsi une sociologie, ou même une anthropologie des sciences (Bloor, Collins, Latour, Woolgar, etc.), qui vise à décrire et comprendre ce qui se passe *vraiment* dans les laboratoires, en amont des productions finales élaborées que sont les résultats expérimentaux et les concepts théoriques. On doit à ces approches de considérablement éclairer la façon dont les rapports sociaux dans l'institution scientifique conditionnent ses activités apparemment les plus détachées des contingences sociopolitiques : l'apparition de connaissances nouvelles passe *aussi* par des conflits de pouvoir, des déterminations institutionnelles, des enjeux médiatiques, etc. Si une telle analyse est évidemment à la limite extérieure de la philosophie des sciences proprement dite, elle ne peut cependant en être détachée, dans la mesure où elle en est un aboutissement naturel et partage le même présupposé, à savoir que les sciences constituent en elles-mêmes un objet d'étude assez bien défini et porteur de spécificités constitutives. Mais, bien entendu, cette approche laisse délibérément de côté la question de la validité (ne disons même pas de la vérité) des connaissances scientifiques. C'est l'énoncé même de son « programme fort » (Bloor) que de considérer de la même façon tout discours de savoir, sans vouloir traiter de ses critères internes de validation. Ainsi l'astrologie et l'astronomie ne seront-elles distinguées que par leurs formes d'intégration culturelles, leurs rôles sociaux, leurs modes d'organisation, etc. Cette stratégie de *containment* contribue efficacement à battre en brèche les prétentions impérialistes et les revendications territoriales de la science constituée, mais elle s'interdit finalement de la mettre en cause dans son domaine d'autorité. Ne s'intéressant pas à l'élaboration des idées, négligeant le travail du concept, elle laisse inoccupé le terrain de la critique du savoir scientifique en tant que tel.

L'infiltration

Il existe une voie encore, à la fois ancienne et méconnue, pour tenir sur la science un discours pertinent. C'est celle de la fiction. Qui pourrait nier que la vérité des actions et passions humaines nous est, depuis toujours, donnée par ces histoires que nous nous transmettons et enrichissons depuis des millénaires ? Que serait la philosophie, s'il n'y avait, d'abord, la littérature ? Où apprenons-nous à comprendre le pouvoir, l'amour, la violence, sinon dans les romans, les tragédies et les comédies, les poèmes ? Écrirait-on seulement des essais théoriques, sans cet immense tissu de narrations qui en donne la matière expérimentale ? Pourquoi, alors, la science échapperait-elle en droit à l'emprise d'une fiction qu'il faut entendre au sens étymologique du "faire" — sous-entendu : un modèle, une représentation plus vraie que nature[1] ? Il ne s'agit évidemment pas de la si mal nommée

1. Voir « Hypotheses fingo », *supra* p. 219.

science-fiction, genre quelque peu figé et sans doute trop plaqué sur la science pour la percevoir et donc la montrer adéquatement. C'est la littérature, au sens plein, dont il faut affirmer la capacité à se saisir de la science, comme de tous les autres éléments de notre vie, pour nous interroger sur son sens. Certes, on est, ici encore, au-delà de la philosophie des sciences proprement dite. Mais, de même qu'il n'y aurait pas de philosophie sans littérature, pas de réflexion sans imagination, il s'agit justement d'affirmer que, pour penser la science aujourd'hui, il faut aussi pouvoir la raconter. Cette stratégie d'infiltration, spontanée et incontrôlée, peut faire utilement pendant à celle, délibérée et institutionnalisée, de la sociologie des sciences. Si peu nombreuses que soient les œuvres aujourd'hui où la fiction littéraire nous renvoie au fait de la science, il faut en tout cas reconnaître que la fiction romanesque peut efficacement relayer l'essai philosophique[1]. C'est même parce qu'elle déborde irrésistiblement le cadre de l'épistémologie que la littérature peut lui apporter une contribution majeure et la renouveler avec bonheur.

TUTELLE ET INDÉPENDANCE

L'analyse spectroscopique ici proposée de la philosophie des sciences est bien entendu aussi sommaire que la description newtonienne, toute scientifique qu'elle soit, du spectre coloré de la lumière blanche. Sa division en sept couleurs y est également arbitraire et ne fait pas moins fi des

1. Voir «Le miroir, la cornue et la pierre de touche», *supra* p. 183.

nuances. La liste des stratégies repérées ici ne décrit pas mieux la philosophie des sciences contemporaine que les “sept couleurs de l’arc-en-ciel”, ô combien abusivement dénommées et même dénombrées, ne décrivent le spectre lumineux — mais sans doute pas moins. Cette typologie schématique offre au moins un point de départ à la discussion. Encore faut-il expliquer la métaphore guerrière délibérément utilisée en discutant les attitudes de la philosophie des sciences comme autant de *stratégies*. L’hypothèse sous-jacente est que la philosophie des sciences, dès lors qu’elle se pense et se dit comme telle, est bien une réaction polémique de la philosophie contre la science, ressentie comme conquérante, voire usurpatrice, en tout cas menaçant la primauté de la philosophie quant au discours sur le monde. Il s’agirait plus précisément d’une réaction à la séparation et à l’autonomisation de ce qui, après tout, s’appela un temps “philosophie naturelle”. La philosophie des sciences exprimerait le désir de la philosophie de retrouver sa « tutelle » sur la science (R.-P. Droit), en lui imposant des normes ou, à tout le moins, en les énonçant. Remarquons d’ailleurs que, presque toujours, la philosophie des sciences, en tant que telle, traite des sciences (dites) exactes ou naturelles, celles justement qui se sont le plus profondément émancipées, par l’énoncé de leurs questions et les outils de leurs recherches, de la quête philosophique générale. Le paradoxe est que, dans la nostalgie de cette tutelle désormais impossible sur les sciences, la philosophie des sciences aboutit à se placer elle-même sous une tutelle inversée. Et quand la réflexion philosophique porte sur les sciences sociales et humaines, qui n’en sont pas encore si éloignées, elle n’éprouve guère le besoin de se dire philosophie "des sciences". Philosophie au sens plein du mot, elle n'en a que plus de capacités pour, avec sympathie, éclairer ces disciplines et y intervenir. Il suffit pour étayer cette assertion d'invoquer ici toute l'œuvre de Foucault.

Ainsi, la philosophie des sciences tombe sans échappatoire possible sous le jugement de Marx dans la plus fameuse de ses thèses sur Feuerbach : « Jusqu'ici, les philosophes [des sciences ?] n'ont fait qu'interpréter le monde [des sciences ?], le problème cependant est de le transformer. » C'est que la technoscience aujourd'hui est trop puissante pour qu'une philosophie des sciences, au sens étroit et spécifique, puisse disposer du minimum d'indépendance qui lui permettrait d'avoir prise sur le développement technoscientifique — que ce soit sous l'angle épistémologique, politique ou éthique. D'ailleurs, il est devenu fort douteux que la science, ou même les sciences, puisse(nt) en elle(s)-même(s) être objet(s) d'une discipline particulière de la philosophie. Maintenant que nous ne pouvons plus considérer la recherche scientifique comme une pure et abstraite activité de connaissance, ses inséparables dimensions sociale et politique ne conduisent-elles pas à mettre en question la légitimité d'une philosophie des sciences *stricto sensu*, et, à tout le moins, sa pertinence ? Certes, la recherche scientifique ne peut que croiser les chemins de la réflexion philosophique, au carrefour des notions générales qu'elles travaillent (l'espace, le temps, la matière, la vie) ou qui les travaillent (la connaissance, la puissance). Mais ce dont nous avons besoin aujourd'hui, c'est du regard à la fois indépendant et informé de la philosophie, au sens plein du terme, sur les sciences.

J'ai tendance à penser désormais la philosophie

des sciences comme la chauve-souris de la fable qui se prétendait oiseau de par ses ailes et mammifère de par son poil. À trop vouloir jouer sur sa double appartenance, cet animal incertain risque de perdre et son intérêt philosophique et sa pertinence scientifique. On me permettra de lui préférer, au moment où vacillent les Lumières, la chouette d'Athéna.

BIBLIOGRAPHIE

Bachelard, Gaston, *Le pluralisme cohérent de la chimie moderne*, Vrin, 1973 ; *Le nouvel esprit scientifique*, PUF, 1986 ; *L'activité rationaliste de la physique contemporaine*, PUF, 1965.

Bloor, David, *La sociologie de la logique*, Pandore, 1982.

Bunge, Mario, *Philosophie de la physique*, Le Seuil, 1975 ; *Épistémologie*, Maloine, 1983.

Chalmers, Alan F., *Qu'est-ce que la science ?*, La Découverte 1988.

Collectif, *La science telle qu'elle se fait*, Pandore, 1982 ; *Les scientifiques et leurs alliés*, Pandore, 1984.

Collectif, sous la direction d'I. Stengers, *D'une science à l'autre*, Le Seuil, 1987.

Collins Harry, et Pynch Trevor, *Tout ce que vous devriez savoir sur la science*, Le Seuil, 1994.

Feyerabend, Paul, *Contre la méthode*, Le Seuil, 1979 ; *Adieu la Raison*, Le Seuil, 1989 ; *Dialogues sur la connaissance*, Le Seuil, 1996.

Holton, Gerald, *L'imagination scientifique*, Gallimard, 1981 ; *L'invention scientifique*, PUF, 1982.

Kuhn, Thomas, *La structure des révolutions scientifiques*, Flammarion, 1983 ; *La tension essentielle*, Gallimard, 1990.

Lakatos, Imre, *Preuves et réfutations*, Hermann, 1984.

Latour, Bruno, *La vie de laboratoire*, La Découverte, 1988 ; *La science en action*, La Découverte, 1989 ; *Petites leçons de sociologie des sciences*, Le Seuil, 1996.

Popper, Karl, *La logique de la découverte scientifique*, Payot,

1982 ; *Conjectures et réfutations*, Payot, 1985 ; *Le réalisme et la science*, Hermann, 1989 ; voir aussi le numéro spécial consacré à K. Popper par la revue *Fundamenta Scientiae*, vol. 3, n° 1, 1982.

STENGERS, Isabelle et SCHLANGER, Judith, *Les concepts scientifiques*, La Découverte, 1989.

PRATIQUES DE L'INFINI

L'INFINI DANS LA PHYSIQUE

Est-il besoin, pour justifier la prétention d'un physicien à traiter de l'infini — privilège qui pourrait sembler réservé au mathématicien et au philosophe —, de rappeler que la pensée physique a, de longue date, partie liée avec l'infini ? Archimède (le premier physicien ?), et plus tard Galilée qui y consacre de nombreuses pages des *Discorsi* [1], offrent deux exemples parmi d'autres d'une réflexion fondamentale sur la nature de l'infini à partir des préoccupations du physicien concernant une réalité matérielle, dont les apparences pourtant relèvent du fini. Néanmoins, c'est une idée trop souvent reçue que l'infini ne devrait pas faire partie ès qualité de l'arsenal conceptuel de la physique, puisque aussi bien "il n'y en a pas dans la nature". L'apparition de l'infini dans une théorie physique signalerait alors, sinon une faillite, du moins une extrapolation risquée et peut-être abusive de sa

1. Galileo Galilei, *Discours concernant deux sciences nouvelles* (trad. M. Clavelin), Armand Colin, 1970. Voir particulièrement p. 30 à 36.

validité. On peut certes objecter à l'empirisme étroit de cet argument qu'*il y a* de l'infini dans la réalité, puisqu'il y en a dans nos têtes — parties intégrantes de la réalité ! Sans nous attarder à montrer que cette remarque est bien plus qu'une simple boutade, proposons un syllogisme élémentaire mais irréfutable : il n'y a pas de mathématique sans infini, il n'y a pas de physique sans mathématique — la conclusion s'impose. De fait, les mathématiques ont pour la physique une fonction proprement constitutive, bien au-delà du rôle simplement instrumental ou formel auquel on les réduit trop souvent : ni outil ni langage, mais bien pensée en acte[1]. On ne voit donc guère comment la physique pourrait, au prétexte fallacieux qu'elle s'occupe du réel, échapper à l'infini. Reste à examiner les formes spécifiques sous lesquelles elle le pratique.

La physique, en tant qu'elle est science, construit des *théories* : non pas de simples et plats modèles de la réalité, mais des constructions abstraites, des approximations élaborées. Leurs concepts ne se contentent pas de démarquer les propriétés du réel qu'ils nous donnent à comprendre. Ils en sont d'autant plus éloignés qu'ils sont plus généraux et plus profonds. Le concept de chien n'aboie pas — ce qui n'obère pas la possibilité de l'appliquer à tel canidé particulier. De même, l'infini, pour n'être ni immédiatement sensible, ni directement mesurable, n'en est *a priori* pas disqualifié pour autant aux yeux du physicien. D'ailleurs, à bien y réfléchir, l'infini, en tant que nombre, est-il tellement moins concret, tellement moins physique, que

1. Jean-Marc Lévy-Leblond, « Physique et mathématique », in *Penser les mathématiques* (collectif, sous la dir. de M. Loi), Le Seuil, 1982.

"deux", par exemple ? Après tout, qui a jamais perçu ou mesuré "deux" ? Je peux voir deux pommes, deux points, mesurer deux mètres, deux heures, etc. — mais comment appréhender "deux" ? Malgré sa familiarité, c'est là un concept fort abstrait reposant sur une double idéalisation : il faut *faire abstraction*, d'une part, des différences singulières irréductibles entres ces deux pommes, ces deux points, et d'autre part, de la différence de nature entre les paires de pommes, de points, etc. Le concept du nombre "deux" repose donc sur l'identité supposée des objets d'une paire et sur une (la) caractéristique commune à toutes les paires[1]. La simple idée de nombre entier se révèle si élaborée et si riche par rapport à l'expérience immédiate, que l'idée de nombre infini ne demande au fond qu'un assez modeste pas supplémentaire. D'ailleurs, malgré le naïf malaise épistémologique qui saisit certains physiciens à l'idée de l'infini, la pratique première la plus banale de la physique, celle de la mesure, lui fait pourtant une place effective. Il existe en effet bien des appareils de mesure, d'usage absolument courant, dont la graduation exhibe explicitement le signe "∞" : c'est le cas des ohmmètres, des télémètres (voir par exemple l'échelle de mise au point de n'importe quel objectif photographique). Certes, cette valeur « numérique », lorsqu'on l'obtient comme résultat d'une mesure expérimentale concrète de résistance ou de distance, est interprétée comme une valeur approchée. Mais l'est-elle plus, ou différemment, qu'une valeur de 5 ohms ou de 2 mètres ?

1. Voir la distinction si nettement précisée par Stella Baruk entre "nombre" et "nombre-de" dans son *Dictionnaire de mathématiques élémentaires*, Le Seuil, 1992.

Il s'agira cependant ici moins d'une réflexion méta-physique sur la nature de l'infini, que d'une enquête empirique sur sa fonction dans la physique telle qu'elle se pratique. Car il y a effectivement de l'infini, et même beaucoup, dans la physique, y compris la plus ordinaire. On peut en distinguer deux modes d'intervention. En premier lieu, on trouve un infini "cardinal". Il se présente lorsqu'on a affaire à des ensembles infinis d'objets, de concepts ou de grandeurs. L'exemple le plus fréquent en est l'ensemble des points d'une droite ou d'un segment, ou, ce qui revient au même, l'ensemble des nombres réels. La banalité du recours à ces notions ne doit pas masquer la vigoureuse réfutation pratique des positions empiristes vulgaires qu'il sous-tend. Si, en effet, l'interdiction (que formulait le dogme néo-positiviste) d'introduire dans la théorie tout concept qui ne soit pas "directement mesurable" était prise au sérieux, le physicien devrait renoncer peut-être aux nombres entiers déjà (voir plus haut), en tout cas aux nombres réels, car l'infinitude de leurs décimales les place en dehors de l'expérience directe. Il ne devrait utiliser que des décimaux finis, et ne pas considérer $\sqrt{2}$, ni π, ni e, etc. comme de "vrais nombres" ; mieux même, des rationnels au développement décimal infini, tels $1/3 = 0{,}33333...$ ou $1/7 = 0{,}142857142857142...$ deviendraient suspects. Toute mesure ne fournissant qu'une valeur numérique décimale finie entachée d'une incertitude décimale finie, ce sont les intervalles de décimaux finis qui seuls pourraient prétendre à être considérés comme les "nombres" d'une théorie physique "directement" liée aux résultats expérimentaux. Du coup, deviendrait caduc tout l'arsenal de la théorie des fonctions de variable réelle (continuité, différentiabilité, etc.). Quel physicien serait prêt à opérer un tel sacrifice, et à affronter la tâche d'une complète reconstruction théorique finitiste de type intuitionniste ? Encore peut-on argumenter que les nombres réels viennent remplir de façon bien agréable, et somme toute "naturelle", les lacunes des rationnels, qu'ils en fournissent une extension raisonnable, et que la distance entre l'usage empirique des rationnels (à développement décimal fini ou périodique) et l'abstraction théorique des réels (à développement infini) n'est pas si considérable qu'elle ne puisse en principe être franchie par une telle reconstruction. Mais les physiciens utilisent sans vergogne la cardinalité infinie dans des situations bien plus élaborées. Que l'on pense par exemple aux fonctions analytiques, *infiniment* dérivables, et à l'absurdité de toute approche empirique d'une telle notion : comment distinguer "expérimentalement" entre une fonction trois fois dérivable et une fonction infiniment dérivable[1] ? Ce n'est pourtant pas cette utilisation de l'infini, si massive et ubiquitaire soit-elle, qui nous retiendra.

C'est un autre mode d'intervention de l'infini, de type ordinal, que l'on discutera et qui pose des questions peut-être plus vives encore. Il ne s'agit plus ici de l'infinitude d'un ensemble d'entités conceptuelles ou de grandeurs physiques, mais des valeurs numériques elles-mêmes de telles grandeurs — énergie, vitesse, nombre de particules,

1. Il est amusant de noter à cet égard que le dogme néo-positiviste dans la physique moderne a eu pour avocat majeur Heisenberg, qui a été aussi l'initiateur de l'utilisation de méthodes théoriques sophistiquées fondées sur des considérations d'analyticité de grandeurs physiques considérées comme fonctions prolongées dans le domaine complexe.

etc. Mesurables, ces grandeurs se voient attribuer par les pratiques expérimentales des valeurs numériques usuellement finies. Mais le théoricien, souvent, "fait tendre vers l'infini" ces grandeurs. Parfois même, nous l'avons souligné, l'appareil expérimental lui-même fournit une valeur (approximativement) infinie. Quels sont donc le sens et l'intérêt de l'attribution d'une valeur infinie à une grandeur physique ? Pourquoi et comment le physicien peut-il affirmer, de quel droit et à quelles fins, que cette vitesse, cette énergie, cette résistance "vaut" l'infini ? À se pencher sur les situations concrètes où la physique recourt ainsi à l'infini, on peut en distinguer trois types. L'infini (ordinal) peut surgir comme problème, comme méthode, comme solution

L'INFINI COMME PROBLÈME

Le mode problématique est le plus connu, sinon le plus commun, sous lequel surgit en physique l'infini ; il sous-tend la conception ordinaire de l'infini comme maladie de la théorie, à éliminer dès qu'il se manifeste. Il arrive en effet que, cherchant à déterminer la valeur numérique d'une grandeur physique, le physicien, au terme d'un calcul, obtient, à son grand désappointement, un résultat infini. Donnons-en deux exemples.

Le rayonnement du corps noir

Cette terminologie quelque peu ésotérique mais convenue couvre ce qui devrait s'appeler plus explicitement et plus sobrement "rayonnement électromagnétique à l'équilibre thermique". Il s'agit en fait d'expliquer le phénomène, connu depuis toujours, de l'émission de lumière par un corps porté à haute température : pourquoi un fer chauffé à la forge ou le filament d'une lampe à incandescence devient-il rouge, puis jaune quand sa température croît ? Le mécanisme de base en est simple : le rayonnement électromagnétique est émis lorsque des particules électriquement chargées sont accélérées ; or l'élévation de température d'un corps correspond à un accroissement de l'agitation de ses atomes, et les particules chargées (électrons) qui les constituent, ainsi accélérées, émettent un rayonnement électromagnétique d'une fréquence d'autant plus grande. Pour calculer plus précisément les caractéristiques de ce rayonnement, c'est-à-dire la répartition de l'énergie rayonnée en fonction de la fréquence (la densité spectrale d'énergie) à une température donnée, il faut employer les concepts de la thermodynamique statistique qui permettent d'évaluer les conditions d'équilibre entre le rayonnement et la matière qui l'émet et le réabsorbe en permanence. La thermodynamique classique, à la fin du XIXe siècle, fournit ainsi une réponse, la loi de Rayleigh-Jeans. La densité spectrale y est une fonction croissante de la fréquence. Or c'est là une réponse inacceptable, puisqu'elle implique que l'énergie totale rayonnée sur toutes les fréquences, soit encore l'intégrale de la densité spectrale, représentée par l'aire totale comprise entre son graphe et l'axe des fréquences, est *infinie*[1] ! Bien entendu,

1. On trouvera une version plus développée des présentes considérations, détaillant certaines formulations mathématiques, dans « La physique et l'infini en pratique », in *Infini des philosophes, infini des astronomes* (collectif sous la dir. de Françoise Monnoyeur), Belin, 1995.

dans la réalité, un corps donné ne rayonne, à chaque température, qu'une quantité finie d'énergie, d'ailleurs déjà empiriquement connue à l'époque (loi de Stefan). Ce paradoxe représente un échec majeur de la théorie classique. Il fut à l'origine de l'hypothèse quasiment désespérée de Planck, au départ d'apparence assez arbitraire. Supposant que l'énergie ne pouvait s'échanger entre rayonnement et matière que de façon discontinue, par quantités bien définies — les « quanta » — il aboutit en effet à une nouvelle loi de répartition. Cette loi de Planck évitait la divergence pour les hautes fréquences, donnait une quantité d'énergie totale, finie cette fois, conforme à la loi de Stefan et, en accord avec toutes les données expérimentales. Ici, l'infini inacceptable du résultat théorique a été le symptôme, massif, de l'échec de la théorie classique, et a déclenché la découverte de la théorie quantique. Une autre des sources de la théorie quantique présente des caractères très similaires ; il s'agit du problème de la stabilité des atomes. En mécanique classique, en effet, l'énergie d'un système de particules chargées interagissant par les seules forces électromagnétiques n'est pas bornée inférieurement. Un tel système pourrait donc perdre indéfiniment de l'énergie par rayonnement électromagnétique, et en émettre une quantité infinie, ce qui est physiquement absurde. La théorie quantique, empêchant, grâce à la délocalisation des électrons, leur chute dans le puits de potentiel coulombien sans fond, assure la stabilisation des atomes et des molécules.

La renormalisation en théorie quantique des champs

La physique des particules et interactions fondamentales étudie les réactions et processus fort compliqués d'apparition ou disparition de constituants quantiques de la matière : le nombre des particules ne reste pas constant au cours d'un tel processus, l'énergie cinétique des unes pouvant se transformer en énergie de masse des autres. La théorie qui en rend compte, dite théorie quantique des champs, utilise des objets mathématiques compliqués et mal dominés (opérateurs non bornés, équations non linéaires, etc.). Élaborée en détail au cours des années trente et quarante pour le cas le plus simple, celui des interactions entre les électrons et les photons, cette théorie, appelée électrodynamique quantique, conduisait à de premiers résultats déplaisants : le calcul de la probabilité d'interaction de deux électrons (section efficace), ou du moment magnétique d'un électron, fournissait des valeurs *infinies*. Pourtant, le problème posé par ces "divergences" put être résolu de façon élégante et profonde. Dans les années quarante, Kramers fit remarquer que les calculs avaient été menés jusque-là en utilisant comme paramètre la masse de l'électron telle qu'elle était initialement introduite dans les équations ; mais le même argument, selon lequel l'interaction de l'électron avec son champ modifiait son moment magnétique, amenait à comprendre que sa masse était également assujettie à une modification de même nature. Autrement dit, la masse introduite au départ dans les équations était la masse "nue" d'un électron hypothétiquement sans interactions ; celles-ci, habillant l'électron d'un champ électromagnétique (photons), modifient son énergie propre, c'est-à-dire sa masse. Or, le calcul de cette masse effective, dite habillée, à partir de la masse nue, donnait aussi un résultat infini. Nouveau problème... et résolution du précédent ! Si, en effet, la théorie est reformulée de façon que les résultats finaux soient exprimés en termes de la masse de l'électron habillé, c'est-à-dire de sa masse physique, celle que l'on observe et mesure effectivement, les infinis se compensent ; les résultats sont alors finis — et en remarquable accord avec l'expérience. Cette procédure, appelée renormalisation, a pu apparaître un temps comme une jonglerie, une soustraction d'infinis ambiguë et mathématiquement mal définie. On sait aujourd'hui lui donner une formulation rigoureuse[1]. L'idée de renormalisation a connu une fortune considérable, et s'est étendue de la théorie quantique des champs à la physique statistique, où elle sous-tend la théorie moderne des transitions de phase et des phénomènes critiques. Contrairement au cas précédent, la crise due au surgissement de l'infini s'est résolue ici, non par le renversement radical de la théorie, mais par sa reformulation et son approfondissement.

Dans les deux cas évoqués, il est essentiel de noter que l'apparition de l'infini a eu la vertu de poser un problème grave, *donc* intéressant. Si, en électrodynamique quantique, par exemple, le calcul de la masse habillée avait fourni pour résultat 23,14069 fois (ou tout autre nombre fini quel-

1. Pour une mise au point récente sur ces questions, voir *Renormalization (from Lorentz to Landau)* (collectif, sous la dir. de Laurie Brown), Springer Verlag, 1993.

conque) la valeur de la masse nue, le problème n'aurait montré qu'un intérêt limité. L'infini au contraire signale une difficulté conceptuelle profonde. Loin de déplorer le surgissement de ce symptôme de crise, le physicien ne peut que s'en réjouir, car c'est ainsi qu'apparaît explicitement le germe d'une nouveauté radicale. Rien de plus réjouissant que de mettre en défaut les idées admises — et quel plus beau défaut qu'un infini, gros de développements ultérieurs ! C'est un cas beaucoup plus intéressant que celui où les limites de validité d'une théorie dominante se signalent par d'insidieux décalages de faibles différences numériques. Un exemple de cette dernière situation est fourni par la théorie classique (newtonienne) de la gravitation qui se heurta, vers la fin du XIXe siècle, à de *petits* désaccords avec l'observation : ainsi le périhélie de l'orbite de Mercure montrait-il un mouvement résiduel d'environ 40 secondes d'arc par siècle — une fois déduites toutes les perturbations dues aux autres planètes, corrections bien plus importantes. Beaucoup d'hypothèses *ad hoc* et de bricolages théoriques (une nouvelle planète lointaine ? une non-sphéricité du Soleil ? une légère modification de la loi de Newton ?) pouvaient suffire à expliquer ce menu désaccord. Rien ne le signalait d'emblée comme le signe d'une véritable révolution conceptuelle, à savoir le remplacement de la théorie newtonienne de la gravitation par la relativité générale d'Einstein. C'est *a posteriori* seulement que l'on put reconnaître dans ces faibles écarts la manifestation subreptice de la nécessité d'une telle révolution. Si donc, dans les cas évoqués, l'infini apparaît bien pour la physique comme une pierre d'achoppement, un symptôme de crise, son ampleur même en fait l'intérêt, et doit susciter bien plutôt une attraction enthousiaste qu'une répulsion craintive.

L'INFINI COMME MÉTHODE

Mais, loin de toujours compliquer la vie du physicien, l'occurrence de l'infini la facilite souvent. L'infini est simple, plus simple que tout nombre fini, si grand soit-il et toujours entaché d'arbitraire (22 026? 3 269 017? 485 165 195? etc.): une vitesse infinie est plus simple qu'une vitesse de 299 793 kilomètres-seconde. *L*'infini dans son unicité échappe à la contingence de la valeur numérique d'*un* très grand nombre[1]. Ainsi le recours à l'infini rend-il parfois plus élémentaires, plus nettes, parfois plus banales aussi, la description et l'analyse d'une situation physique. S'il est bien vrai que l'essence de la pensée physicienne réside dans la notion cruciale d'approximation[2], alors *l'infini peut constituer une excellente valeur approchée* pour une grandeur physique dont la véritable valeur numérique (finie) est soit inconnue, soit sans pertinence. Un exemple élémentaire en est fourni par cette graduation "∞", déjà mentionnée, que portent certains appareils de mesure.

Géométries planes

Un autre exemple, à peine moins rudimentaire, nous est fourni par la géométrie — au sens étymolo-

1. Jusqu'ici, la physique s'est contentée des infinis "élémentaires" (sauf exception, les ordinaux aleph-zéro et aleph-un de Cantor lui suffisent).
2. Voir Jean-Marc Lévy-Leblond, « Rigoureux/Intuitif », in *Aux contraires (L'exercice de la pensée et la pratique de la science)*, Gallimard, « NRF-Essais », 1996.

gique propre, la "mesure de la Terre". Depuis l'Antiquité grecque, nous savons qu'elle est sphérique (approximativement), avec un rayon de 6 400 kilomètres. Faire des mesures (d'arpentage, de cartographie, de travaux publics) sur le sol — négligeons pour l'instant les accidents du relief —, c'est faire de la géométrie sphérique. En toute rigueur, pour mesurer un champ ou établir un relevé cadastral, on devrait donc utiliser les formules quelque peu alambiquées de la géométrie sphérique. Bien entendu, l'arpenteur ou le métreur n'en font rien ; à juste titre, ils se contentent des formules de la géométrie plane euclidienne. Cette théorie constitue, de fait, une limite formelle exacte de la géométrie sphérique, à la limite où le rayon de courbure de la surface sphérique devient infini. Pratiquement, elle fournit une excellente approximation dès lors que le rayon de la Terre est très grand devant la taille des domaines considérés (c'est-à-dire jusqu'à l'échelle de la centaine de kilomètres, certainement). Ainsi donc, considérer ici le rayon de la Terre comme infini, c'est se débarrasser d'une grandeur physique effectivement finie mais non pertinente, au profit d'une abstraction qui, pour sembler moins réaliste, est en fait plus conforme à la nature du problème étudié. Que le rayon de la Terre vaille 6 400 kilomètres est à la fois vrai et sans aucun intérêt pour qui mesure un champ ou relève un cadastre. Tenir compte de cette valeur réelle ne ferait que compliquer le problème et en masquer l'essentiel à l'échelle considérée. Il est donc commode, mais surtout pertinent, d'approximer une quantité finie par l'infini, dès lors qu'elle est grande devant les valeurs numériques caractéristiques de la situation étudiée. Cet exemple banal est très représentatif d'une procédure fréquente et féconde en physique théorique. C'est ainsi que la mécanique classique, celle de Galilée et Newton, parfaitement adéquate à la plupart des problèmes techniques, s'obtient à partir de la théorie relativiste d'Einstein, plus exacte si l'on veut, mais moins pertinente à l'échelle des vitesses de nos trains, avions et même fusées, en considérant comme infinie la vitesse de la lumière *c*, qui vaut en fait 299 793 kilomètres-seconde[1]. Dans le cas de la théorie einsteinienne de la gravitation (connue sous le nom de relativité générale), ce même passage à l'infini de la vitesse limite offre une analogie encore plus précise (c'est même une homologie) avec le passage à l'infini du rayon terrestre, puisqu'il permet de passer de la géométrie riemannienne qui caractérise l'espace-temps einsteinien ("courbé" par la gravitation) à la géométrie euclidienne de l'espace newtonien (plat).

Physique statistique

Mais insistons plutôt sur un exemple moins connu. Un grand thème de la physique des systèmes collectifs, depuis plus d'un siècle, est l'étude des "transitions de phase", ou changements d'état. Il s'agit de comprendre pourquoi et comment un corps passe, par exemple, de l'état liquide à l'état solide, ou à l'état gazeux. De tels changements sont à nos yeux radicaux, et traduisent une différence qualitative de nature et de comportement : un liquide *est* différent d'un solide. Or cette expérience banale pose à la théorie un problème difficile. Si l'on essaie d'analyser la transformation

1. Pour les relations quelque peu subtiles entre théorie einsteinienne et théorie classique de la relativité, voir Jean-Marc Lévy-Leblond, « Absolu/Relatif », in *Aux contraires*, *op. cit.*

d'eau en glace à partir de la considération des constituants élémentaires (les molécules d'eau) et de leurs interactions (les forces qu'elles exercent l'une sur l'autre), on est *a priori* mis en difficulté par le nombre gigantesque de ces molécules dans le moindre récipient de notre pratique courante (3.10^{25} dans un litre d'eau !). On pourrait alors être tenté d'aborder le problème dans une situation simplifiée, avec un petit nombre de molécules. Mais il perd tout son sens : pour un système de 2 molécules, il n'y a évidemment ni état liquide ni état solide. Et pas plus pour 3, 4, 10, etc. À partir de quel nombre de molécules peut-on donc considérer le système comme assez grand pour que des concepts empiriques valables à notre échelle, comme ceux de liquide ou de solide, puissent lui être appliqués ? La réponse rigoureuse de la théorie (en l'occurrence, la physique statistique), pour surprenante qu'elle soit, est sans ambiguïté : aucun système fini n'est assez grand... Même avec 10^{25} molécules, on ne peut mettre en évidence des différences qualitatives de comportement, traduisant l'existence de phases distinctes. Plus précisément : les grandeurs physiques restent des fonctions continues de la température. Or ce sont justement des sauts brusques, des discontinuités, dans la variation avec la température de grandeurs telles que la masse volumique ou la capacité calorifique d'un corps, mesurées expérimentalement, qui traduisent ces changements d'état, ces transitions de phase. Mais le théoricien est incapable de rendre compte de ces sauts et *a fortiori* d'évaluer la température de transition ; il peut même démontrer l'absence de discontinuités dans tout système ayant un nombre fini de molécules. Il est paradoxal de voir une théorie raffinée sembler capituler ainsi devant de grossiers phénomènes de la vie courante... C'est qu'on lui demande *trop* de précision. Supposons qu'on approxime un tel grand système (10^{25} molécules et une taille très supérieure à celle des distances intermoléculaires) par un système de même densité, mais infini à la fois en nombre de molécules et en volume. Alors apparaissent les fameuses discontinuités ! L'introduction (méthodique) de l'infini nous rapproche ainsi de la réalité empirique, au lieu de nous en éloigner. De fait, les discontinuités apparentes révélées par la pratique expérimentale sont d'excellentes approximations observationnelles, à notre échelle, de variations que d'hypothétiques mesures à une plus fine résolution feraient apparaître comme continues. Mais cette continuité virtuelle est sans pertinence à une échelle où la pratique différencie effectivement solides et liquides[1]. C'est en abandonnant la prétention abusive et trompeuse à rendre compte trop précisément du comportement d'un système fini que l'on en comprend finalement l'essentiel. L'abstraction supplémentaire que représente le passage à l'infini de la taille du système nous rapproche en fait de sa réalité.

On pourrait multiplier les exemples de situations où il est *à la fois* plus simple du point de vue de l'analyse théorique et plus efficace du point de vue de la réalité empirique, de considérer des systèmes infinis. C'est le cas d'un autre problème essentiel de la physique statistique, celui de l'irré-

1. On reconnaît là un thème essentiel des fondements épistémologiques de l'analyse non standard, cette théorie mathématique qui permet de donner un sens rigoureux aux grandeurs infinitésimales, et dont on peut s'étonner qu'elle n'ait pas encore trouvé d'applications plus productives dans la physique statistique.

versibilité. Il est compliqué, en effet, d'expliquer rigoureusement pourquoi il est très aisé de dissoudre un morceau de sucre dans l'eau, mais très difficile de séparer ensuite le sucre de l'eau. Comme pour les transitions de phase, on voit bien que le problème ne se pose même pas pour un système rudimentaire composé d'une molécule d'eau et d'une molécule de sucre. L'irréversibilité du mélange n'a guère de sens si l'on prend deux molécules de chaque, ou mille, etc. L'analyse théorique, ici encore, montre qu'il en faut un nombre infini pour rendre compte de la situation. Mentionnons enfin, brièvement, le problème de la mesure en théorie quantique. Une grande partie des débats épistémologiques persistants sur la nature et le sens de la théorie quantique est liée à la difficulté d'élaborer, en restant dans le cadre de la théorie, une analyse cohérente des processus de mesure, c'est-à-dire des interactions entre un système (mesuré) et un appareil (de mesure). Ce dernier est décrit, conformément à la pratique, comme un système macroscopique, formé d'un très grand nombre de particules. Mais il semble qu'on n'en puisse décrire correctement la fonction qu'en le supposant infini (et d'ailleurs opérant pendant un temps infini). La voie est alors ouverte pour expliquer l'apparente différence de nature entre évolution (interne) et mesure (externe) d'un système quantique[1].

C'est bien d'une véritable procédure méthodologique que relève dans ces différents exemples le recours à l'infini, démarche d'approximation cohérente et pertinente.

1. Voir *Quantum Physics without Reduction* (collectif sous la dir. de M. Cini et J.-M. Lévy-Leblond), Adam Hilger, 1990.

L'INFINI COMME SOLUTION

Il existe plusieurs situations dans la physique contemporaine où une grandeur physique bute sur une limite numérique finie infranchissable. Ainsi, la vitesse d'un objet mobile ne peut dépasser une vitesse limite, dite "de la lumière" ($c \cong 300\,000$ km/s) ; la température d'un corps ne peut descendre au-dessous du "zéro absolu" ($T_0 \cong -273$°C) ; l'évolution de l'univers ne peut remonter avant le big-bang initial ($t_i \cong -20$ milliards d'années). Il y a là un scandale pour la pensée. Quelle peut être la signification de telles limites infranchissables ?

La vitesse limite

De quel droit imposer une borne à la vitesse (« Ce mur de la honte, pire que celui de Berlin », écrivait à propos de la vitesse limite un adversaire de la relativité einsteinienne) ? Rien ne s'oppose en effet à ce qu'on puisse penser une vitesse de, disons, 320 000 kilomètres-seconde ; pourquoi la nature semble-t-elle n'en faire pas usage ? Pour clarifier la situation, procédons de façon platement opérationnaliste, en mesurant la vitesse d'un train (fictif — mais c'est l'exemple archétypique des raisonnements relativistes). Le plus simple est de mesurer les temps de passage du train en deux points de la voie dont on connaît la distance. Si l'on suppose les horloges convenablement synchronisées, on en déduit le temps de parcours puis la vitesse — par définition le rapport entre la distance parcourue et le temps mis à la parcourir. En considérant des trains de plus en plus rapides, on constate que la valeur numérique de leurs vitesses augmente, mais de moins en moins. Quelle que soit l'énergie conférée au train, cette valeur ne peut que tendre, sans l'atteindre, vers la vitesse limite *c*. On peut remarquer cependant que cette mesure est faite à l'aide d'instruments extérieurs au train. Peut-on imaginer une mesure intrinsèque ? Oui : il suffit de disposer *dans* le train d'un accéléromètre (par exemple un simple peson à ressort) et d'une horloge. La valeur de la vitesse peut alors être obtenue en intégrant au cours du temps l'accélération ainsi mesurée (c'est-à-dire le taux de variation temporelle de la vitesse). À la surprise de l'expérimentateur non prévenu, cette vitesse "interne", si elle coïncide avec la vitesse "externe" antérieurement mesurée pour des valeurs ordinaires (quelques centaines de kilomètres à l'heure), s'en différencie pour des valeurs plus élevées ; elle lui est toujours supérieure et tend vers l'infini sans rencontrer de limite ! Nous devons en conclure qu'il y a en réalité deux concepts de vitesse — on pourrait même en inventer d'autres. Ils coïncident dans la conception classique (galiléo-newtonienne) de l'espace et du temps, mais se différencient dans la théorie einsteinienne[1]. La vitesse interne y porte d'ailleurs un autre nom, celui de rapidité. Vitesse (externe) et rapidité sont toutes deux des généralisations einsteiniennes également respectables de la notion (unique) de vitesse galiléenne. Si donc, d'un certain point de vue, la vitesse d'un corps admet une limite finie, d'un autre (celui de la rapidité), elle peut croître sans bornes. Ceci éclaire la *nature* de cette "limite" : si elle ne peut être dépassée, c'est qu'elle

1. Voir Jean-Marc Lévy-Leblond, « Absolu/Relatif », in *Aux contraires, op. cit.*

ne peut être atteinte[1]. Il s'agit, à la vérité, d'un infini conceptuel, même s'il peut se déguiser en fini numérique. La situation est identique pour le zéro absolu des températures. Si l'on ne peut refroidir un corps en dessous de -273,15°C, c'est qu'on ne peut même pas arriver à cette température — d'aussi près que l'on puisse s'en rapprocher. D'ailleurs, comme dans le cas de la vitesse, il existe un changement de variable d'intérêt théorique qui explicite ce renvoi à l'infini de la valeur limite (finie).

L'âge de l'Univers

S'il est assez aisé d'accepter cette idée pour la vitesse limite et le zéro absolu, il est moins courant d'appliquer la même démarche à l'âge dc l'Univers. Pourtant, c'est d'une aporie déjà ancienne que relève la question : « Si l'Univers est né il y a 20 milliards d'années, qu'y avait-il auparavant ? » Beaucoup de cosmologistes évitent le problème en invoquant notre méconnaissance des « premiers instants » de l'Univers et en invoquant des effets exotiques (quantiques par exemple) dont on espère qu'ils pourraient dissiper l'apparente antinomie. Même repoussé plus loin dans le temps, le problème d'origine risque pourtant de se reposer. Or, sans sortir du cadre pour l'instant admis des cosmologies de type big-bang, on peut accepter à la fois l'idée que l'Univers a un âge de 20 milliards d'années et qu'il n'y a pas d'"avant"... Il suffit de

1. Précisons, pour éviter ou dissiper une confusion courante, que la vitesse (au sens usuel) n'est limitée que pour des corps matériels ou pour le transport d'une influence causale. Des « effets » non causaux, par exemple le déplacement d'une ombre, peuvent fort bien atteindre des vitesses supraluminiques (la notion de rapidité est alors sans pertinence).

se convaincre que cet instant originel, il y a 20 milliards d'années, n'est pas un instant *dans* l'évolution temporelle de l'Univers — de même que 300 000 kilomètres-seconde n'est pas la vitesse d'un objet physique, ni -273°C la température d'un corps. De même, osons une analogie humaine : ni l'instant de notre conception, ni celui de notre mort ne font partie de notre vie. La gamme des âges (le nôtre ou celui de l'Univers), comme celle des températures et des vitesses, est *ouverte* (au sens mathématique) : son point limite ne lui appartient pas. Il n'y a donc pas d'"avant" parce qu'il n'y a pas d'instant initial. D'un point de vue conceptuel, et non platement numérique, cette "origine" inatteignable est en réalité un infini. D'ailleurs, le nombre même qui exprime l'"âge" de l'Univers est contingent, sinon arbitraire, et de signification douteuse. De fait, l'année est définie par la révolution de la Terre autour du Soleil. Mais la Terre n'a qu'environ 5 milliards d'années ! Que sont donc les 15 milliards d'*années* précédentes si la Terre n'est pas là pour les scander ? Il s'agit en fait d'une évaluation très indirecte, rapportée par un choix naturel certes, mais convenu, à une unité de temps actuelle. Il en va d'ailleurs de même pour les températures, où le degré standard (la centième partie de l'intervalle de température qui sépare la congélation de l'eau de son ébullition), défini à notre échelle, est transféré par une série de raccords entre plages différentes de mesures thermométriques, vers les très basses ou très hautes températures. Il n'est pas difficile d'imaginer et de construire pour le temps, comme pour la température, des échelles différentes, à la fois cohérentes et utiles, qui renvoient effectivement à l'infini ces points limites inatteignables, comme le fait le passage de la vitesse à la rapidité. Bien entendu, il ne suffit pas d'une redéfinition arbitraire qui se contente d'appliquer la demi-droite ouverte sur la droite entière, par exemple via une transformation logarithmique ; encore faut-il que le changement de variable ait un sens physique[1].

Ainsi l'infini parfois se déguise en un fini paradoxal, et contingent. Retrouver l'infini derrière les apparences finies résout alors le nœud conceptuel. L'infini ici est bien une solution — au sens non de résolution, mais de *dissolution* — du problème.

LES LIMITES DE L'INFINI PHYSIQUE

Le jeu du physicien n'est qu'un jeu parmi bien d'autres, et l'infini est assez vaste pour que la physique ou les mathématiques n'en cernent qu'un aspect limité. Pour l'essentiel, nous n'avons pas traité ici de l'infini, mais de certaines approches seulement — physiques et mathématiques — de l'infini. Ni les physiciens ni les mathématiciens n'ont inventé l'infini et ne peuvent prétendre se l'approprier. Il exprime un besoin plus ancien de l'esprit humain, une modalité plus profonde de l'expérience humaine, que telle ou telle science. La théologie, la philosophie, la poésie, la musique ont d'abord pris en charge cette exigence. Il serait bien présomptueux de croire que les sciences aujourd'hui peuvent suffire à y répondre. Veillons à ce qu'on ne puisse dire de la science ce que L.-F. Céline disait de l'amour : « L'amour, c'est l'infini mis à la portée des caniches. »

1. On trouvera un traitement plus détaillé de cette question dans « L'origine des temps », *infra* p. 337.

— *Tout augmente.*

EU ÉGALE EMME-CÉ-DEUX

Une singulière ironie veut que la physique moderne oppose au profane l'ésotérisme de ses formalismes mathématiques en même temps qu'elle lui tend le leurre de la simplicité avec laquelle s'énonce la plus célèbre de ses formules, $E = Mc^2$. Comment imaginer une formule plus élémentaire que celle qui lie trois grandeurs E, M, c, en ne compliquant leur relation que d'un modeste exposant 2 (mais voir *figure 1*)? De fait, les autres formules, même élémentaires, qui sous-tendent la théorie de la relativité, telles les transformations de Lorentz, s'avèrent plus compliquées, à l'œil du profane en tout cas, et exhibent d'assez laides « racines de un moins vé-deux sur cé-deux » ($\sqrt{1-v^2/c^2}$) en grand nombre. La formule $E = Mc^2$, quant à elle, affiche une trompeuse simplicité qui évidemment a joué pour beaucoup dans l'engouement dont elle a été l'objet, et l'a rendue souvent aussi fumeuse que fameuse. De plus, comme la plupart des énoncés centraux de la science contemporaine, elle a fait l'objet de tant d'exégèses, commentaires et dissertations diverses, qu'elle est comme masquée par tant d'interprétations, souvent fallacieuses (*figure 2*). Aussi, pour la

$E = ma^2$
$E = mb^2$
S. Harris

faire comprendre, faut-il sans doute commencer par expliquer ce qu'elle ne veut *pas* dire, et se livrer à un minutieux décapage avant que de pouvoir élucider sa portée. D'ailleurs, $E = Mc^2$, comme toute autre formule, n'a aucun sens prise isolément ; elle appartient à un ensemble de relations structurelles entre divers concepts physiques, et ne prend sa pleine signification qu'au sein de la théorie à laquelle elle appartient — à savoir la théorie de la relativité einsteinienne.

La difficulté en l'occurrence est la suivante : les grandeurs que fait intervenir la formule (E, M, c) sont des grandeurs aux noms anciens et communs — l'énergie, la masse, la vitesse. Or, précisément, toute la révolution théorique initiée par Einstein montre que ces concepts doivent être pris en un sens différent de leur sens initial. C'est là un problème épistémologique classique, que l'on rencontre dans presque toutes les disciplines de la science, celui de la continuité, ou plutôt de la discontinuité sémantique au travers d'une révolution scientifique. Quand des idées radicalement nouvelles apparaissent, elles ne peuvent naître que sur le terreau ancien. Il est donc parfaitement naturel qu'elles soient formulées avec des mots anciens. Une fois ces idées nouvelles acceptées, il est souvent trop tard pour transformer toute la terminologie, ou trop difficile, puisque ce serait faire fi des subtiles liaisons entre l'ancien et le nouveau, et couper le savoir nouveau de ses racines, ce qui renforcerait son ésotérisme. Encore faudrait-il ne pas être dupe et comprendre que, après 1905, les termes "énergie", "masse", et même celui de "vitesse" ont subi une profonde mutation — pour les physiciens, s'entend. Il y a là un paradoxe constitutif de la physique : elle avance des concepts non seulement nouveaux, mais relativement abstraits, éloignés de l'expérience courante, alors que nous ne disposons pour en parler que de la langue commune et de termes scientifiques empruntés aux époques passées de la science[1]. Mais il faut en même temps affronter un autre paradoxe, spécifique, lui, à la physique contemporaine, son retard sur elle-même. Si l'on considère l'histoire de cette science, on constate que la communauté des physiciens a, jusqu'au XIXe siècle, accompli un effort considérable et permanent pour réinterpréter, voire renommer, ses concepts. Le travail de recherche théorique, la création scientifique proprement dite s'est accompagnée de façon à peu près systématique d'un travail de refonte épistémologique. Les physiciens apprenaient à penser leurs théories en même temps qu'ils apprenaient à les utiliser, ou du moins très vite après. Depuis quelques décennies, il n'en va plus de même, plus suffisamment en tout cas. Ainsi, la physique contemporaine est-elle marquée simultanément, d'un côté, par de très grandes avancées de ses expressions formalisées et de ses capacités expérimentales, de l'autre, par de considérables retards dans sa maîtrise conceptuelle et sa maturation épistémologique.

ÉNERGIE, MASSE ET INERTIE

Considérons donc les concepts qu'implique la formule $E = Mc^2$. Avant d'en arriver à Einstein, essayons de nous rappeler ce que l'on en savait avant lui.

L'*énergie*, d'abord, dans ce qu'on appellera

1. Voir *supra* « La langue tire la science », p. 228.

désormais la physique classique, celle d'avant 1905, possède une caractéristique théorique tout à fait fondamentale : on n'y mesure que des différences d'énergie. On peut, en comparant deux états d'un même système, savoir quelle est la quantité d'énergie perdue ou gagnée, la différence entre l'énergie initiale et l'énergie finale, mais il n'y a pas de zéro d'énergie, et pas d'échelle absolue sur laquelle on pourrait l'évaluer. En théorie classique, cela n'a pas de sens de parler de l'énergie absolue d'un corps, de l'énergie totale qu'il contiendrait. Cette énergie n'est définie qu'à une constante (arbitraire) près. Or, c'est un trait assez général de la physique moderne que d'avoir introduit, pour un certain nombre de grandeurs, des échelles absolues, là où l'on n'avait que des échelles relatives. On connaît le cas de la température, où la fin du XIXe siècle a vu s'imposer l'idée d'un zéro absolu. La même situation ici, dans le cas de l'énergie, est assez comparable.

Qu'est-ce maintenant que la *masse* en théorie classique ? Depuis Newton, on appelle masse d'un objet une mesure de la quantité de matière qu'il contient. C'est donc une idée statique. Mais cette grandeur a une autre fonction : elle mesure aussi la résistance à la modification du mouvement, autrement dit sa capacité d'*inertie*, qui est une idée dynamique, liée au mouvement. C'est une idée différente. Il n'y a pas de relation évidente, sinon qualitative, entre la quantité de matière d'un corps et ce que l'on pourrait appeler son coefficient d'inertie. On sait empiriquement que les deux concepts sont liés : plus un corps est lourd, c'est-à-dire plus il contient de matière, et plus il est difficile de le mettre en mouvement ou de le freiner. Toutefois, il n'y a aucune raison *a priori* pour que la relation entre la quantité de matière statique, la masse, et le coefficient d'inertie dynamique soit une pure et simple identité. Dans la théorie newtonienne certes, il y a identification, mais c'est justement ce que la théorie einsteinienne va remettre en cause. La réfection de la théorie de l'espace-temps à laquelle procède Einstein, la modification de notre conception de la géométrie spatio-temporelle, a une double conséquence sur le concept même d'énergie.

D'une part, il existe désormais un zéro absolu d'énergie. L'énergie interne d'un corps (indépendamment de l'énergie cinétique qu'il peut acquérir si on le met en mouvement), son contenu énergétique total, est fixée de façon absolue ; c'est une quantité proportionnelle à la masse du corps. La masse est maintenant une mesure, non seulement de la quantité de matière au sens classique, mais aussi du contenu énergétique intrinsèque de cette matière. C'est la première signification de la formule $E = Mc^2$: un corps contient une énergie interne proportionnelle à sa masse. Naturellement, si l'on met ce corps en mouvement, il va acquérir aussi de l'énergie cinétique. Dans la théorie einsteinienne, elle n'aura pas exactement la même expression en fonction de la vitesse que dans la théorie newtonienne, mais ce n'est pas l'aspect essentiel ici.

D'autre part, l'inertie n'est plus identique à la masse. La résistance à la modification de l'état de mouvement d'un corps n'est plus une constante, elle dépend de sa vitesse. Toute la théorie einsteinienne est liée de façon indissoluble à l'idée qu'il existe une vitesse limite, le *c* de la fameuse formule. S'il est impossible d'accélérer un corps jusqu'à la vitesse limite *c* — et encore plus impossible de la dépasser —, c'est qu'il oppose une résistance de plus en plus grande à la transformation de son état de mouvement. Au fur et à mesure que son énergie augmente avec sa vitesse, le corps résiste de plus en plus à l'effort fait pour l'accélérer : plus il va vite, plus il est difficile de le faire aller un peu plus vite. Sa résistance à l'acquisition d'une quantité donnée de vitesse sera de plus en plus grande, son inertie de plus en plus forte.

Ainsi, dans la théorie einsteinienne, l'inertie ne s'identifie plus à la masse, mais à l'énergie. Et c'est la deuxième signification de la formule $E = Mc^2$, qui n'est que rarement explicitée. Il conviendrait de spécifier cette grandeur *inertie*, et de la repérer, par exemple en la notant I. On devrait alors écrire en fait *deux* formules en lieu et place de la traditionnelle $E = Mc^2$:

1) Une première formule, énonçant que le contenu énergétique interne d'un corps est lié à sa masse, qu'il est donné par cette masse multipliée par une certaine constante, qui se trouve être le carré de la vitesse limite. Mais il faut insister sur le fait qu'il s'agit bien de l'énergie interne du corps, ou, ce qui revient au même, de son énergie lorsqu'il est au repos et n'a pas d'énergie cinétique. Cette énergie interne, on peut la noter spécifiquement E_0, l'indice précisant bien qu'il s'agit de l'énergie à vitesse nulle. On écrira alors : $E_0 = Mc^2$.

2) Une seconde formule, évidemment liée à la précédente, mais liant l'énergie E (totale, ici, énergie cinétique comprise) et l'inertie I. Cette formule s'écrit : $E = Ic^2$. Bien entendu, pour une vitesse nulle (corps au repos), cette seconde formule se réduit à la première, puisque l'inertie, à faible vitesse, est donnée par la masse, comme l'indique déjà la théorie classique. De façon plus précise, la

théorie indique la relation suivante entre masse, inertie et vitesse : $I = M/\sqrt{1 - v^2/c^2}$. Comme on s'y attend, l'inertie croît indéfiniment quand la vitesse v tend vers la vitesse limite c.

La théorie einsteinienne modifie donc notre conception même de l'énergie, puisque désormais ce mot désigne à la fois la grandeur conservée au cours des transformations d'un système isolé, dont l'énergie potentielle et l'énergie cinétique sont deux formes spécifiques, *et* le coefficient d'inertie du système. Il faut insister sur la subtilité du rapport entre la notion classique et la nouvelle. Plus généralement, les relations entre deux théories dont l'une (ici, la mécanique de Newton) est une approximation de l'autre (ici, la mécanique d'Einstein), posent d'intéressantes questions épistémologiques. Pour les faibles vitesses, les petites énergies, la théorie einsteinienne se confond en effet avec la théorie newtonienne. À notre échelle, pour des vitesses de quelques dizaines de kilomètres par heure, et même par seconde, nous pouvons continuer à utiliser la bonne vieille théorie classique. La SNCF n'a pas besoin de recourir à la relativité einsteinienne pour établir les horaires des trains, même pour le TGV. La théorie classique est simplement une approximation, aux faibles vitesses, de la théorie moderne einsteinienne. Mais cette approximation est *singulière*, et c'est un point qui est rarement indiqué avec suffisamment de force : on ne passe pas sans rupture d'un cadre conceptuel à l'autre. Formellement, on peut, bien entendu, prendre les équations einsteiniennes, y identifier tous les termes qui contiennent le coefficient c, et jouer à le faire tendre vers l'infini, c'est-à-dire considérer la limite où toutes les vitesses v sont négligeables devant c. On constatera ainsi que les équations einsteiniennes finissent par tendre vers les équations newtoniennes, comme il se doit. Mais cette manipulation mathématique formelle des équations fait l'impasse sur la transformation conceptuelle des grandeurs qu'elles mettent en jeu. Il y a bien modification continue d'une théorie en une autre, mais aussi discontinuité de leurs significations conceptuelles. Sans une conscience aiguë de ce problème, on risque de commettre beaucoup d'impairs dans la compréhension de la physique contemporaine.

VITESSE DE LA LUMIÈRE OU CONSTANTE D'EINSTEIN ?

Reste dans la formule $E = Mc^2$ une grandeur à commenter. Qu'est que c ? La vitesse de la lumière, dit-on... Mais pourquoi la lumière ? Que vient-elle faire quand on applique la formule en physique nucléaire, par exemple ? Dans ce dernier domaine, la masse, donc l'énergie changent par le jeu des forces nucléaires spécifiques à l'intérieur du noyau atomique, forces qui n'ont strictement rien à voir, pour autant que nous le sachions aujourd'hui, avec les interactions électromagnétiques dont la lumière (plus généralement, le champ électromagnétique) est l'agent. De fait, la lumière n'est en rien concernée dans la plupart des situations physiques où l'on emploie la formule $E = Mc^2$. Dans cette formule, c n'est donc *pas* la vitesse de la lumière, et devrait plutôt être appelée “vitesse limite”, ou, mieux, “constante d'Einstein”. En fait, il existe dans la structure de l'espace-temps einsteinien une constante structurelle, *c*, qui a les dimensions d'une vitesse, se mesure en unités d'espace divisées par un temps, et qui régit, en quelque sorte, le rapport entre l'espace et le temps. Cette constante d'Einstein en tant que telle n'est pas fondamentalement différente de bien d'autres constantes de la physique[1], connues (comme la constante de Joule) ou cachées, comme l'exemple suivant le montre. Il s'agit d'une métaphore, qui, même si elle peut sembler naïve, est parfaitement valide. Dans l'aviation, on ne mesure pas les distances verticales et les distances horizontales avec la même unité. On mesure les verticales en pieds, les horizontales en milles. Pour faire des conversions, on utilise une "constante universelle" qui permet d'exprimer le rapport des hauteurs verticales aux distances horizontales (en pieds/mille). La constante *c*, dans la plupart des formules einsteiniennes, est un coefficient de même nature, dont la signification est géométrique, ou plutôt chronogéométrique, et qui permet de transformer des secondes en mètres, ou mieux, des années (temps) en années-lumière (distances). Exactement comme la "constante aéronautique" permet de transformer des milles en pieds.

On montre ensuite, dans le développement de la théorie, que cette constante, qui vaut environ 300 000 mètres/seconde et qui a donc les dimensions d'une vitesse, acquiert un sens physique en repérant une vitesse limite, indépassable. Les objets usuels, de vitesse variable, quelle que soit l'énergie qu'on leur communique, ne peuvent jamais atteindre la vitesse limite. Mais, et c'est l'une des singularités fort peu intuitives de la théo-

1. Voir Jean-Marc Lévy-Leblond, « Constant/variable », in *Aux contraires*, *op. cit.*

rie einsteinienne, il existe des objets d'un type particulier, sans équivalent au niveau classique, dont la masse est nulle (au sens einsteinien de la masse, bien sûr), et qui, eux, se déplacent *toujours* à la vitesse limite, ni plus ni moins. Il semble que la lumière soit composée de tels objets, les photons, et se propage donc bien avec cette vitesse limite ; cette assertion est cependant soumise à vérification expérimentale, et pourrait un jour ne se révéler qu'approximativement valide — autrement dit, la lumière n'irait plus à la "vitesse de la lumière"... Ainsi, appeler vitesse de la lumière la constante d'Einstein conduit à singulièrement rétrécir sa signification, au risque de sérieux malentendus. Il ne faut donc pas attribuer à cet agent physique particulier qu'est la lumière une responsabilité quelconque dans la validité d'un énoncé physique beaucoup plus général, celui de l'équivalence universelle entre masse et énergie.

Le contenu empirique de la formule d'Einstein, comme de l'ensemble de sa théorie, si étrange qu'elle paraisse au regard du sens commun, est désormais parfaitement assuré. Il se vérifie quotidiennement dans les expériences des laboratoires de physique des particules, par exemple, ou dans les observations des grands observatoires astronomiques. Chaque fois qu'un corps change de masse, il change d'énergie interne ; chaque fois qu'il change d'énergie totale, il change d'inertie. Mais pourquoi alors a-t-il fallu attendre 1905 pour s'en apercevoir ? C'est que la très forte valeur numérique de la constante d'Einstein exprimée avec nos unités courantes (300 000 kilomètres par seconde) n'est pas sans conséquences sur l'appréhension de la relativité einsteinienne et explique son statut fort peu intuitif. Le contenu énergétique d'un corps est gigantesque par rapport aux grandeurs de notre échelle courante. En fait, la valeur de la constante c^2, exprimée avec nos unités quotidiennes, est très grande : 300 000 km/s au carré font 10^{17} m^2/s^2. L'équivalence entre m et E est alors disproportionnée au regard de nos ordres de grandeur familiers : une masse de un kilogramme équivaut à 10^{17} joules. Le contenu énergétique d'un morceau de matière ordinaire est tellement gigantesque que les modifications de son énergie cinétique, quand je l'accélère, ou quand j'en extrais un peu d'énergie potentielle, sont infimes par rapport à son énergie totale, et ne se manifestent pas de façon perceptible à notre échelle sur sa masse ou son inertie. Ainsi l'énergie que l'on communique à une pendule en la remontant augmente sa masse d'environ un dix-milliardième de milligramme ; et brûler un kilogramme de charbon donne une masse de gaz carbonique inférieure d'environ un dix-millième de milligramme à la masse de carbone et d'oxygène initiale. En d'autres termes, ce point zéro d'énergie que révèle la théorie de la relativité est tellement en dessous du niveau d'énergie où nous opérons, il faut descendre tellement bas en énergie pour arriver à cette origine de l'échelle énergétique, que nous ne l'avons pas perçu pendant très longtemps. La situation est tout à fait similaire à celle du zéro absolu de température, sauf que l'échelle ici est beaucoup plus considérable[1].

1. On pourra compléter la lecture de cet article par celle des textes suivants : Jean-Marc Lévy-Leblond, « Les Relativités », *Les Cahiers de Fontenay*, n° 8, septembre 1977 ; « La relativité aujourd'hui », *La Recherche*, n° 96, janvier 1979, p.23 ; article « Masse » in *Encyclopaedia universalis* ; voir aussi *L'espace et le temps aujourd'hui* (collectif sous la dir. d'Émile Noël), Le Seuil, coll. « Points-Sciences », 1983.

$E=mc^2$
S. Harris

Ainsi l'exemple archétypique de la formule “eu égale emme-cé-deux” met-il en évidence la nécessité de la réflexion conceptuelle, aussi importante pour la science aujourd'hui que le développement technique. Faute de développer cette vision, nécessairement critique, nous risquerions de nous retrouver dans un monde de machines, aussi bien matérielles qu'intellectuelles, qui fonctionneraient peut-être, mais sans que nous les comprenions. C'est dire que le progrès de la science n'a rien d'assuré (*figure 3*)...

QUEL TEMPS FAIT-ON?

L'interrogation sur le temps est aussi vieille que le temps lui-même — en tout cas, que sa perception par l'esprit humain. Elle est aujourd'hui relayée par la science, comme en témoignent nombre d'ouvrages récents[1]. Mais il ne faudrait pas laisser croire que la science, aux questions qu'elle se pose, ou qu'on lui pose, peut apporter des réponses fermes et définitives — surtout quand il s'agit d'un thème majeur, qu'elle ne saurait avoir la prétention d'accaparer. Ce sont quelques variations sur ce thème, parfois un peu dissonantes, que l'on trouvera ici.

FAUT-IL CROIRE LES PHYSICIENS?

Le très large accord qui existe aujourd'hui entre les physiciens sur la plupart de leurs théories, qu'il

1. Parmi bien d'autres, citons : *L'espace et le temps aujourd'hui* (collectif sous la direction d'Émile Noël), Le Seuil, coll. « Points-Sciences », 1983 ; I. Ekeland, *Le calcul, l'imprévu,* Le Seuil, 1984 ; S. Hawking, *Une brève histoire du temps* ; I. Prigogine et I. Stengers, *Entre le temps et l'éternité,* Flammarion, 1992 ; *Le temps et sa flèche* (collectif, sous la dir. d'É. Klein et M. Spiro), Frontières, 1994 ; *Le temps dans les sciences* (collectif, sous la dir. de B. Nicolescu, N. Dodille et Ch. Duhamel), L'Harmattan, 1995 ; É. Klein, *Le temps,* Flammarion, 1995.

s'agisse de cosmologie, de physique des particules ou de mécanique statistique, ne doit pas faire illusion. Il concerne avant tout la machinerie théorique, c'est-à-dire l'ensemble des formalismes mathématiques utilisés pour rendre compte de notre expérience du monde, et les procédures de calcul qui permettent d'en déduire les explications ou prédictions concernant nos observations — disons, pour aller vite, “les équations”. Mais cet accord laisse largement ouvertes les questions portant sur l'interprétation de ces théories et la signification des concepts qui les sous-tendent — autrement dit, “les mots”. Derrière l'unité de façade de la communauté scientifique, on trouve de sérieuses divergences intellectuelles, d'autant plus profondes d'ailleurs qu'elles sont rarement explicitées. L'accord sur les formalismes ne s'étend en aucune manière aux idées qui les sous-tendent, ni même au langage utilisé pour les exprimer. Mais cette multiplicité de conceptions reste le plus souvent masquée par l'indifférence ou la prudence dont font montre la plupart des chercheurs en dehors du champ de leurs travaux spécialisés. Il faut donc affirmer clairement que l'unité formelle de la théorie physique peut s'accompagner d'une considérable diversité conceptuelle. Et cela est heureux, car il serait plutôt dommageable pour l'intérêt même de la science qu'elle ne propose pas la pluralité de perspectives qui fait la richesse de toute entreprise culturelle digne de ce nom. Ainsi donc, même si les scientifiques ont raison, on n'est pas obligé de les croire… À tout le moins est-il nécessaire de ne pas être dupe de leurs mots, souvent plus contestables que leurs énoncés et leurs expériences.

Pour en venir au temps, voici quelques exemples

d'affirmations courantes, certes, mais dont on peut légitimement discuter la validité, tout en étant par ailleurs en total accord sur les théories formelles qu'elles sont censées traduire :

— On attribue couramment à la théorie de la relativité einsteinienne l'idée que l'espace et le temps se confondent en un substrat commun, l'espace-temps. Or la théorie classique de l'espace et du temps, celle qui est implicite dans la mécanique de Galilée et de Newton, mêle déjà, et de façon profonde, le temps à l'espace ! De fait, la distance spatiale entre deux événements n'est pas nécessairement la même dans deux systèmes de référence équivalents, et dépend du temps écoulé : le début et la fin de la chute d'une salière lâchée par le garçon du wagon-restaurant, chute verticale dans le train, n'ont pas lieu au même endroit pour une vache qui regarde passer le train. Certes, si Galilée et Newton mêlent déjà le temps à l'espace, Einstein va plus loin et mêle aussi l'espace au temps ; cela est nouveau et même révolutionnaire. Mais l'idée de relativité remonte à Galilée et non à Einstein, même si ce dernier a radicalement modifié la forme spécifique de la théorie. Et l'on pourrait multiplier les exemples montrant que si la relativité einsteinienne est mal comprise encore, c'est souvent parce que son ancêtre, la relativité galiléenne, ne l'est pas mieux[1].

— Pour en rester à Einstein, la théorie de la gravitation qu'il a construite, souvent appelée (à tort) relativité générale, est présentée comme une pure géométrie de l'espace-temps, qui serait "courbé" par la matière. Si cette géométrisation a

1. Voir Jean-Marc Lévy-Leblond, « Absolu/Relatif », in *Aux contraires (L'exercice de la pensée et la pratique de la science)*, Gallimard, « NRF-Essais », 1996.

pour elle une noble antériorité historique et une indéniable valeur esthétique, elle n'en constitue pas moins un point de vue particulier, qui a au moins un grave inconvénient, celui de séparer radicalement la théorie de la gravitation des théories décrivant les autres interactions physiques (électromagnétiques, nucléaires, etc.). Ces dernières relèvent en effet de théories dynamiques et non géométriques, où la notion essentielle est celle de champ, cet être physique médiateur des interactions. Or il est parfaitement possible de réintégrer la théorie de la gravitation dans ce cadre général, et de la construire comme une théorie du champ gravitationnel dans un espace-temps plat (non courbe), aboutissant ainsi, il faut y insister, aux *mêmes* équations exactement que celles de la théorie d'Einstein, munies toutefois d'une interprétation épistémologique différente, mais qui ne change rien aux calculs.

— La cosmologie moderne, dans le cadre de la théorie dite du big-bang, met en évidence l'existence d'une singularité initiale sur l'axe du temps. C'est ce qu'on appelle souvent le “début de l'Univers”, daté d'il y a environ 20 milliards d'années, et qui pose de redoutables problèmes conceptuels, prêtant le flanc à toutes sortes d'interprétations ésotériques ou religieuses. Naturellement, la formulation strictement scientifique (qui fait l'objet d'un large consensus) est beaucoup plus technique et beaucoup plus plate à la fois : c'est celui de la première phrase de cette section. Ses divers énoncés dans la vulgate publique, en termes de “naissance” ou de “création”, engagent manifestement bien autre chose que la théorie scientifique. Mais cette dernière, bonne fille, permet et même suggère une conception beaucoup moins sujette à caution, à condition de la prendre au sérieux. La singularité, à tout prendre, n'appartient pas à l'axe temporel lui-même, et ne caractérise pas un instant à proprement parler; dès lors, et sans contorsions mentales artificielles, il est raisonnable d'introduire un nouveau paramétrage temporel qui renvoie à l'infini le prétendu moment initial. On peut alors tranquillement penser *à la fois* que l'Univers a 20 milliards d'années (sur un certain calendrier, conventionnel) *et* qu'il a toujours déjà existé[1].

— Un cas plus anecdotique et moins profond, mais assez amusant, est fourni par l'énoncé désormais tout à fait banalisé assurant que «rien ne peut dépasser la vitesse de la lumière», que l'on trouve aussi bien dans la plupart des textes de vulgarisation que chez les physiciens professionnels. Or, pris au pied de la lettre (ou plutôt, du nombre), cet énoncé est tout simplement faux! Un contre-exemple ancien déjà et bien connu (mais seulement de ceux qui le connaissent...) est fourni par le modèle du phare. Imaginons un phare dont le faisceau tourne à, disons, un tour par seconde, et projette une tache lumineuse sur un mur circulaire centré sur le phare; il est clair que ladite tache parcourt la circonférence du mur en une seconde aussi, quelle que soit sa longueur. Pour un mur entourant le phare à, mettons, 100 000 kilomètres, la tache se déplacera donc d'un peu plus de 600 000 kilomètres en une seconde, et aura ainsi une vitesse de plus du double de celle de la lumière! Mais ne s'agit-il pas de lumière, justement? Réponse: NON, ce n'est qu'une apparence, pas un objet matériel; les photons du faisceau,

1. Voir «L'origine des temps», *infra* p. 337.

eux, ont la vitesse de la lumière, mais non point la tache qui résulte de leurs intersections successives avec le mur... Rien n'empêche une telle tache, comme un spot sur un écran d'oscilloscope (ou de téléviseur), l'impact d'un faisceau laser sur la Lune (exemple réaliste au demeurant), ou une ombre, d'aller "plus vite que la lumière". Il reste vrai qu'aucun objet matériel (ni aucune information) ne peut dépasser cette fameuse vitesse limite, dont le rôle excède d'ailleurs largement celui d'une simple "vitesse de la lumière"[1]. Mais on voit comment, dans l'écart entre cette formulation précise et l'énoncé usuel, peuvent se glisser tant de confusions et de malentendus.

Ces questions (et bien d'autres: la petite sélection ci-dessus n'a été proposée qu'en fonction de ses rapports avec le thème du temps) ne se posent guère dans la pratique usuelle de la physique, car il n'est aucunement indispensable de les élucider pour faire fonctionner correctement sa machinerie théorique. C'est bien ce qui fait la force de la science en général, et tout particulièrement de la physique: la redoutable efficacité de son formalisme dispense d'avoir à en penser les concepts, et on peut heureusement être un excellent physicien et un piètre épistémologue. C'est aussi ce qui fait la faiblesse de la science: si sa pratique usuelle (dans ses phases «normales» selon Kuhn) ne se ressent guère de ces ambiguïtés ignorées, elles rejaillissent avec toute la violence du refoulé dans des moments plus critiques (phases «révolutionnaires») et, plus quotidiennement, quand la science sort de sa tour d'ivoire pour se confronter

1. Voir Jean-Marc Lévy-Leblond, «Constant/Variable», in *Aux contraires*, *op. cit.*

au monde profane, dans l'enseignement, la vulgarisation ou la réflexion de fond. Ainsi, ce n'est que provisoirement, et au risque d'une sérieuse perte de sens, que peut être faite l'impasse sur l'inévitable et féconde multiplicité des conceptions d'une science apparemment unifiée et orthodoxe.

LE TEMPS *DANS* LA PHYSIQUE ET LE TEMPS *DE* LA PHYSIQUE

L'une des raisons de cette automutilation consentie de la science actuelle, raison qu'il est particulièrement opportun de souligner dans le cadre présent, est précisément que la physique s'interroge certes sur le temps, mais très peu sur *son* temps, le temps de sa propre évolution — sur son histoire. Le résultat de cette amnésie est une confusion permanente, dans l'exposé des connaissances, entre un énoncé chronologique (on n'ose dire historique) et une démarche épistémologique. La découverte scientifique, dans la contingence de ses cheminements, passe par des étapes dont la logique des enchaînements n'est pas la vertu majeure ; il est donc inévitable que nombre de faux concepts et de termes impropres balisent ces cheminements. Encore faudrait-il faire le ménage, et opérer un tri critique qui permette d'éliminer les plus pernicieux de ces mots et les plus ambiguës de ces idées. Les exemples ci-dessus pourraient être repris dans cette perspective, et l'on pourrait en rajouter bien d'autres.

Ce propos doit être généralisé. L'histoire qu'il s'agit de prendre en compte, et c'est bien le moins lorsqu'il s'agit du temps, n'est pas seulement celle de la physique, portant sur l'évolution de ses conceptions spécifiques. Il faut sans doute, si nous voulons mieux comprendre ces conceptions mêmes, et leurs limites, les replacer dans un contexte plus ample. En particulier, il semble nécessaire d'accorder une attention plus grande aux liens entre théories scientifiques et pratiques techniques, voire industrielles. Nos idées sur le temps, si sophistiquées et abstraites puissent-elles sembler, ne peuvent être séparées de la façon dont nous le mesurons. L'évolution de ces conceptions, de Galilée à Hawking, en passant par Newton et Einstein, est intimement liée aux progrès de l'instrumentation, depuis les horloges encore primitives de la Renaissance jusqu'aux horloges atomiques d'aujourd'hui. C'est dire qu'il faudrait donner à la métrologie, et d'abord aux techniques horlogères, une place plus importante dans ces discussions[1]. Et il ne s'agit pas seulement d'insister sur leur rôle instrumental, mais bien de leur reconnaître une véritable signification conceptuelle. Ainsi, toute réflexion sur la mesure du temps débouche, de façon beaucoup plus immédiate et plus contraignante qu'une analyse abstraite, sur l'incontournable mais délicate dialectique du temps linéaire et du temps cyclique : il n'y a de temps que s'il y a changement, mais on ne peut le mesurer que s'il y a répétition *sans* changement. Pour marquer le passage du temps au cours d'une transformation, il faut qu'existe une "unité de temps" stable, qui se répète, identique à elle-même. Mais cette constance ne peut être que supposée, et non démontrée *a priori* ; car comment l'établir, sinon par référence,

1. David S. Landes, *L'heure qu'il est*, Gallimard, 1987 ; Jean Matricon et Julien Roumette, *L'invention du temps*, CSI la Villette, 1989.

déjà, à une mesure de temps? Aussi doit-on commencer par postuler l'existence d'une telle régularité : il faut supposer (au départ) que les révolutions successives de la Terre sur son orbite, ou d'une aiguille de montre sur son cadran, sont identiques, avant que de vérifier, raffiner ou remplacer ces hypothèses. Il y a probablement là, dans cette confrontation entre transformation et répétition, le nœud épistémique le plus serré de la notion de temps.

Un autre exemple montre éloquemment à quel point problèmes conceptuels, «obstacles épistémologiques» (Bachelard) et difficultés pédagogiques exigent, pour être affrontés avec quelque chance de succès, la prise en compte de la dimension historique et du contexte culturel. Une analyse du choc considérable qu'a exercé l'apparition de la relativité einsteinienne sur les esprits au début du siècle, tant chez les profanes que chez les experts d'ailleurs, montre que pour une large mesure ce bouleversement est bien plutôt l'effet à retardement de la révolution galiléenne que de sa réforme einsteinienne (on a vu ci-dessus un exemple des confusions qu'entraîne l'attribution à Einstein d'idées qui appartiennent déjà à Galilée). Ce sont les conditions historiques du début de ce siècle, et en particulier l'atmosphère culturelle de l'immédiat après-guerre, qui expliquent la divulgation publique de ce qui, après tout, était un secret de polichinelle : les physiciens ont osé toucher à l'espace et au temps, et ces cadres qui structurent notre vie ne sont plus ce que nous pensions naïvement... Mais, en 1919, quand Einstein fait la une des journaux, le scandale est pour l'essentiel consommé depuis à peu près trois siècles! L'on ne peut espérer éclairer de telles confusions tant que l'on ne prend pas la pleine mesure de leur nature et de leurs sources.

Sans doute ne faut-il pas trop s'étonner de ce que la mésestimation de l'épaisseur, du poids et de la complexité du temps historique et de ses effets soit particulièrement répandue chez les physiciens, gâtés depuis quatre siècles par une conception particulièrement simple, pour ne pas dire rudimentaire, du temps, conception à l'efficacité d'ailleurs remarquable. Car le temps newtonien (et einsteinien aussi bien) est un temps à la fois homogène et composé d'une succession d'instants autonomes, chacun n'étant en relation qu'immédiate avec son prédécesseur et son successeur. La continuité se limite à la contiguïté, et la difficulté conceptuelle qu'entraîne la formulation de cette idée est brillamment surmontée par la technique devenue routinière du calcul infinitésimal. Dans cette perspective, l'évolution des systèmes mécaniques, trop vite pris comme archétypes des objets du monde physique, est telle que leur futur est entièrement déterminé par leur présent (même si cette évolution est imprédictible à cause de la fameuse "sensibilité aux conditions initiales", génératrice du chaos à la mode); en d'autres termes, ils n'ont pas de "mémoire". Or le temps humain, celui des individus comme celui des sociétés, n'obéit en rien à un schème aussi simple, et le futur y dépend largement de toute l'évolution passée, qui ne peut en aucun cas se résumer à la connaissance du seul état présent[1]. Mais cela est évidemment difficile à concevoir pour des physiciens dont les équations différentielles (ou, à la

1. Sans même parler du fait que le futur dépend aussi de lui-même, *via* la capacité humaine d'anticipation.

rigueur, aux dérivées partielles), d'essence locale, constituent toujours le paradigme dominant (les “systèmes héréditaires”, gouvernés par des équations intégro-différentielles, et qui pourraient offrir des modèles alternatifs, n'appartiennent pas à la boîte à outils usuelle des physiciens).

VERS DES TEMPS NOUVEAUX?

Peut-être faut-il faire remonter notre questionnement plus haut encore, aux sources mêmes de la formalisation du temps par la physique théorique. La description newtonienne du temps par un paramètre *linéaire, uniforme, ponctuel, réversible,* a certes connu un succès extraordinaire. Mais cette réussite a sans doute fait oublier qu'il ne s'agit là, après tout (ou avant tout?), que d'une modélisation, une construction théorique, abstraite de notre expérience commune et complexe. Sa simplicité, qui fait sa force, ne risquerait-elle pas de basculer dans le simplisme? Ce «temps des physiciens», plutôt qu'un temps objectif, est un temps objectivé, qu'il faut éviter de réifier. Car le risque est grand de croire que le temps *est* cet axe linéaire tracé sur tant de graphiques... De fait, notre notion intuitive et concrète du temps est évidemment beaucoup plus riche que l'abstraction qu'en a tirée la physique théorique. Le temps tel que nous le vivons n'est pas uniforme, ni réversible; la dissymétrie entre le passé et le futur en est même l'une des premières caractéristiques. Ce temps, le nôtre, n'est pas séparable en instants ponctuels; sa structure est beaucoup plus floue: notre présent n'est pas un point sur cet axe abstrait, mais une petite zone temporelle (de quelques millisecondes?) que fait “glisser” le cours du temps. La séparation entre le futur et le passé n'est pas cette coupure discontinue et sans extension que serait un présent sans épaisseur, mais une transition continue, qui transforme progressivement l'un en l'autre ; le présent est justement ce processus de transformation. Enfin, le temps n'a pas que cette “largeur”, il a aussi une “épaisseur” : plutôt que par un mince filament, il serait mieux décrit par l'image d'un cordage tressé. Nous vivons plusieurs temporalités enchevêtrées, tant par leur nature (le temps de nos sensations, celui de nos idées, celui de nos rapports sociaux, etc.) que par leurs échelles (de la milliseconde au siècle) — tout comme une corde est faite de multiples brins, eux-mêmes composés de fines et courtes fibres.

La stratégie de la science depuis quelques siècles a été de dépouiller au maximum ce temps vécu de ses qualités, suivant en cela le même chemin que dans son approche de la matière, pour aboutir à ce temps abstrait de la physique. L'objectif était de redonner ensuite au temps, suivant le domaine considéré, telle ou telle de ses propriétés confisquées, en les “expliquant” à partir de la nature et des complexités propres des systèmes étudiés. C'est cette différence fondatrice, mais trop souvent implicite, entre le temps de la théorie physique et celui de la pratique empirique, qui est à la racine du malentendu (on peut même parler de dialogue de sourds) entre Einstein et Bergson, lors de leur fameuse rencontre de 1922, chacun ne parlant que de “son” temps[1]. L'exemple le plus clair de cette démarche, qui voit la physique tenter d'enrichir un

1. Michel Biezunski, *Einstein à Paris*, Presses universitaires de Vincennes, 1992.

temps qu'elle a d'abord appauvri, est fourni par la notion d'irréversibilité, introduite comme une "qualité seconde" du temps, et justifiée, à partir de raisonnements statistiques, au moins pour des systèmes suffisamment grands, et non sans difficultés et subtilités. On sait les grands succès qu'a remportés cette stratégie, on sait aussi qu'ils ne sont pas sans laisser subsister des zones d'ombre, et restent ouverts à beaucoup de questionnements...

Ne vaudrait-il pas la peine alors de se reposer la question des formalisations de la temporalité, et de chercher des alternatives à sa représentation mathématique par l'ensemble des nombres dits réels? Ne serait-il pas utile, ne fût-ce que pour des raisons phénoménologiques, dans tel ou tel domaine (celui des sciences de la vie, en particulier), d'intégrer dès le départ à une notion mathématisée du temps certaines de ces propriétés que nous cherchons à lui rendre à l'arrivée? Peut-on imaginer une (des) mathématisation(s) non-triviale(s) qui décrirai(en)t un temps par essence irréversible? un temps à instantanéité floue? un temps multiple et "épais"? Au fond, ne butons-nous pas sur la trop forte prégnance d'une représentation traditionnelle du temps qui l'assimile à l'espace? Cet "axe du temps", c'est, après tout, une droite spatiale, dont nous ne questionnons même plus la pertinence, et que nous traçons sur ces diagrammes désormais coutumiers, horaires ferroviaires ou lignes d'univers einsteiniennes. Or ces schémas, conceptuellement spatio-temporels, deviennent matériellement spatio-spatiaux, dès lors qu'ils sont tracés sur le plan géométrique du tableau ou de la feuille: l'axe des temps y est en effet concrétisé par un axe spatial parmi d'autres. N'oublions-nous pas trop facilement que ces représentations ne constituent en définitive que de commodes procédés de visualisation, des métaphores picturales, des conventions graphiques, avec leurs limites intrinsèques ? Peut-être est-ce notre nature d'êtres mobiles et visuels qui nous fait accorder un tel privilège à l'espace, si bien que nous l'intériorisons, et l'utilisons même pour décrire le temps ; c'est un fait que nos estimations spontanées des distances sont bien meilleures que celles des durées, et nos théorisations élaborées reposent sans doute sur les mêmes fondements perceptifs. Quelles seraient donc les représentations de l'espace et du temps qu'élaboreraient des êtres immobiles et aveugles (mais sensibles, par exemple, aux effets acoustiques, chimiques, etc.) ?

Une piste possible pour une première et modeste approche, qui resterait dans le cadre de la physique théorique conventionnelle, serait de prendre comme point de départ non les notions de temps et d'espace, mais celles d'espace et de mouvement. En d'autres termes, au lieu de considérer le mouvement comme une modification spatiale au cours du temps, il s'agirait de construire le temps comme un descripteur du mouvement dans l'espace, et de voir si une conceptualisation plus souple pourrait découler de ce point de vue. D'ailleurs, n'est-ce pas ainsi que l'on mesure effectivement le temps, par l'observation spatiale d'un mouvement, déplacement simple (les aiguilles d'une montre), ou transformation complexe (les chiffres d'un affichage numérique) ? Après tout, on ne ferait ainsi que renouer avec Aristote, pour qui, comme il est bien connu, « le temps est le nombre du mouvement ».

L'ORIGINE DES TEMPS

UN DÉBUT SANS COMMENCEMENT

La cosmologie physique moderne, sous l'étiquette à sensation de "théorie du big-bang", a largement débordé les milieux professionnels, pour se répandre, sous des formes plus ou moins simplifiées ou déformées, dans le champ du savoir commun. Il est ainsi de notoriété publique que, « comme les savants l'ont démontré, l'Univers est né voici environ 20 milliards d'années en une gigantesque explosion — le big-bang ». Cette "naissance" de l'Univers est vite, plus ou moins explicitement, assimilée à une création, et fait ainsi les choux gras de la récupération apologétique. Mais, indépendamment de telles exploitations, l'idée même d'une "origine" de l'Univers ne laisse pas de troubler les esprits, ceux des scientifiques autant que ceux des profanes, d'ailleurs.

Qu'un physicien puisse aujourd'hui discuter ès qualités la notion d'origine ne va pas de soi : la question, pour sa discipline, est plutôt nouvelle. Telle qu'elle s'est constituée classiquement, du XVIIe siècle galiléen au début einsteinien du XXe siècle, la physique s'est voulue résolument anhistorique. Elle a progressivement perdu son intérêt pour l'étude des choses particulières de ce monde et s'est consacrée à devenir science des lois générales et intemporelles qui régissent ces choses et leurs changements conjoncturels. On peut la considérer comme un effort déterminé pour construire dans l'espace-temps une scène, bientôt confondue avec cet espace-temps lui-même, assez vaste pour que puissent s'y jouer toutes les représentations du monde matériel. C'est dire que l'étude d'objets spécifiques, de leur évolution, de leur histoire et donc de leur origine a été progressivement déléguée à des disciplines ancillaires ou extérieures. Ainsi l'histoire — et l'origine — de la Terre est-elle assignée à la géophysique, celle du système solaire à l'astrophysique, celle de la vie à la biologie, etc. Le physicien pouvait donc se considérer, jusque dans les années vingt, comme un chercheur de vérités éternelles, disposant d'un cadre fixe et permanent à l'intérieur duquel seulement se poseraient des problèmes d'ordre généalogique. Au demeurant, il a toujours été de bon ton pour le physicien d'affecter une sorte de commisération désabusée pour le questionnement des origines, souvent et rapidement renvoyé à l'aporie de l'œuf et de la poule.

La décennie 1920-1930 a fait basculer cette vision, et réintroduit triomphalement l'histoire dans la physique. Évacuée "par le bas" vers des sciences considérées usuellement comme moins fondamentales, elle est revenue "par le haut" lorsque, en un geste d'extrême présomption, la physique s'est donné comme objet d'étude propre rien moins que l'Univers dans son ensemble, c'est-à-dire le cadre spatio-temporel le plus général possible et son contenu matériel total. Les premiers modèles théoriques (Einstein, De Sitter, 1917) de cette cosmologie désormais scientifique mirent en évidence l'évolutivité générique de l'Univers et les difficultés rencontrées par toute conception statique : des hypothèses fort particulières et assez arbitraires sont nécessaires pour permettre à l'Univers de rester stationnaire, sans changements, identique à lui-même. L'observation historique de l'éloignement mutuel des galaxies (Hubble, 1926) vint rapidement confirmer que l'Univers, de fait, évoluait. On a pris l'habitude d'appeler "expansion de l'Univers" ce phénomène de récession universel. Le terme n'est pas le meilleur, dans la mesure où il suggère l'idée d'un Univers matériel à la fois borné et en cours d'accroissement au sein d'un espace par ailleurs vide — comme un gâteau levant au sein du four. Mais à la vérité, l'Univers n'a pas de limites spatiales définies dont le recul donnerait sens à cette "expansion". Il est homogène, et ne possède aucun point privilégié (« tous les lieux se valent pour lui », comme pour le Chat-qui-s'en-va-tout-seul de Kipling) ; son "expansion" n'a pas de foyer, elle a lieu partout à la fois dans l'espace. Sans doute vaudrait-il mieux parler de la *dilatation* de l'Univers.

Mais c'est le temps, plutôt que l'espace, qui nous intéresse ici. La dilatation présente de l'Univers montre qu'il a connu dans le passé un état beaucoup plus condensé. L'étude détaillée, tant théorique qu'observationnelle, de cette dilatation a permis de remonter le cours du temps jusqu'à un stade primordial d'extrême densité, d'où l'Univers actuel est issu par un phénomène expansif, souvent considéré comme explosif — le fameux big-bang. Malgré quelques tentatives désespérées pour éviter cette conclusion[1], le consensus est aujour-

1. On pense surtout à la théorie moderne d'un Univers stationnaire proposée par Bondi et Gold en 1946, qui exigerait une permanente création de matière *ex nihilo*.

d'hui très large sur les grandes lignes de ce scénario. C'est l'observation expérimentale (Penzias et Wilson, 1962) d'un "bruit de fond" cosmique de rayonnement électromagnétique, sorte de rumeur radio de l'explosion primordiale affaiblie au cours des temps, qui a emporté la conviction générale. On s'accorde, tout au moins dans la version la plus simple du scénario, à dater le big-bang d'environ 20 milliards d'années (*figure 1a*). Cette durée est ce qu'on appelle l'âge de l'Univers ; sa valeur numérique exacte importe d'ailleurs peu (les experts chipotent encore pour savoir si ce ne serait pas plutôt 10 milliards) : c'est la signification de ce nombre que nous voudrions comprendre. La finitude admise de l'âge de l'Univers implique-t-elle donc que la théorie physique rejoint et conforte le mythe de la création ? Puisque regarder loin, c'est regarder tôt (à une distance de 2 milliards d'années-lumière, nous voyons par définition ce qui s'est passé il y a 2 milliards d'années), à braquer nos télescopes sur les profondeurs de l'espace, allons-nous apercevoir, à 20 milliards d'années-lumière, la main de Dieu à l'œuvre ? Certains le pensent. Pourtant, s'il est vrai que l'histoire de l'Univers commence bien par « il fut une fois, il y a vingt milliards d'années... », ce conte de fées est un simple compte de faits que l'on peut interpréter de diverses façons, de façon à traiter le trouble intellectuel commun que suscite l'idée de ce commencement. C'est qu'évidemment, cet énoncé pose immédiatement la question de la pré-histoire : que s'est-il passé avant le big-bang ?

On peut tenter, par exemple, une opération de banalisation. Après tout, si l'Univers est depuis le big-bang en dilatation, il serait assez raisonnable d'imaginer qu'il a atteint cet état originel par une contraction préalable. Ainsi, le moment crucial du big-bang ne serait que celui d'un rebond de l'Univers, rejaillissant après s'être effondré sur lui-même. Cette idée serait d'autant plus attractive qu'elle pourrait s'itérer, l'Univers alternant phases de dilatation et de contraction en une respiration cosmique perpétuelle (*figure 1b*), ponctuée périodiquement par des états d'extrême compression, extraordinaires certes, mais quelque peu banalisés par leur répétition indéfinie. Une telle hypothèse suppose donc une future (re)contraction de l'Univers — qui est alors dit « fermé ». Mais les données d'observation actuelles sur la vitesse de sa dilatation et sur la densité de son contenu matériel, qui régit son évolution, sont de plus en plus difficilement conciliables avec ce point de vue. Il semble bien au contraire que l'Univers soit « ouvert », et désormais promis à une dilatation perpétuelle. Dès lors et symétriquement, sa contraction préalable doit, elle aussi, avoir été monotone — jusqu'au big-bang (*figure 1c*) ; ainsi, même si ce moment s'insère désormais entre un *avant* et un *après*, il n'en demeure pas moins unique et joue un rôle singulier. Étrange d'ailleurs serait l'histoire de cet Univers en contraction, symétrique de l'histoire de sa dilatation que nous observons, et vivons : d'un état infiniment vaste et vide, mais peuplé de structures organisées (atomes, planètes, galaxies ?), il se contracterait en détruisant petit à petit toutes ces structures pour aboutir à l'informe chaos primordial d'où il renaîtrait. Mais cette vision même ne peut guère être prise au sérieux. En effet, l'état originel, dans les modèles cosmologiques usuels, se présente comme une *singularité* essentielle, au sens mathématique précis de ce terme. On veut dire par là qu'il est impossible à la

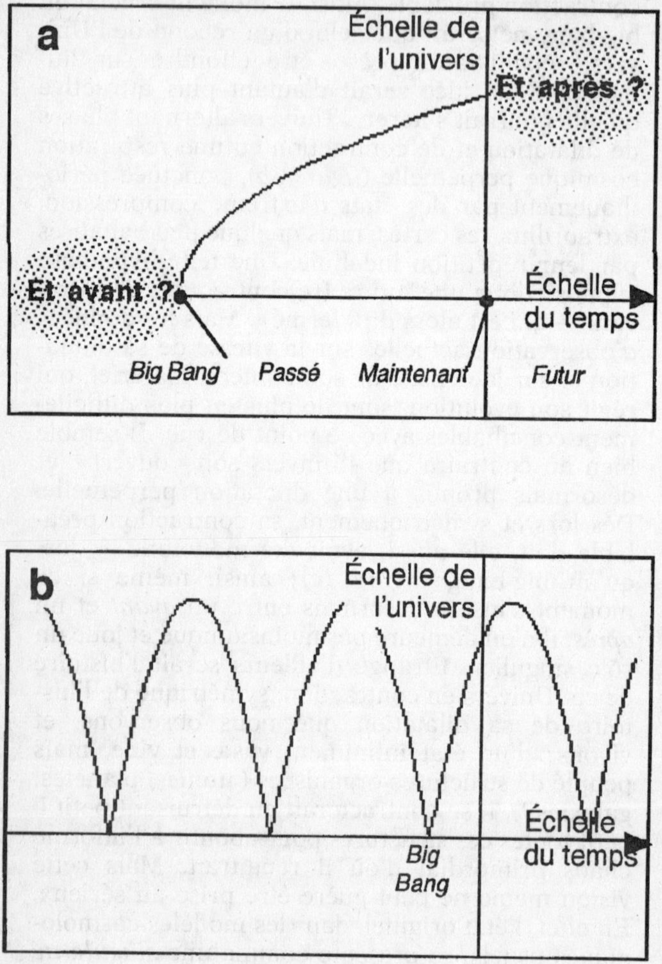
a
Échelle de
l'univers
Et après ?
Et avant ?
Échelle
du temps
Big Bang
Passé
Maintenant
Futur
b
Échelle de
l'univers
Échelle
du temps
Big
Bang

Figure 1

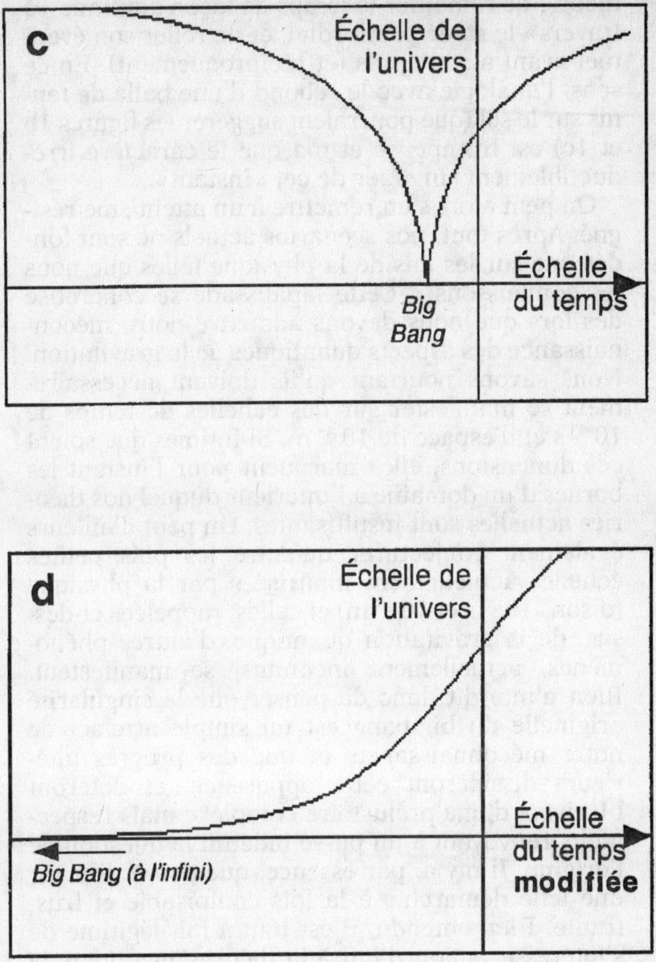
c
Échelle de l'univers
Échelle du temps
Big Bang
d
Échelle de l'univers
Échelle du temps modifiée
Big Bang (à l'infini)

Figure 1

théorie de remonter le temps de façon continue « à travers » le stade primordial, et de relier son éventuel avant à son après (et réciproquement). En ce sens, l'analogie avec le rebond d'une balle de tennis sur le sol (que pourraient suggérer les figures 1b et 1c) est trompeuse et masque le caractère irréductiblement singulier de cet « instant ».

On peut alors s'en remettre à un attentisme résigné. Après tout, nos scénarios actuels ne sont fondés que sur les lois de la physique telles que nous les connaissons... Cette lapalissade se concrétise dès lors que nous devons admettre notre méconnaissance des aspects quantiques de la gravitation. Nous savons pourtant qu'ils doivent nécessairement se manifester sur des échelles de temps de 10^{-43} s et d'espace de 10^{-35} m. Si infimes que soient ces dimensions, elles marquent pour l'instant les bornes d'un domaine à l'intérieur duquel nos théories actuelles sont insuffisantes. On peut d'ailleurs également conjecturer qu'entre les plus petites échelles actuellement maîtrisées par la physique (disons 10^{-27} s et 10^{-18} m) et celles, rappelées ci-dessus, de la gravitation quantique, d'autres phénomènes, actuellement inconnus, se manifestent. Rien n'interdit donc de penser que la singularité originelle du big-bang est un simple artefact de notre méconnaissance, et que des progrès ultérieurs dissiperont cette apparence, et doteront l'Univers d'une préhistoire complexe mais respectable, renvoyant à un passé indéfini la question de l'origine. Il n'y a, par essence, que peu à dire sur une telle démarche, à la fois confortable et frustrante. Bien entendu, il est tout à fait légitime de s'intéresser aujourd'hui à la théorie quantique de la gravitation, et d'essayer, malgré de considérables difficultés conceptuelles et calculatoires, d'en tirer des conséquences cosmologiques, sans nul doute appelées à profondément modifier nos conceptions (c'est la direction qu'illustrent en particulier les travaux de Hawking) ; pour autant, il reste nécessaire de vérifier la cohérence et d'approfondir l'interprétation des théories désormais classiques et certainement approximatives — mais ne le sont-elles pas toutes ? Il ne faut donc pas confondre la question de la validité empirique d'une conception comme celle du big-bang standard, avec les questions de sa solidité théorique et de sa signification.

Autrement dit, à l'inverse de ce que pensait Marx du monde, peut-être est-il ici moins urgent pour la philosophie de transformer la cosmologie que de l'interpréter... L'apparente finitude de la durée de l'Univers depuis l'état initial, cet intervalle de 20 milliards d'années, doit faire l'objet du soupçon épistémologique. Après tout, la physique a déjà connu, en deux occasions, ce trouble de la pensée suscité par la butée sur une borne brutalement assignée à une grandeur physique. Tout d'abord, la thermodynamique a mis en évidence, au siècle dernier, un zéro absolu des températures, qui dans l'échelle centésimale se situe à –273,15°C. Après quelque confusion, les physiciens ont reconnu que si l'existence de températures inférieures est inconcevable, s'il est impossible de descendre en dessous de ce zéro, c'est qu'il est d'abord impossible de l'atteindre. Une situation tout analogue prévaut pour les vitesses. La relativité einsteinienne, au début de ce siècle, a mis en évidence une vitesse limite, d'environ 300 000 kilomètres-seconde. Si cette vitesse est indépassable, c'est qu'elle est inatteignable, en tout cas par les objets matériels usuels. Tant pour la température que pour la vitesse, les physiciens savent aujourd'hui que la finitude apparente des limites (–273,15°C et 300 000 km/s) tient à des conventions de mesure, certes raisonnables et justifiables, mais particulières. Ces valeurs limites numériquement finies sont conceptuellement infinies. D'autres définitions de grandeurs fonctionnellement liées à la température ou à la vitesse usuelles peuvent d'ailleurs modifier les échelles de mesure et renvoyer les "limites" à l'infini, mettant en évidence leur caractère asymptotique[1].

Comme le zéro des températures et la vitesse limite, le big-bang relève de la même illusion d'optique. L'arbitraire de sa détermination numérique est d'ailleurs patent. 20 milliards d'années ? Mais qu'était l'année lorsque la Terre n'existait pas encore, ni le Soleil autour duquel sa rotation définit l'année ? Et s'il est vrai que l'unité de temps, la seconde, est aujourd'hui définie par référence à certaine vibration atomique, qu'était la seconde lorsque les atomes n'étaient pas encore formés ? La remontée du temps utilise des étalons qui, nécessairement, perdent leur signification physique présente en deçà d'une certaine époque. La mesure se fait en prolongeant une convention dont il ne faut pas oublier la signification et sa progressive abstraction. De fait, le caractère asymptotique du big-bang apparaît empiriquement par la réduction constante de l'échelle de temps explorée au fur et à mesure qu'on s'en rapproche : on étudie d'abord les 20 milliards d'années écoulées, puis le premier million, puis les premières années, les « trois premières minutes », les premiers millièmes, puis millioniémes de seconde, etc.[2]. La frange du mystère ori-

1. Voir « Pratiques de l'infini », *supra* p. 286.
2. Hubert Reeves, *Dernières nouvelles du cosmos*, Le Seuil, 1994 ; *La première seconde*, Le Seuil, 1995.

ginel diminue *indéfiniment*, sans s'annuler. On bute en vérité sur une singularité, autrement dit sur un point de rupture de la continuité, mieux, de la contiguïté, de l'axe des temps. C'est dire que l'instant "initial" ne peut être considéré comme le début des temps, comme un instant zéro. À proprement parler, il n'appartient pas au temps, qui, dès lors, n'a pas de commencement. Ainsi, on peut affirmer que 20 milliards d'années se sont écoulés depuis le big-bang, sans pouvoir dire pour autant qu'il s'est produit il y a 20 milliards d'années... Il est donc injustifiable d'interpréter ce scénario cosmogonique comme une création *ex nihilo* ; n'étant pas dans le temps, le big-bang n'a évidemment pas d'« avant » et n'est pas un commencement. Il reste loisible de le considérer comme une origine pour le décompte du temps — mais à condition de ne pas oublier que cette origine n'appartient pas à la succession des instants que l'on repère à partir d'elle. Mieux vaut alors concevoir cet instant comme marquant un horizon infini. Il n'est d'ailleurs pas difficile de trouver d'autres conventions de mesure du temps, d'autres échelles, sur lesquelles le "début" du big-bang est effectivement rejeté à "moins l'infini" (*figure 1d*). Ainsi, l'Univers n'aurait jamais commencé, et, dans ce cadre, la question de savoir ce qui se serait passé avant le big-bang ne se pose même pas. En vérité, la formalisation théorique de la cosmologie moderne, à savoir la relativité générale, implique et suggère elle-même l'arbitraire du paramétrage temporel utilisé pour décrire les phénomènes physiques. Autrement dit, on peut définir, fort naturellement, d'autres échelles temporelles que celle du "temps cosmique universel". Dans certaines de ces échelles, il n'y a pas d'instant initial (le big-bang « commence à moins l'infini », si

Figure 2

l'on veut), et l'Univers a existé et évolué de toute éternité. Il est même aisé de spécifier une telle échelle de façon qu'elle prenne un sens physique clair : il suffit pour cela de considérer l'Univers comme sa propre horloge, autrement dit d'utiliser son facteur de dilatation comme marqueur du passage du temps[1].

Une métaphore concrète peut aider à comprendre cette dialectique subtile du fini et de l'infini. Considérons un monde absolument plat. Imaginons un prisonnier enfermé dans une cellule au sommet d'une tour. Par la fenêtre grillagée, il aperçoit une vaste plaine, dont les lointains sont masqués par la brume (*figure 2a*). Devant le pénitencier, dans la plaine, s'étend une route sur laquelle le captif observe des allées et venues diverses ; ayant d'autant plus de temps libre que son espace ne l'est pas, il tente de préciser ses observations et d'en tirer de véritables mesures. Il dispose à cet égard d'une échelle de mesure toute naturelle pour repérer sur la route les gens et bêtes qui s'y déplacent : il lui suffit d'utiliser les barreaux du grillage de sa fenêtre comme une grille où se projettent les mobiles dont il étudie les mouvements. Dès que la brume lui laisse entrevoir plus que les abords immédiats de la tour, il constate avec quelque étonnement que la route semble rétrécir au fur et à mesure qu'elle s'éloigne. Tout naturellement, il imagine que, dans la brume qui lui cache toujours les lointains, elle se termine en un point bien défini où se rejoignent les deux bas-côtés convergents. Il peut même évaluer la distance de ce point limite : la route à son regard

1. Jean-Marc Lévy-Leblond, « Did the Big Bang Begin ? », *Am. J. Phys.*, nº 58, 1990, p. 156 ; « The Unbegun Big Bang », *Nature* nº 342, 1988, p. 6177.

se projette sur le grillage de sa fenêtre de façon que, prolongés par la pensée, les bords se rejoignent entre le septième et le huitième des barreaux horizontaux. Les mouvements des véhicules et des individus, sur la partie proche et visible de la route, correspondant aux premiers barreaux, lui permettent d'estimer à environ cinq cents mètres la longueur de la route correspondant à l'intervalle entre deux barreaux. Il en conclut que la route se termine ponctuellement à un peu plus de trois kilomètres, ce qui ne laisse pas de l'intriguer et de susciter en lui toutes sortes de questions métaphysiques sur l'au-delà de ce point : la route continue-t-elle en divergeant, qu'y a-t-il au-delà, les voyageurs peuvent-ils franchir ce point critique, etc. ? Un jour enfin, la brume se lève (*figure 2b*). Et bien entendu, notre prisonnier prend conscience que la route est un ruban parallèle, dont les bords *semblent* se rejoindre en un point de fuite, situé évidemment sur l'horizon, lequel est à l'infini (nous avons supposé la plaine absolument plane). Seul un repérage local et arbitraire avait pu faire croire au captif que la finitude de la projection du point de fuite correspondait à sa réalité physique.

Peut-être, dans la brume qui s'étend au-delà des barreaux de notre prison temporelle, pouvons-nous de même imaginer que l'origine de l'Univers se perd à l'horizon rassurant de l'infinitude.

LA PHYSIQUE, UNE SCIENCE SANS COMPLEXE ?

« C'est au cœur de la physique — qui rêvait d'un monde bien fixé, bien ordonné — que le complexe est venu apporter ses désordres. De la thermodynamique à la structure générale du cosmos, en passant par la microphysique, on a trouvé partout de l'intégration et de la désintégration. » Ainsi *Le Monde aujourd'hui* commentait-il, dans son numéro des 3 et 4 juin 1984, un colloque tenu à Montpellier sur le thème de la complexité. Passons sur ce texte aussi rapidement qu'il a été écrit, et ne glosons pas sur l'audacieuse assimilation du complexe et du désordre, ni sur l'emploi pour le moins curieux des termes trop polyvalents d'« intégration » et de « désintégration ». Retenons-en surtout que la physique se voyait ainsi, ès qualités de science exacte, convoquée comme témoin de moralité épistémologique à l'appui d'une notion dont — la suite de l'article le montrait à l'évidence — l'importance et l'efficacité potentielles concernaient surtout les sciences biologique et humaines. Le physicien, cependant, ne saurait reconnaître dans ces quelques lignes une description pertinente de l'évolution présente de sa discipline. La complexité n'est pas vraiment un maître mot de la physique actuelle et n'y correspond ni à un concept spécifique, ni à une problématique explicite, ni même à un programme de recherche. Tout au plus le vocable est-il, à plus ou moins bon escient, utilisé dans l'exégèse épistémologique ou le commentaire journalistique pour évoquer le renouvellement et la diversification de certains thèmes d'investigation, comme, par exemple, le retour en force d'études sur les phénomènes macroscopiques, des tourbillons dans les baignoires aux tas de sable. Mais peut-être suffirait-il de dire que la physique reconnaît aujourd'hui la complication (empirique), sans pour autant s'attaquer à la complexité (théorique).

Il est donc difficile au physicien de venir déposer son obole à la nouvelle idole et lui faire hommage de son domaine. L'en dissuaderait d'ailleurs une méfiance systématique envers la plupart des notions générales, à vocation interdisciplinaire et aux prétentions globales, qui nous sont régulièrement proposées comme panacées devant pallier la diversification du savoir. C'est que l'unification forcée des connaissances est sans doute plus stérile encore que leur dispersion spontanée. La diversité des disciplines est un gage à la fois de leur intérêt et de leur bon usage, et les appels fréquents à l'interdisciplinarité et à la recomposition des sciences relèvent trop souvent d'un fantasme dérisoire et parfois dangereux[1]. Mais les promoteurs de la complexité disposent aujourd'hui d'assez d'illustrations et d'applications de cette notion en sciences biologiques, cognitives et sociales, pour ne guère s'émouvoir devant de telles réticences, du

1. Voir, en faveur de la diversité du savoir, le superbe plaidoyer de P. Feyerabend dans *Adieu la Raison*, Le Seuil, 1989.

moment que l'idée de complexité est considérée dans sa diversité et sa spécificité.

Qu'en est-il de la physique et comment justifier sa relative indifférence à l'idée de complexité ? Pour tenter de répondre à cette question, proposons une définition provisoire de la complexité qui paraît juste assez précise pour ne pas sombrer immédiatement dans la trivialité, et juste assez générale pour recouvrir les cas où la pertinence de la notion semble effective :

> Sera dit "complexe" un système où se manifestent des couplages réciproques entre niveaux différents.

Dans cette conception, pour que l'on puisse parler de complexité, il faut 1) que se distingue une structure hiérarchisée montrant une pluralité de niveaux, mais 2) que l'articulation de cette structure ne soit pas linéaire, à sens unique, mais mutuelle. En d'autres termes, c'est la conjugaison à la fois d'une *hétérogénéité structurelle* et d'une *réciprocité fonctionnelle* qui paraît sous-tendre la notion, pour autant qu'elle a un contenu défini[1]. Cette définition présente l'intérêt de s'appliquer à tout type de système, matériel (un objet naturel) ou intellectuel (une construction théorique), quels qu'en soient la taille ou le nombre d'éléments.

Mais, dès lors, tout système réel est *évidemment* complexe, qu'il s'agisse d'une raffinerie de pétrole ou d'une molécule d'hydrocarbure, de la théorie de l'hérédité ou d'une cellule vivante. Et nous voilà menacés, si nous acceptons cette définition,

1. Peut-être, d'ailleurs, qu'eût été préférable le recours à un autre mot que complexité, un mot à la fois moins commun et moins ambitieux, moins porteur d'ambiguïtés par rapport à son acception vernaculaire et moins chargé de prétentions universalistes : "intrication" par exemple ?

de retomber dans l'universalité molle. Aussi bien, si l'on peut échapper à la trivialité, c'est parce que certains systèmes peuvent justement être décrits et compris en ignorant ou en négligeant leur complexité inhérente. C'est donc moins les limites de validité ou de pertinence de la complexité qui nous intéressent ici, que celles de son utilité. Car c'est bien l'un des accomplissements majeurs de la physique que de réussir à traiter de vastes pans de l'Univers comme s'ils n'étaient *pas* complexes, en les assujettissant à des schémas linéaires et/ou homogènes auxquels font défaut la circularité et/ou l'hétérogénéité constitutives de la complexité — selon la définition que nous en avons proposée.

Considérons l'exemple fondamental, et d'ailleurs fondateur, de la mécanique classique. La trajectoire d'un objet — supposons-le ponctuel par souci de simplicité — dans un champ de forces donné est régie par la dynamique newtonienne selon le processus suivant : la position de l'objet à un instant donné détermine la force qui agit sur lui, laquelle, d'après la loi de Newton, donne l'accélération qui, à son tour, caractérise le mouvement, donc la position ultérieure, etc. Il y a bien, dans cet énoncé, un couplage mutuel entre les deux notions hétérogènes de force et de position, caractéristique de la complexité telle que nous l'avons définie. Or la physique n'est la science exacte par excellence que d'être mathématisée ; elle transforme ainsi l'énoncé verbal précédent en une formule :

$$\frac{d^2r}{dt^2} = \frac{1}{m}F(r,t).$$

Ce n'est pas par pédantisme que l'on écrit ici cette équation différentielle, mais bien parce qu'elle explicite l'opération même par laquelle la théorie physique dissipe la complexité initiale du problème. La mathématisation des concepts de force et d'accélération les épure de leur concret empirique et les transcrit dans un espace abstrait où ils trouvent une homogénéité que démontre à l'évidence l'équation qui les lie. De même, le nœud apparemment paradoxal de la question (pour connaître la trajectoire, il faut connaître l'accélération, donc la force, qui dépend de la trajectoire, etc.) est tranché par la théorie générale des équations différentielles qui nous assure de l'existence d'une solution bien définie, une fois connues les conditions initiales (position et vitesse) — et nous fournit même les moyens de la calculer effectivement.

Voici un autre exemple, plus moderne, emprunté à la physique nucléaire. Les noyaux atomiques sont, on le sait depuis un demi-siècle, des assemblages de "briques" (plus) élémentaires, les nucléons, dont il existe deux espèces, le proton et le neutron; ainsi, avec 8 protons et 8 neutrons, on fabrique un noyau d'oxygène, avec 92 protons et 146 neutrons, un noyau d'uranium, etc. Certains de ces assemblages sont stables et persistent indéfiniment dans leur être, si on les laisse en paix. D'autres, plus nombreux, sont instables et mutent spontanément: c'est le phénomène de radioactivité. En particulier, la radioactivité bêta consiste en l'émission d'un électron (et d'un neutrino) par un noyau qui, ce faisant, change de nature. Le cas le plus simple est celui du neutron lui-même qui, isolé, se transforme: neutron → proton + électron + neutrino (en un quart d'heure environ). Or ces mêmes neutrons, individuellement instables, sont ceux qui entrent dans la composition de noyaux stables. Ainsi le niveau collectif (celui du noyau) dépend du niveau individuel (celui des constituants, protons et neutrons) et influe à son tour sur les propriétés de ce niveau — l'instabilité propre des neutrons isolés étant inhibée par la structure nucléaire collective qu'ils engendrent. « N'est-ce pas là justement un superbe exemple de complexité ? » demandez-vous alors au physicien. « Si vous voulez... », répond-il évasivement, ne trouvant guère d'intérêt à une description verbale aussi alambiquée, maître qu'il est d'un concept qui permet, en formalisant la situation, de l'homogénéiser et de rompre une circularité dont, prudent, il craint obscurément le vice. Considérer l'énergie du système suffit en effet à dénouer la boucle. Le neutron est instable, car sa masse, supérieure à celles réunies du proton et de l'électron, lui confère, d'après l'équivalence einsteinienne ($E = m\ c^2$), un surplus d'énergie par rapport à ces deux particules, que sa désintégration lui permet de dissiper. Pour un noyau, c'est sa masse totale, obtenue en soustrayant à la somme des énergies de masse individuelles des protons et neutrons, l'énergie potentielle de liaison et de constituants, qui régit la stabilité, ou l'instabilité, suivant qu'elle n'atteint pas, ou dépasse, les masses des éventuels produits d'une désintégration radioactive. C'est donc la mise à plat sur un même niveau théorique, via le concept d'énergie, de propriétés relevant de niveaux empiriques différents — individuelles (les masses des nucléons) et collectives (leurs énergies de liaison) — qui court-circuite le recours à l'idée de complexité.

On pourrait multiplier les exemples. Ils montrent tous que là où une *description* de la situation physique évoque tout naturellement la complexité (au sens défini plus haut), son *analyse* en fait l'économie. Sans doute peut-on aller jusqu'à prétendre que la théorie physique est fondée sur l'effort déterminé pour éviter d'avoir à traiter la complexité en tant que telle. Cet objectif constituerait en quelque sorte le paradigme ou, à tout le moins, un programme spécifique de la physique. La possibilité d'une telle échappatoire a partie intimement liée avec la mathématisation de la physique, constitutive de cette discipline[1]. Mais peut-être, finalement, en va-t-il, ou en ira-t-il de même dans d'autres champs, l'approfondissement théorique (quels que soient ses modes, pas nécessairement mathématiques) établissant des concepts généraux au niveau desquels l'hétérogénéité et la circularité perdraient leur prégnance. La notion de complexité ne serait-elle pas en définitive un mirage, d'autant plus fréquent que le domaine de la pensée est plus désert ? Quelle que soit son utilité pour caractériser un phénomène (neurobiologique, sociologique, etc.), fonder son intérêt et stimuler son investigation, la complexité se dissiperait ainsi dans toute analyse assez élaborée pour en rendre compte — la fluidité de la notion heuristique s'évaporant dans l'aridité de la théorie formelle, comme ces nappes d'eau entrevues au loin dans le désert qui s'évanouissent à l'approche du chercheur assoiffé. La métaphore, ici, ne se veut pas nécessairement critique : les mirages peuvent être utiles — au moins font-ils marcher les voyageurs, et parfois dans la bonne direction.

Mais la réalité *est* complexe, même si la physique s'efforce de l'ignorer, et peut ainsi aller de l'avant grâce à ses œillères mêmes. Aussi ne doit-on guère

1. Jean-Marc Lévy-Leblond, « Physique et mathématique », in *Encyclopaedia universalis*.

s'étonner de voir le spectre de la complexité, chassé de l'objet de la physique, revenir hanter sa pratique. À divers égards, en effet, on peut y mettre en évidence des modes de fonctionnement *complexes* — au sens fort défini plus haut ; sans contredire la plate transparence des énoncés de la physique, on comprend dès lors qu'ils résultent de processus moins simples et moins linéaires qu'on ne le croit trop souvent. Ainsi, les différents domaines de la physique se présentent spontanément suivant une hiérarchie de niveaux linéairement imbriqués qui semblent justifier le réductionnisme commun : la physique des particules sous-tendant la physique nucléaire, elle-même à la base de la physique des particules sous-tendant la physique nucléaire, elle-même à la base de la physique atomique et moléculaire qui sert de fondation à la physique de la matière condensée, etc. Il est vrai, certes, que les lois opérant à chacun de ces niveaux sous-tendent la constitution matérielle du suivant ; l'existence des noyaux est rendue possible par la nature des interactions entre les particules (les nucléons) qui les constituent. Même si l'on reconnaît que ce réductionnisme reste une affirmation de principe plus qu'un développement effectif (on ne sait pas, sauf cas très particuliers, expliquer concrètement les propriétés détaillées du noyau à partir des forces entre nucléons, ni celles des molécules à partir des noyaux et des électrons), il sert de soubassement théorique à l'érection d'une hiérarchie de valeurs entre les disciplines, les plus nobles étant identifiées aux plus fondamentales : la physique des particules revendique ainsi la précellence sur la physique moléculaire ou la physique des solides, parfois considérées comme relevant d'une physique vulgairement appliquée. Cette présomption, si elle est naïve, n'est guère innocente, et ses effets institutionnels et économiques sont majeurs. Le choix des priorités dans la politique de recherche, la part budgétaire consacrée à chaque discipline s'en ressentent lourdement[1]. Que l'on compare, par exemple, les financements de la physique des particules et de ses accélérateurs titanesques avec ceux de la physique de la matière condensée pourtant si riche d'applications techniques potentielles. Il n'est donc pas inutile de rabrouer quelque peu l'arrogance de la physique fondamentale, en faisant remarquer que, si sa visée sous-tend les autres domaines, elle en est par contre totalement tributaire sur le plan expérimental. À titre d'exemple, l'appareillage de la physique des particules (détecteurs, compteurs, ordinateurs) repose largement sur les découvertes et réalisations de la physique des solides (transistors, supraconducteurs, etc.). Mieux, l'autonomie des divers niveaux reste telle que chacun continue d'être un lieu d'élaboration conceptuelle, et qu'une discipline fondamentale gagne souvent à importer des idées apparues dans des domaines qu'elle prétend dominer (ainsi la physique statistique a-t-elle largement fécondé la physique des particules). C'est bien là cette interaction mutuelle entre niveaux que nous avons appelée complexité. Sa prise en compte devrait éviter les jugements de valeur trop rapides et apporter plus de souplesse dans la gestion des organismes et des fonds de la recherche. Ces considérations, internes à la physique, s'éten-

1. Pour un avatar relativement élaboré de cette position, explicitant clairement le lien entre valeur épistémologique et coût économique, voir Steven Weinberg, « Newtonianism, Reductionism and the Art of Congressional Testimony », *Nature*, n° 330, 1987, p. 433.

dent tout naturellement aux relations entre les grandes disciplines scientifiques. Elles aboutiraient à revaloriser le statut de la chimie par rapport à la physique, par exemple, et, surtout, celui des sciences sociales et humaines par rapport aux sciences biologiques et physiques. Nous avons certainement besoin des premières, de plus en plus, pour développer et contrôler les secondes...

À cette complexité fonctionnelle et organisationnelle de la physique s'ajoute une complexité formelle et conceptuelle. La théorisation, en physique, n'est pas univoque. Une même classe de phénomènes tombe souvent sous le coup de formulations théoriques différentes, équivalentes sans doute quant à cette classe, mais aux domaines d'extension plus ou moins larges et aux concepts de base fort étrangers. Ainsi la mécanique classique, celle qui permet de calculer les trajectoires de points matériels soumis à des forces données, peut-elle être formalisée d'au moins trois façons : à la Newton, par des équations différentielles, où les idées de force (action à distance) et d'accélération sont premières : à la Lagrange, par un principe de moindre action considérant les trajectoires globalement et sélectionnant la trajectoire réelle parmi l'ensemble des possibles ; à la Hamilton, par un système d'équations aux dérivées partielles, mettant au premier plan les lois de conservation. Ces théorisations sont fondamentalement différentes, et, hors du champ de la mécanique classique, montrent des pertinences fort diverses : la vision lagrangienne s'étend tout naturellement en mécanique classique relativiste (einsteinienne), alors que c'est le point de vue hamiltonien qui se montre le plus fécond pour le passage à une mécanique quantique. Les équivalences formelles entre ces formalismes masquent trop souvent des articulations intriquées entre leurs notions fondamentales. L'existence de telles relations entre des formulations aussi hétérogènes nous renvoie bien à une figure de la complexité dans la théorie physique, à la condition de prendre en compte toute l'épaisseur et la diversité de son développement. Bien entendu, cette complexité de la structure théorique de la physique répond à celle du réel, où coexistent et interagissent le global et le local, le mouvement et la permanence, l'élémentaire et le composé, le fini et l'infini, etc.[1]. Il est de la plus grande importance de reconnaître ce polymorphisme, de l'apprécier, de le conforter — à deux égards au moins : sur le plan épistémologique d'abord, puisque, on l'a dit, diverses formulations équivalentes (formellement) d'une même théorie se révéleront plus ou moins fécondes dès lors qu'il s'agira de bâtir une théorie plus profonde lui succédant ; sur le plan pédagogique et, plus largement, culturel, puisque l'accès à la maîtrise de telle théorie est souvent facilité, et sa compréhension enrichie, par la diversité de ses présentations.

Au demeurant, les complexités de la physique, telles que nous les avons esquissées, ne constituent pas qu'un intéressant élément d'analyse *a posteriori* pour des réflexions historiques ou philosophiques. Une meilleure compréhension et une prise en compte explicite de ce caractère seraient de nature à éclairer certains problèmes dans le

1. Plus précisément, c'est cette complexité brute du réel qui nous contraint à l'analyser à travers des couples antinomiques irrésolubles ; voir Jean-Marc Lévy-Leblond, *Aux contraires (L'exercice de la pensée et la pratique de la science)*, Gallimard, « NRF-Essais », 1996.

travail même de la physique. Par exemple, le débat sur les fondements et l'interprétation de la théorie quantique doit une bonne part de sa persistance et de sa confusion à la difficulté de reconnaître la complexité des relations entre théorie classique et théorie quantique : s'il est normal que la seconde ait été initialement interrogée à partir de la première et dans ses termes, qui étaient ceux de la pratique courante, le problème intéressant est aujourd'hui de fonder la première sur la seconde. Ce renversement de l'interrogation transforme radicalement les questions et ouvre à la théorie *proprio motu* de nouveaux espaces ; ainsi comprendre la "non-séparabilité" quantique est un problème philosophique, qui a trop longtemps occulté un problème physique : montrer que les objets classiques sont (à peu près) séparables, même si leurs constituants fondamentaux quantiques ne le sont pas. Il serait intéressant d'étudier d'un point de vue analogue la discussion du "principe anthropique" ; la distinction des niveaux (l'observateur/l'Univers) et l'asymétrie de leurs relations (où, ici non plus, l'analyse épistémologique et la déduction théorique ne coïncident pas) permettraient sans doute d'éclaircir la confusion.

Il faut donc reconnaître que la physique, si elle n'est pas une science du complexe, est bien une science complexe.

SOURCES

Les textes rassemblés dans cet ouvrage sont des versions mises à jour, revues et corrigées plus ou moins profondément selon les cas, d'articles ou d'exposés dont on trouvera les références ci-dessous.

DÉFISCIENCES

Colloque de l'Association des musées et centres de culture scientifique et technique (AMCSTI), Barcelone, septembre 1994 ; « Défisciences », *Alliage*, nº 22, 1995, p. 2.

LA SCIENCE EN MANQUE

« La science en manque », *Le Magazine littéraire*, nº 239-240, 1987, p. 58-60.

EN MÉCONNAISSANCE DE CAUSE

« En méconnaissance de cause », *Le Genre humain*, nº 26, 1992.

LE PAVÉ DE HEIDELBERG

« Le pavé de Heidelberg », *Le Monde diplomatique*, août 1992.

À QU(O)I SERT LA RECHERCHE ?

« Mutations dans la recherche ? », in *L'état des sciences et des techniques* (collectif, sous la dir. de N. Witkowski), La Découverte, 1991.

LA SCIENCE DANS LA CITÉ

« Garantir la compétence scientifique collective », in *La France au-delà du siècle*, collectif, L'Aube/DATAR, 1995.

UN SAVOIR SANS MÉMOIRE

« Un savoir sans mémoire », *Le Genre humain*, nº 18, 1988, p. 195-209.

LA MUSE DES TECHNIQUES

Colloque « Les arts et métiers en révolution, renaissance d'un musée », musée national des Techniques, Paris, décembre 1991.

DES SCIENCES ASOCIALES ET INHUMAINES?

Colloque «Una pedagogia nuova per la ricerca scientifica», Università degli studi di Torino, Turin, mai 1995.

LES IMPRESSIONS D'UN INVENTEUR

«Les impressions d'un inventeur», *Alliage*, nº 5, 1990, p. 51-56.

POUR UNE CRITIQUE DE SCIENCE

Rencontres «Création artistique, découverte scientifique», École d'art de Marseille-Luminy, 1988; «La science en mal de critique», *Verba volant*, nº 1, 1989, p. 69-78.

BRÈVES RENCONTRES

Colloque «Mathématiques et art», Cerisy, 1991; in *Mathématiques et art* (collectif sous la dir. de M. Loi), Hermann, 1995.

LE MIROIR, LA CORNUE ET LA PIERRE DE TOUCHE

Colloque «Épistémocritique et cognition», université Paris VIII et université de Montréal, Paris, mars 1992; «Le miroir, la cornue et la pierre de touche», *TLE*, nº 12, 1993, p. 17-43.

HYPOTHESES FINGO

Colloque «Science et science-fiction», université de Nice, Valbonne, avril 1991.

LA LANGUE TIRE LA SCIENCE

Colloque «Sciences et langues en Europe», Semaine européenne de la culture scientifique, Centre Alexandre-Koyré, Paris, novembre 1994.

PARLER SCIENCE

Colloque «Langue, sciences, culture», GERSULP, université Louis-Pasteur, Strasbourg, décembre 1988. «Halte au techno-sabir», *Libération*, 4 mai 1994.

LA CHAUVE-SOURIS ET LA CHOUETTE

Colloque «Science et philosophie, pour quoi faire?», *Le Monde*, Le Mans, 1991; in *Science et philosophie, pour quoi faire?*, Le Monde-Éditions, 1991.

PRATIQUES DE L'INFINI

Colloque «L'infini», Barcelone, 1988; «La pratique physique de l'infini», *Le Genre humain*, nº 24-25 («Fini et infini»), 1992, p. 193-208.

EU ÉGALE EMME-CÉ-DEUX

Entretiens de la Villette, «L'énergie», Cité des sciences et de l'industrie, mars 1994; «L'énergie après Einstein», *Bull. Union Physiciens*, nº 769, 1994, p. 1-14.

QUEL TEMPS FAIT-ON?

Colloque «Le temps et sa flèche», Société française de physique, Paris, décembre 1993; in *Le temps et sa flèche* (collectif sous la dir. d'É. Klein et M. Spiro), Frontières, 1994.

L'ORIGINE DES TEMPS
Colloque « Le temps dans les sciences », Institut français de Bucarest, 1993 ; in *Le temps dans les sciences* (collectif sous la dir. de B. Nicolescu, N. Dodille et Ch. Duhamel), L'Harmattan, 1995.

LA PHYSIQUE, SCIENCE SANS COMPLEXE ?
Colloque « La complexité », Cerisy, 1988 ; in *La complexité*, (collectif, sous la dir. de F. Fogelman), Le Seuil, 1991.

DU MÊME AUTEUR

LA PHYSIQUE EN QUESTIONS tome I, Mécanique, *Vuibert, 1980 (nouvelle édition, 1999)*. Tome II (avec A. Butoli), ÉLECTRICITÉ ET MAGNÉTISME, *Vuibert, 1982 (nouvelle édition, 1999)*.

L'ESPRIT DE SEL. SCIENCE, CULTURE, POLITIQUE, *Fayard, 1981 ; Seuil, coll. « Points Sciences », 1984*.

QUANTIQUE (avec Françoise Balibar), tome I, Rudiments. *Inter-éditions/CNRS, 1984 ; nouvelle édition, Masson, 1997*. Traduction anglaise (t. I) : Quantics (Rudiments), *North-Holland, 1990*, tome II, ÉLÉMÉNTS (à paraître).

METTRE LA SCIENCE EN CULTURE, *ANAIS, 1986*.

AUX CONTRAIRES. L'EXERCICE DE LA PENSÉE ET LA PRATIQUE DE LA SCIENCE, *Gallimard, 1996*. Traduction espagnole : Conceptos contrarios, *Tusquets, 2002*.

IMPASCIENCES, Bayard, 2002 ; *nouvelle édition, Seuil, coll. « Point Sciences, 2003*.

Composition Interligne.
Impression Bussière Camedan Imprimeries
à Saint-Amand (Cher), le 3 septembre 2003.
Dépôt légal : septembre 2003.
1er dépôt légal dans la collection : novembre 1996.
Numéro d'imprimeur : 034097/1.
ISBN 2-07-032933-X./Imprimé en France.

126982